表現者を育てる授業

中学校 国語 実践記録

高澤正男
Takasawa Masao

風詠社

はじめに

好きではなかった中学時代の国語の授業

　もともと国語の教員になるつもりはありませんでした。中学校の国語の授業は、私にとってはつまらなく、退屈なものでした。こういうと、随分と生意気な中学生だと思われるかもしれません。実際、そういった面があったことは否定できません。

　国語の授業は好きになれませんでした。しかし、国語の成績はというと、わるくはありませんでした。その一方で、本を読むのは嫌いではありませんでした。小学5年生のときに、一冊の本に出合いました。『巌窟王（モンテ・クリスト伯)』です。本屋さんで母親に買ってもらい、自分の部屋で一気に読みました。夢中で読みました。知らず知らずのうちに作品の世界に引き込まれていました。そこからです。私の読書人生が始まりました。

国語から逃げる自分

　高校に進み、大学受験の時期を迎えました。「さて、どうしようか」と考えました。漠然と教職の道が浮かんできました。そこには、中学時代の恩師の影響がありました。その先生は、社会科の先生でした。授業がおもしろく、社会科が大好きになりました。

　ところが、人生とはわからないものです。いろいろな経緯があり、社会ではなく国語の教員免許を取得することになりました。そして、小学校の教員になりました。免許が国語なのですから、専門教科は国語と言いたいところですが、正直、国語から逃げていた自分がいました。小学校に3年間勤務しましたが、国語からは逃げっぱなしでした。

ようやく国語と正面から向き合う

　そんな私が、何の因果か、中学校に勤務することになりました。免許が国語なのですから国語科担当の教員としてです。逃げ場を失いました。追い詰められました。こうなると、立ち向かうしかありません。

　そこで、考えました。浮かんできたのは、中学時代の国語の授業です。私が

好きにはなれなかった授業です。「自分が中学の国語の授業をやる以上は、つまらない退屈な授業をしないようにしよう」と心に決めました。

　ところが、自分がその立場になり、初めてわかったことがあります。「中学の国語の授業は、そんなに簡単なものではない」そのむずかしさを思い知らされました。一方で、困難さはある反面、いろいろな可能性もあることに気づきました。授業者の裁量や力量に任されている部分が多いと感じたのです。これは工夫次第だと考えました。

焦りが募り辛く苦しい日々

　そうは言っても、何か特効薬があるわけではありません。その日暮らしの如く、毎日の授業を何とかするために、ワークシートを作成し、それを使って授業を進めていきました。

　生徒はというと、こちらが指示したことはやってくれます。とはいえ、受け身で主体性がなく、楽しそうではない顔を毎時間見るのは、かなり辛いことでした。ワークシートに頼る授業では、こうなってしまうのは当然の帰結でした。「これは何とかしなければいけない」焦る気持ちをあざ笑うかのように、月日だけが過ぎていきました。

　そんなある日のことです。辛い日々が続き、途方に暮れていた私ですが、何とかしたいという気持ちだけは失うことなく、時間を見つけては、すがるように書籍や資料を読んでいました。すると、ついにそのときがやってきました。

次々と救世主が現れる

　何かの教育雑誌で「ディベート」というものに出合いました。それまでも名前ぐらいは聞いたことがありました。読んでみて、すぐに「これだ」と思いました。早速、ディベートに関する書籍を購入することにしました。すると、教室ディベートや授業ディベートというワードが入った書籍が複数世に出ていることがわかったのです。ディベートを授業に取り入れる際の羅針盤を手に入れた思いでした。

　最初に「これだ」と思えたのはディベートですが、その後も同じようなことがありました。群読、ジグソー学習、ワークショップ、バザール方式、一枚ポートフォリオなどです。改めて振り返ってみると、どんな国語の授業をしたかっ

たのか、どんな生徒を育てようとしてきたのかがわかってきました。

表現できる日本人を育成したい

　最初から、計画的にそうしてきたわけではありません。そのとき、そのときで、国語の授業のことで悩み、考え、実践してきたことに、共通点というべきか柱のようなものがあったことに、自分で気づいたということです。

　それは、タイトルを付けるとしたら、「表現者を育てる授業」とでもなるでしょうか。自分の考えや思い、自分で読み取ったことを、書いたり話したりできる生徒を国語の授業を通して育てようとしてきたのだと思います。そこには、大げさに言うと、「次代の日本人を育成する国語の授業」という思いも込められています。きっと、海外の日本人学校での経験が影響しているのでしょう。

若い中学国語教師とともに

　本書では、自分の実践を振り返っています。そこには、内容掲載の方針として、「中学国語教師のためのガイドブック」という視点を入れてあります。これからの国語教育界を支えていく皆さんにとって、少しでも役に立つものになればという思いです。自分が先輩方に教え導いていただいたことへの感謝の思いを込めながらとなります。

　中学校での実践が主ですが、私には幸い、小学校と高等学校そして海外の日本人学校での経験もあります。加えて、県教育センターでの勤務を通して、県内の多くの先生方と接してきた貴重な財産もあります。これらを総動員して、充実した内容になるよう工夫したつもりです。

　本書は、ディベートとの出合いをきっかけに、じっくりと考え、書いたり、話したり、話し合ったりすることで、表現できる生徒を育成しようと、２０年にわたり積み上げてきた授業実践をまとめたものです。若かった頃の私のように、日々の国語の授業で悩み苦しみながらも、何とかしたいともがいている先生方にとって、灯台のような存在になれれば幸いです。

　２０２３年（令和５年）５月

風薫る初夏の朝に　　高澤　正男

もくじ

装幀　2DAY

第1章

表現するための学習は「スピーチ」から

1 スピーチ学習の構想

（1）スピーチにおける実態

　生徒の多くは、スピーチの学習を敬遠しがちです。人前で話すことを苦手としているからです。大抵の場合、生徒には歓迎されないかもしれません。誰でも人前で話すことには少なからず抵抗があるものです。だからといって、本当にスピーチの学習が嫌いなのかというとそういうわけではありません。思わず聞き手が聞き入ってしまうような話をすることができたとか、自分の話を聞き手が本気になって聞いてくれたというような経験が少ないのです。

　生徒の多くは、上手にスピーチをしたいと思っています。自分の話に耳を傾けてほしいと願っています。人前で上手に話したいと考えています。だからこそ、よいスピーチの仕方を指導し、伝え合うことの楽しさを体験させたいと考えました。

（2）指導上の問題点

　従来の音声言語学習では、「しっかりとしたテーマをもつ」「このテーマを取り上げる理由を明らかにする」「自分の個性をどう発揮するか検討する」「筋道を立てて論理性を高める」「全体の構成メモをまとめる」などの思考生成過程における指導が足りなかったように思います。音声言語そのものが瞬間的に行われるために、過程における指導が軽視されてきたのかもしれません。

（3）授業改善の方向性

○　なるべく自分が実際に体験したことを話すように勧める。それにより、
　相手に伝えたいという思いがより強くなる。

○　一番聞いてもらいたいことは何か、それを伝えるためには、どんな話

から入っていったら効果的かなど、全体の構成を考えながらスピーチメモを作成させる。

○ スピーチ原稿はあえて作らず、メモを見ながら、あるいは何も見ないでスピーチをさせる。

○ スピーチの前に聞き方のポイントを指導しておく。聞き手がしっかりと話を聞いてくれると、話し手も安心してスピーチをすることができる。

○ ビデオカメラを用意し、自分のスピーチを録画させる。自分のスピーチを自分で聞くことで客観的に自分のスピーチを分析できる。

○ 学級全員を前にしたスピーチの前段階として、３人１組によるトライアングルスピーチを取り入れる。ここでは、話すことはもとより、聞くことにも重点を置き、スピーチを聞いたあとに質問や意見を出し、双方向的なやりとりが生まれるようにする。

　これまでのスピーチ学習では、発信者がある情報を一方的に伝達したり、説明したりするという活動が主でした。しかし、これからのスピーチ学習では、双方向の活動を重視する必要があります。発信→受信→発信といった情報の交信能力こそが、これからのグローバル社会に求められています。そのためには、話し手に対して聞き手が質問をしたり、お互いに考えを交換したりといった時間を設定する必要があります。

2　スピーチ学習のねらい

（1）スピーチ学習が目指すもの

○ 自分の考えをもち（自分の考えをもてるように）論理的に意見を述べる能力、目的や場面などに応じて適切に表現する能力を育成する。

○ 一方的に意見を述べたり、表現したりすることではなく、よりよく問題を解決できるような「伝え合う力」として育成する。

（2）指導の重点

○ 自分の考えや気持ちを相手に理解してもらえるように話したり、話し手の意図を考えながら話の内容を聞き取ったりすること。

○ 自分の考えや気持ちを的確に話すためにふさわしい話題を選び出すこと。

（3）学習単元としてスピーチを設定した理由

○ 中学校で初めての「話すこと・聞くこと」の学習であり、小学校ですでに
　経験済みで取り組みやすい活動であること。
○ 生徒たちにとって、改まった音声言語活動の中の意思伝達方法として、最
　も身近な活動であること。
○ ディベートやパネル・ディスカッション等、今後話し合いや討論に発展し
　ていくための基礎的・基本的な活動であること。

（4）トライアングルスピーチを取り入れる理由

○ 話し手、聞き手、アドバイザーという役割と、その学習が効率よく行える
　こと。
○ スピーチに対する抵抗を減らし、スピーチそのものの学習に集中できるこ
　と。
○ 共感的雰囲気をつくりやすいこと。
○ スピーチ後の質問・意見を出しながらのやりとりがスムーズにできること。

（5）スピーチ学習の経験度

　スピーチは生徒にとって身近な活動であり、その必要性の高さから、すでに
小学校段階で経験済みの生徒が多い学習活動です。そこで、今までにどのよう
な学習をしてきているのかについて調査をしました。

○ ほぼ全員の生徒がスピーチを経験済みである。
○ 国語の時間ではなく、学級活動の時間に学習してきている。
○ 下書きを書いて、それを読む形のスピーチを経験している生徒が約１
　／３、あとは持ち時間が指定されているもののスピーチまでの特別な指
　導は受けていない。
○ スピーチの仕方については、ゆっくり大きな声で話し、黙って聞く程
　度の大まかな指導である。

3　即席ディベート

（1）友情についての即席ディベート

　教科書の教材文である『親友』を読み、登場人物の行動は友情といえるかどうかについて、一人一人が自分の考えをワークシートに書いていきました。その後、学級の代表者による「即席ディベート」を行いました。本格的なディベートのように時間やルールを決めて行うのではなく、授業者が司会を務め、ディベーターの生徒の考えを引き出すように進めました。聞いている生徒が、両派の考えを聞くことで、自分の考えを深めることをねらいとしました。

　教材の内容が、価値論題として取り組みやすいものだったせいか活発な討論となりました。「いえる」派も「いえない」派も根拠を示しながら自派の主張を述べていました。ディベート終了後には、討論により深まった意見を一人一人ワークシートにまとめました。

（2）ワークシートの記述内容

《自分の考え－いえない派》
　　知美は、わざと転んだけれども、結局、麻子が最後だったので、まわりの人から転んだ人より遅いと言って、バカにされるんじゃないかなと思いました。それより、知美は1位になり「麻子の分まで頑張ったよ」と言えばよかったと思います。

《ディベートで出た主な意見》
〔いえる〕
　　○　友情とは情だから、気持ちが伝われば良いと思う。
　　○　麻子が分かっていればいい。
〔いえない〕
　　○　転んだのは麻子のためと言えない。何もそれは、転ばなくても他に
　　　伝えられるのではないか。
　　○　それでは、麻子が余計にバカにされる。

14

○　まわりの人も見ている。

《ディベート後の自分の考え》

　私が考えている「友情」は、優しさや思いやり、信頼だと思います。そして、「友情」には、厳しさも必要だと思います。いつも仲良くしていて、その人がわるいことをしても、何も言わずに黙って見ているというのは、「友情」とは言わないのではないかなと思います。そんなときに、はっきり言えるのは真の友情だと思います。

4　トライアングルスピーチ

（1）スピーチの目的

　スピーチをする目的を全体で以下のように確認し合いました。特に、聞き手が学級の友人であることを確認しました。ここでは、目的意識と相手意識を明確に持たせようと考えました。

　教室で、みんなに対等の立場で、自分の言いたいこと、思い、考えを伝える。

（2）聞き手の期待

　聞き手はどんな話を期待しているかを出し合いました。以下のようなものが出されました。

○　楽しい話　　○　分かりやすい話　　○　納得する話　　○　感動する話
○　心に残る話

（3）マッピングによる絞り込みとスピーチメモ

　マッピング法により話題を選び、絞り込んでいきました。スピーチメモには、スピーチタイトルを書かせました。文章で書くのは、効果的な出だしを工夫す

るためのはじめの部分と、自分の伝えたいことに深く関係するであろうむすびの部分だけに限定しました。あとは、原稿の形では書かないようにさせました。以下が、スピーチメモの例です。

〈スピーチタイトル〉
　転校して分かった別れ・出会い
〈はじめ〉
　友達との別れ、出会いを経験したのは、「転校」という出来事でした。

〈メモ〉
① 「転校」と聞いて、とても心細い。
② せっかくできた友達と離れるなんてつらい。
③ 他の学校で友達ができるか不安。
④ 考え方を変えると新しいことをするということ。
⑤ ○○小に転校していってもみんな優しく声をかけてくれた。
⑥ 友達ができて毎日が楽しい。
⑦ 転校することによって友達の数が増えたということは、よい体験。
⑧ それから、前の学校の友達からときどき手紙がくる。

〈むすび〉
　もし、転校して友達が一人もできなかったら、きっと私はつらく悲しい小学校生活を送っていたと思います。けれども、友達がいてくれたからこそ、楽しい小学校生活という思い出をつくることができました。

（4）トライアングルスピーチの意図
1）コミュニケーションにおける聞き手の重要性

授業の導入として、次の質問をしてみました。
　○　友達は自分の話を聞いていると思う人
　○　自分は友達の話を聞いていると思う人
　すると、友達は話をきちんと聞いてくれているはずなのに、自分が友達の立場になったとき、実は話を聞いていない、という矛盾した結果が出ました。これでは、話し手だけがその気になっていても、実は話が聞き手に伝わっていな

いことになります。

　したがって、「伝え合い」を成立させるには、話し手の話す力だけを鍛えてもだめで、話を聞き手がきちんと聞くことができる聞く力も鍛える必要があります。そこで、話し手だけでなく、聞き手の役割も重要なことを話しました。

2）意欲を引き出すテーマの選定

　生徒が意欲的にスピーチに取り組むかどうかは、話題の選択にかかっていると言っても過言ではありません。テーマ選定にあたっては、生徒一人一人が興味・関心をもって進んで取り組めるもの、自分の考えをもてるものを取り上げる必要があります。それに加えて、自ら進んで考え、発表したり、また、それについての友達の意見を熱心に聞いたりするような学習活動が想定されるものでなければなりません。

　今回のテーマである「友情」は、新たな友人関係ができつつあるこの時期にふさわしく、生徒の身の回りのいわば等身大のことであり、実体験に基づいて話すことができるため、気持ちを込めて話すことができやすくなります。

3）トライアングルスピーチの意図

　スピーチは生徒にとって身近な活動であり、必要性も高いと言えます。しかし、小学校段階では、下書きを書いて、それを読む形のスピーチがほとんどであり、特別な指導はされておらず、ゆっくり大きな声で話し、黙って聞く程度の大まかな指導がほとんどだったようです。

　そこで、このスピーチを中学校の授業に取り入れるとしたらどうでしょうか。今回は、特に、聞くことの学習を重視して取り組んでみたいと考えました。

　音声言語によるコミュニケーションは、話す・聞く相互の活動によって成立します。これまでのような並列的な意見の羅列、平行線的な主張のし合い、一方的な伝達というものから脱却し、互いの立場や考えを尊重しながら双方向的に話したり、聞いたりしていく活動が行われなければなりません。

　しかし、今までの音声言語の授業を振り返ると、話す活動に指導の重点を置きがちでした。そこで今回は、話す力のみならず聞く力をも意識して、コミュニケーション技術の獲得を目指すことにしました。

　話し手、聞き手、アドバイザーという役割と、その学習が効率よく行えるこ

と、スピーチに対する抵抗を減らし、スピーチそのものの学習に集中できること、共感的雰囲気をつくりやすいことから、学級全員を前にしたスピーチではなく、今回は、3人1組による「トライアングルスピーチ」を取り入れることにしました。

（5）トライアングルスピーチの実際

1）トライアングルスピーチにおけるねらい

○ 友情に対する自分の考えや気持ちを工夫しながら分かりやすく話すことができる。

○ 話し手の意図を考えながら、スピーチの内容を注意して聞き取ることができる。

2）導入時の留意事項

○ コミュニケーションを成立させるには、話し手だけでなく、聞き手の役割も重要なことを話す。

○ 3人1組によって、学習の効率化を図り、共感的な雰囲気をつくり、スピーチに対する抵抗感を減少させる。

○ 中学1年生の5月という時期を考慮し、和やかな雰囲気をつくり出すために、なるべく同性同士でグループをつくらせる。

3）話し方・聞き方のポイント

事前に行ったアンケートの集計をもとに、自分の話をよりよく聞かせるための注意点と、相手によりよく話させるための注意点を生徒から出させました。具体的には、技能の項目と態度の項目とにあらかじめ分けたワークシートを用意し、その中で自分が特に注意しなければならない点を3つずつ出させるようにしました。出された注意点は、スピーチのチェック項目として使用しました。

4）トライアングルスピーチの進め方

トライアングルスピーチの進め方は、マニュアルを用意し、一つのグループを使って実際に動作を交えながら一通り説明しました。

一人の生徒が、話し手、聞き手、アドバイザーを経験できるように3回行い

ました。以下が、実施上の注意点としたことです。

○　聞き手は極力メモをとらずに、スピーチに聞き浸らせる。
○　アドバイザーはメモをとりながら話し手と聞き手を観察し、それぞれを評価していく。
○　スピーチが終了したら聞き手と話し手とで質問のやり取りをさせる。
○　話し手だけでなく、聞き手にも自己評価をさせる。
○　プリント記入後に、自己評価・相互評価の記入結果を発表させる。その際、スピーチと同様に話し方・聞き方に注意させる。
○　どの生徒もスムーズに評価結果の発表ができるように発表マニュアルを用意しておく。

5）トライアングルスピーチの様子

　話し手の生徒は、身振り手振りも交えながら生き生きと話していました。その姿からは、自分の伝えたいことを相手にわかってほしいという熱意が感じられました。やはり、スピーチ原稿の状態ではなくスピーチメモにとどめておいたことがよかったのかもしれません。

　聞き手の生徒は、話し手の生徒を見ながらうなずいていました。これだと話しやすくなります。アドバイザーの生徒は、すぐ近くで話し手と聞き手を客観的に観察することができていました。話す立場と聞く立場の双方から、話すこと・聞くことについて考えることができたようでした。

第2章

「バザール方式」による話すこと・聞くことの繰り返し学習

1 話すこと・聞くことの繰り返し学習

（1）繰り返し学習の見直し

　従来の繰り返し学習というと、漢字や英語の単語を覚えさせるために、機械的に記憶させて、生徒たちが習熟できるよう練習や訓練がなされてきたイメージがあります。現在では、今まで以上に主体的に学ぶ力を育成することが求められています。単純な繰り返し学習では、単なる訓練やドリルに過ぎません。これからの繰り返し学習では、生徒たちが主体的に、積極的に取り組むようにしなければなりません。

（2）バザール方式の利点

　今までの発表学習では、調べたことをもとに1回ずつ発表していく形が多かったように思います。これでは生徒に発表する力をつけさせることは難しいでしょう。生徒一人一人が「バザール方式」で発表すると、次のような変容が期待できます。

○ 聞き手を替えながら何回も同じ発表を繰り返していく中で、質問を受けるたびに説明の仕方は改善され、回を追うごとに発表力が向上していく。
○ 聞く側も回を追うごとにメモの取り方や質問の仕方が向上していく。

（3）授業改善の方向性

　今までの繰り返し学習を見直し、バザール方式の利点を生かしながら、話すこと・聞くことに関わる繰り返し学習はできないものかと、以下のように授業改善の方向性を探りました。

（1）本校第1学年で行っている「朝の読書」での成果を授業の中に生かしていき、互いを有効に結び付ける。

（2）学習後に、実際の生徒の読書生活において活用されるものにする。

（3）意欲が高くはない生徒でも個別の学習活動が主体的かつ円滑に進められるよう、学習の流れを明確にしておく。

（4）個人学習が中心になるため、生徒と1対1の会話の時間を設定し、生徒の気持ちや学習の状況に、できるだけアプローチできるようにする。

（5）"わかってもらう"ことを意識させる。ただ説明するのではなく、相手に理解してもらうために話すのだという目的意識と、理解しようとする相手への思いやりと、相手にどのように理解されているかをイメージする想像力が求められる。

（6）説明・発表では、その事前と事後の学習活動の位置付けや学習内容が問われる。多くの場合、説明・発表をさせることにのみ目が奪われ、その前後の活動内容の吟味がなされていない。その結果、せっかくの説明・発表が国語学習として機能していない。

（7）話し手による一方的な説明になることを避け、質問や意見など、双方向的な対話になるよう、場の設定を工夫していく。

2 読書紹介バザール

（1）「読書紹介バザール」の構想

1）「読書紹介バザール」のねらい

　読書紹介バザールの学習を行うことで、どんなことをねらうのか、以下に列挙します。

　○ 自分の考えや気持ちを相手に理解してもらえるように話したり、話し手の意図を考えながら話の内容を聞き取ったりする。

　○ 自分の考えや気持ちを的確に話すためにふさわしい話題を選び出す。

　○ すべての生徒にとって、「話すこと・聞くこと」の学習活動ができるような場を設定する。

○ 自分が読んで選んだ好きな本について説明させることで、学習する生徒の興味や意欲を高める。
○ 一人一人の生徒に学習した結果の達成感や成就感を味わわせる。
○ 主体的かつ意欲的に読書に親しませる。
○ 様々な本を読んで、人間・社会・自然などについて考え、自分の意見をもたせる。
○ 目的をもって文章を読み、必要な情報を集め、自分の表現に役立たせる。
○ 自らの読書生活の向上を意識化させる。
○ 自分が紹介した本を、聞き手が読みたくなるような説明の仕方で紹介できるようにする。
○ 話し手が伝えたいことを的確に聞き取ることができるようにする。
○ 級友が紹介した本の中から選び、進んで読むことができるようにする。

２）「朝の読書」とのタイアップ

　読書紹介バザールを行った学校の１年生では、４月から朝の時間に、毎日１５分間ずつの読書の時間を位置付けていました。毎朝、１５分間、自分で選んだ本を黙々と読む時間です。当初はそれほどではありませんでしたが、日を追うごとに熱心に読書に浸る姿が見られるようになっていきました。終了時刻になっても、すぐには本から目を離さない生徒も出てきました。

　また、休み時間や昼休みには読書をする姿を見るのが当たり前となりました。こうして読書習慣が自然と定着していきました。

　読み終わった本は、「読書記録カード」に記入するようにしてあり、そこには友人への「おすすめ度」と「一言感想」を書くようにしてありました。おすすめ度は、ＡＢＣの３段階で、「友達にぜひ読んでほしい」ならばＡ、「普通」ならばＢ、「あまりおすすめしない」ならばＣとしました。

３）紹介したい本の選出

　「朝の読書」の結果を記入してある「読書記録カード」のリストの中から、まず「友達に紹介したい本ベスト３」を選びました。その時点で、おすすめ度Ａの複数の候補の中から選ぶようになったために、迷うことはあっても、全く

あてもなく困り果てる生徒はいませんでした。

　その後は、それぞれの生徒の判断で1冊に絞り込んでいきました。この時点で、この本のどんなところをどのように紹介するのか、その構想はおおよそできていたように思います。それだけ、自分が読んだこの本を、ぜひ、まだ読んでいない人に紹介したいという思いが強いということです。

（2）読書紹介バザールに向けて

1）紹介したい内容

　読書紹介バザールで友達にどんなことを紹介したいのか、ワークシートには紹介したい項目を書き出し、ノートには紹介することをメモしていきました。その後は、自分で紹介することを絞り込んでいきました。ここでは、授業者との「相談タイム」を設け、一人一人に具体的なアドバイスをしていきました。生徒は、アドバイスを参考にしながら紹介することを絞り込んでいきました。生徒から出された紹介したい項目の主なものは、以下の通りです。

○ あらすじ	○ 他の作品について
○ 登場人物	○ 疑問・不思議
○ おもしろいところ	○ 何のために書いたのか
○ 気にいっている場面	○ 題名について
○ どきどきしたところ	○ 工夫されているところ
○ 学んだこと、学んでほしいこと	○ 共感したところ
○ 主人公の気持ち	○ 特に伝えたいこと
○ 感動したところ	○ 読者の心をとらえる一文
○ 見どころ	○ クライマックス
○ 作品の魅力	○ 考えさせられるところ
○ 作者について	

2）生徒のノートから

　ある生徒のノートには、メモとして次のことが記述されています。

○ 紹介する本
　『ももこのいきもの図鑑』さくらももこ　集英社文庫
○ どんなことを紹介したいか
　（１）おもしろいところ
　　・カブトムシ（成虫編）　・ハムスター
　（２）作者について
　　・静岡県出身の『ちびまる子ちゃん』の作者でもあり、同作品で
　　　１９８９年に講談社漫画賞を受賞した人。
　（３）他の作品について
　　・『もものかんづめ』『さるのこしかけ』『そういうふうにできている』
　　　『あのころ』『まる子だった』など。
　（４）魅力
　　・一つの話が短いので、すぐ読める。
　　・その生き物が、何の仲間で何科なのかが分かる。
　（５）あらすじ
　　・子どもの頃から今までに出会ったいろんな生き物たちとの思い出を
　　　描いた本。
　（６）登場人物
　　・さくらももこ　　・家族　　・今までに出会った生き物

（３）読書紹介バザールの準備

１）友達にどんな形で紹介するか

　友達に紹介したい内容をどんな形で紹介していくか、そのプランをつくって
いきました。生徒が作成したプラン例は以下の通りです。

① チラシをわたして、どんな本なのか、だいたいを分かってもらう。
② ミニかべ新聞やチラシを見ながら説明する。
　　○ 気に入っている場面　　○ 工夫されているところ
③ 本の一推しのところを紹介する。
　　○ 朗読　　○ その場面の説明

④ 他の作品を紹介する。

⑤ 友達（聞き手）から質問を受け付ける。

⑥ 質問に答える。

⑦ 友達（聞き手）に感想を聞く。

---

① 紙芝居で、ある程度のあらすじを紹介する。

② 図を使って登場人物を説明する。

③ おもしろいところを本（実物）を使って紹介する。

④ 作者について写真や資料を使って紹介する。

⑤ 作品についてのクイズを出す。

⑥ 友達（聞き手）からの質問タイムを設ける。

⑦ 友達（聞き手）に感想を言ってもらう。

２）共通して紹介する内容

共通して紹介する内容として、次の２つを用意しました。

○ 発表テーマ　　　　　自分が相手に最も伝えたいこと

○ キャッチコピー　　　読んでみたいと思わせる一言を

発表テーマの主なものは、以下の通りです。

○ "奇想天外な冒険" アリスとその仲間たち

○ 己の信念をつらぬいた英雄たち

○ こんな子はきっといる、あなたのまわりにも。もしかしたらあなた自身

○ 戦争のまっただ中を逞しく生きる少年H

○ 本当の家族とはなにか

○ あなたはあなたの中学生ホームズになりきって

○ 自分の大切なものを見つけてください

キャッチコピーの主なものは、以下の通りです。

○ 笑いを求めている人にこの1冊
○ これを読めばさくらももこのとりこになる
○ 真の英雄ここに集う
○ あなたも空想科学大学に入学してみませんか
○ 月世界の秘密が今解き明かされる
○ あなたの周りも感動の渦に巻き込む『ハチ公物語』
○ 読まなきゃ絶対損　この1冊を読めばあなたも賢治ワールドへ引きずり込まれる

（4）読書紹介バザールの実際

1）バザールの準備

　自分で立てたプランに則ってバザールの準備を進めました。先生との相談タイムでは、自分のバザールプランの検討を行いました。また、自分で準備できるものと先生に準備してもらうものとを確認しました。

　お店の看板を作る生徒、紙芝居、チラシ、パンフレット、ポスター、かべ新聞などを作る生徒など、一人一人が個性豊かに作業を進めていきました。共通の約束事として、発表テーマとキャッチコピーを何らかの方法で提示することを確認しました。看板に書き込む生徒、チラシやパンフレットに入れる生徒など様々でした。

　開店準備ができたところで、同時間帯に発表する生徒同士で3人組をつくり、リハーサルを行いました。一人は話し手、一人は聞き手、もう一人は観察者でありアドバイザーです。

2）バザールの開催

　クラスを2班に分けて2回行いました。クラス30人で1回につき話し手（お店）が15人、聞き手（お客）が15人です。2回行うことで話し手も聞き手も経験することができます。

　友人関係により、聞き手が特定のお店に集中することを防ぎ、話し手には平等に繰り返し説明する機会を保障するために「スタンプラリー方式」をとりました。聞き手は「スタンプラリーカード」をもって、それぞれのお店をまわる

ようになります。このカードには評価のポイントも入れてあります。そうすることで、評価意識をもたせることができます。

　終末段階では、話し手はワークシートを使って自己評価をし、聞き手はスタンプラリーカードに書き込む形で相互評価を行いました。相互評価の観点は、「紹介された本を読んでみたくなったか」としました。

3)「読書紹介カード」の作成

　このバザール方式の欠点は、同じ時間帯にお店を開いた話し手同士は、それぞれの発表を聞くことができないことです。この欠点を少しでも補うために、3人組によるリハーサルの際に、同じ時間帯にお店を開く者同士で、という条件をつけました。

　加えて、同じ読書紹介という表現形式でも、話すことと書くことという違いはありますが、「読書紹介カード」を作成しました。そのねらいは、次の通りです。

○ 全生徒分を印刷し、クラスごとに1冊ずつ製本して常置する。
○ そうすることで、他のクラスの読書紹介も見ることができるし、読書生活の向上に資することができる。
○ 学校の図書館にも数冊常置し、他学年の生徒にも参考となるように配慮する。
○ これもまた双方向の活動の一つである。

　また、バザールで使用したかべ新聞やパンフレットなども、できるかぎり廊下等に掲示し、他のクラスでも互いに見られるようにしました。

○ 人それぞれいろいろな本を紹介してくれて、読んでみたい、おもしろい、感動した、という本がたくさんありました。また、やりたいです。
○ いろいろな店をまわって、たくさんの本と出合うことができた。読みたいと思った本はぜひ読みたいと思う。また、このような学習をしたいと思う。
○ 本をなんだかいっぱい読みたくなった。

○ 今まで分からなかった本をおもしろそうに話をしていて、いっぱい本を読みたくなりました。本はいいなあと思いました。

○ みんなの本の紹介を聞いて、読んでみたいと思う本がたくさんあり、本を読む機会が増えそうです。読書紹介バザールは楽しかったです。

○ 自分の思いつかないようなアイディアを見ることができてよかった。いろいろな紹介の仕方を見ることができたので参考になった。

○ 発表をしていて、真剣になって話を聞いてくれたり、一生懸命作ったチラシを見たりして感想を言ってくれる人がいて、とてもうれしかった。失敗したりできなかったりしたことを反省して、もう一度バザールをやりたくなった。

○ 自分が感じた本のことをよく伝わるように紹介して、今度はお客さんの目を見て、お客さんと会話をして、体を使ったりして、お客さんも自分も楽しく本について伝わるように紹介したい。

○ 絵を使ったり自分が特に伝えたい文は色つきにしたりして、お客さんが楽しんで聞けるようにした。お客さんが飽きないように長々とした話をせずに、大切なところだけを短めに話した。

○ なかなか自分の思ったように相手に気持ちを伝えられなかった。また最初にお客さんが来たとき、何を言うのか全く分からなくなり、自分がきちんとした段取りができていないことが分かった。

○ 最初は恥ずかしくて「いらっしゃーい」など言えませんでしたが、何回もやっているうちに慣れ、最後は「いらっしゃーい」と言えました。もっとやりたかったです。

○ 少し緊張したけれど、思っていたよりスラスラ進んだ。ふだん、あまり話さない人にも紹介したのでよかった。

○ 紹介するのが、とてもおもしろく、説明しているのが夢中になってしまった。

3 環境問題バザール

（1）「環境問題バザール」で話す力を高める

1）説得力のある話し方・分かりやすい説明の仕方

「読書紹介バザール」に続き、2回目のバザールということで、バザールという方法に対する戸惑いや抵抗感はないと思われます。そこで今回は、今まで以上に「話すこと」に重きを置いて実践することにしました。

説得力のある話し方は、話す目的や相手、場面に応じて適切に、より効果的に実践されることが求められます。そのためには、以下のように、基礎的な技能を磨く必要があります。

① 理由や根拠を挙げて話す

自分の考えを聞き手に納得させようという意志がまず大切です。そのためには、自分の考えを支える理由や根拠を挙げて話すことが必要となります。新聞や雑誌、アンケート、インターネット、文献などから必要な情報を収集し、活用するようにします。それらの情報活用能力もまた、説得力のある話し方をするためには欠かせません。

② 筋道を立てて話す

筋道を立てて話すということは、話の組み立てが論理的で、聞き手にとって分かりやすいということです。短い話なら「主張→理由・原因」、少し長い話なら「結論→本論」、やや長い報告なら「結論→経過→本論→結語」などといった組み立てで話すようにします。話す目的や時間などを考えて、いろいろな組み立てを工夫します。筋道を立てて話すというのは、聞き手の立場に立つということでもあります。

③ 視覚に訴えて話す

図表やグラフ、実物や模型などを使います。スライドやビデオ、写真などを活用して、聞き手の視覚に訴えます。プレゼンテーションなどの言語活動では、この視覚に訴える話し方が説得力を高めます。

④ 聞いてもらう、聞かれていることを意識する

聞きやすいことも分かりやすさの一つです。まずは、相手に届く声量で、はっきりと発音し、抑揚や間の取り方などの話し方に注意し、聞き手を意識するようにします。

⑤ 伝えたいことを意識する

　説明していく中で伝えたい、伝えなければならない事柄は何なのか、要点をつかませます。説明し終わったあとに、聞き手の頭の中に残したいものは何か、キーワードをおさえます。

（2）分かりにくさの原因

　聞いている話が分かりにくいのは、話の内容が頭の中に形づくれないからです。話し手が、自分が分かっているから相手も分かるだろうという態度で話すため、伝わりにくかったり、情報が足りなくなったりします。

（3）「環境問題バザール」の構想
1）授業改善の方向性

---

① 環境問題を取り上げ、調べ学習を進めるには、資料が必要である。そこで、約1か月間にわたり、資料収集期間を設ける。

② 調べ学習の時間とともに、収集した資料をじっくりと読む時間を確保する。

③ 自分の主張を明確にするために、「第一次意見文」を書く場を設定する。

④ 環境問題は広範囲にわたるため、あれもこれもと手を広げずに、調べたことをもとに、伝えることを一つに絞り込ませる。

⑤ コピーペイストを防ぐために、調べた結果をかべ新聞などにまとめ直すことはしない。新聞の切り抜きなどの手持ちの資料をそのまま提示しながら説明させる。そうすることで時間の節約にもなる。

⑥ 環境問題は専門的なため、聞き手は何もわからない存在であるという相手意識を強くもたせる。

⑦ 自分で調べて自分なりに理解したことを自分の言葉で説明させるために、発表原稿は作らせない。メモ程度のものを見ながら、あるいは慣れてきたらそれも見ないで発表させる。そうすることで、専門的な用語をそのまま使うことを防ぎ、聞き手にとってわかりやすい発表となる。

⑧ 意欲の低い生徒でも個別の学習活動が主体的かつ円滑に進められるように、学習の流れを明確にしておく。

---

⑨ 個人学習が中心になるため、生徒と1対1の対話の時間を設定し、生徒の気持ちにできるだけアプローチするようにする。

⑩ 調べたことをまとめない、発表原稿を作らないなど、生徒を追い込むことによって、今までは原稿に頼っていた発表から脱却させる。そして、学習の達成感をもたせる。

2）「環境問題バザール」学習のねらい

① クラスすべての生徒にとって、「話すこと・聞くこと」の学習活動ができるような場を設定する。

② 自分が集めた資料から興味をもったことを取り上げることにより、学習への意欲付けを図る。

③ 一人一人の生徒に学習した結果の達成感や成就感を味わわせる。

④ 様々な資料を読み、環境問題について考え、自分の考えをもたせる。

⑤ 目的をもって資料を読み、必要な情報を集め、自分の表現に役立たせる。

⑥ 環境問題に限らず社会の動きなどに関心をもたせる。

⑦ 繰り返し話す活動を行う中で、説得力のある話し方、わかりやすい説明の仕方を身に付けさせる。

⑧ 自分の考えや気持ちを相手に理解してもらえるように話したり、話し手の意図を考えながら話の内容を聞き取ったりさせる。

⑨ 自分の考えや気持ちを的確に話すためにふさわしい話題を選び出させる。

（4）「環境問題バザール」に向けて

1）バザールまでの学習の流れ

① 資料収集

　　環境問題は資料がなければ、関心をもつことも調べ学習を進めることも困難です。とはいえ、数日間のうちに多くの資料が集まるものではありません。そこで、約1か月間にわたり資料収集の期間を設けました。そうすることで、新聞に目を向け、インターネットで資料を検索し、必要な書籍を公立図書館などから借りてくることを意図しました。

個人差はありましたが、ほとんどの生徒が何らかの資料を集めてきました。熱心な生徒は毎日のように新聞に目を通し、必要な記事を切り抜き、ファイルしてきました。実際のところ、各新聞とも、ほとんど毎日のように環境問題に関する何かしらの記事が掲載されていました。

② 資料の選別

　　集めた資料を次のように、テーマごとに選別していきました。

> ○　酸性雨　　　　　○　放射能汚染　　　　○　野生動物の絶滅
> ○　オゾン層破壊　　○　ゴミ問題　　　　　○　リサイクル
> ○　地球温暖化　　　○　大気汚染　　　　　○　エコロジー
> ○　森林破壊　　　　○　砂漠化
> ○　水質汚染　　　　○　騒音
> ○　土壌汚染　　　　○　公害

③ テーマ選定

　　テーマごとに選別した資料をもとに、自分で調べていきたい課題を絞り込んでいきました。課題を絞り込んだ結果、使わなくなった資料は、資料が不十分な級友に分け与えたり、必要としている級友に譲ったりして、有効に活用するようにしました。

④ 資料の読み取り

　　まずは手元にある資料をじっくりと読み進めました。その際、生徒にとっては難解な専門用語が出てくることもあります。それらを解決するためのものとして、授業者の方で以下のものを用意しました。生徒は、これらを使って読み進めていきました。

> ○　知恵蔵　　　　○　現代用語の基礎知識　　　○　学校の図書室蔵書
> ○　イミダス　　　○　広辞苑

⑤ 第一次意見文作成

　　資料を読み進めていった結果、わかったことをもとに、「第一次意見文」を書きました。意見文としてまとめる作業を通して、自分の主張がより明

確になっていきました。

⑥ バザールの準備

　ここで確認したことは、以下の点です。リハーサルは、「読書紹介バザール」のときと同じように行いました。生徒にとっては、前回よりも厳しい条件での発表となっているため、リハーサルといえども真剣な姿が見られました。

○ 調べてわかったことだけを相手に伝える。自分がわからないことは伝えない。

○ 相手に伝えることを絞り込む。自分の扱っているテーマの中でも一つのことに絞る。聞き手には何の予備知識もないという相手意識を明確にもつ。

○ 相手のことを考えて、どういう方法で伝えるのがいいのかを考える。

○「自分はこう考える」という自分の主張をしっかりともつ。

○ 発表原稿は作らない。あればそれを見て読んでしまう。メモ程度ならいいが、それも慣れてきたら見ない。

○ 新たに発表用の資料は作らない。

○ 持っている資料や文献はそのまま提示し、説明を加えていく。

（5）「環境問題バザール」～第一次意見文～

1）第一次意見文「オゾン層の破壊」

　私は、この「オゾン層の破壊」について、いろいろ調べてみて、私たちは今、いつ爆発するか分からない爆弾を背中に背負っているのと同じ状況だなあと感じました。

　オゾン層が壊れると、紫外線のせいで、皮膚がんや失明という病気の患者がたくさん増えます。それは、大きな爆弾だと私は思います。しかし、それにだんだんと火をつけているのは、私たち人間なのです。そこで、一人の人間が「オゾン層を壊すフロンを使わないようにする」と言って、エアコンなどを使わないで、世界から出るフロンが少し減ったといっても、

今の現状はあまり変わらないと思います。今の現状を変えるためには、そう思った人間が、その思いをみんなに伝え、その話を聞いた人が、また違う人に伝え、それが全世界の人に伝わることができれば、今の現状は、よい方向へとても変わると思います。

　だから、私が今やっている行動もその一つだと思います。もし、この考えが伝わったならば違う人に伝えてほしいと思います。それが、世界がよい方向へ進むための一歩だと思います。

２）第一次意見文「砂漠化」

　ぼくが、砂漠化についてもっと関心をもとうと主張する根拠は３つあります。それは次の通りです。

　第１に、他の環境問題と比べて全般的に関心が低いということです。この砂漠化は１９７０年ごろから問題視されてきたのですが、国際的な対応が立ち遅れてきました。ぼくは、このことも現在の砂漠化拡大につながっていると思います。

　第２に、砂漠化の危険性です。もともと人間が草原などで家畜を飼ったり、畑をつくったりしたからです。他にも日照りや降水不足なども原因なのですが、人間が緑を減らして砂漠化を進めています。実際に地球の陸地面積の４分の１を砂漠地帯が占めています。年々、世界各地で砂漠化は進んでいて、１年間で約６００ヘクタールが砂漠となっています。これは、ほぼ日本の九州と四国が毎年、砂地になっていると言えます。最近では中国の黄土高原の砂が日本まで飛んでくることが心配されています。ぼくは、ぼくたち人間が自分で自分の首をしめていると思います。だから、もっとこの大変な環境問題を知ってほしいと思います。

　第３に、日本は砂漠化の被害を受けていないことです。もし日本で、現在のまま砂漠化が起こると、日本の農業がだめになって食糧不足になると思います。日本は島国なのでその確率は低いと思いますが、そのことを意識する必要があると思います。

　今、現在、世界では砂漠化をくい止める手だてで有力なものがありませ

> ん。だから、みんなで考えていく必要があると思います。

（6）「環境問題バザール」の実際

1）バザールの開催

「読書紹介バザール」と同様に、クラスを2班に分けて2回行いました。クラス30人で1回につき話し手（お店）が15人、聞き手（お客）が15人です。2回行うことで話し手も聞き手も経験することができるようにしました。「スタンプラリーカード」を見ると、一人の生徒が11から14のお店をまわることができたことがわかります。したがって、一人につき10回以上は、繰り返し発表を行うことができたということです。これが、バザール方式のねらいでもあります。

　また、今回の相互評価の観点を、次のように設定しました。

> ○ 説明された環境問題と発表者の考えがわかったか。

2）お店をまわっての感想・メッセージ

　スタンプラリーカードには、お店をまわっての感想・メッセージの欄を設けました。そこには、以下のような記述があります。

> ○ 1回目よりも2回目の発表の方がよくなっているのではないかと思った。全体的にみんな発表のときに自分の言葉でまとめていたので聞く方もわかりやすかった。
> ○ 図や絵を使って説明したりしていたところが多く、とても分かりやすかった。また、むずかしい言葉なども意味を教えてくれ、初めて知ったことがたくさんあった。
> ○ 発表するときに工夫していた人は、クイズ、資料の選択、問いかけなど、とても分かりやすく、おもしろく理解できた。資料をそのまま読むのではなく、要点をまとめていて、内容がしっかりしていてよく理解することができた。
> ○ 絵や図・写真を見せながらの説明やたくさんの資料を使う説明は内容

が濃く、分かりやすかった。資料をそのまま読むだけでなく、工夫している人もいて、とても聞きやすかった。

3）繰り返し学習としてのバザール方式

　生徒は、お互いに、どのように発表すれば分かりやすくできるのか、理解することができたものと思われます。自分で発表しているときには、なかなか気づくことはできませんが、お客さんの立場で発表を聞くことで、多くのことに気づくことができたことが分かります。

　ここから、話すだけでなく聞く学習もできていたと言えます。よい話し手になるには、まずは、よい聞き手にならなければならないことが分かった学習でした。読書紹介バザールに引き続き、環境問題バザールを行ったことで、読書紹介バザールの反省が生かされ、「今度はこうしたい」という思いが、環境問題バザールに反映されていました。

　２回にわたるバザール方式の学習により、一人につき、少なくても２０回以上は、繰り返し人前で発表することができました。こういった機会は、従来の学習では、なかなか実現できなかったのではないでしょうか。話すこと・聞くことの繰り返し学習としての効果は十分に表れていました。

4）「環境問題バザール」後の生徒の感想

○ やっぱり相手の顔を見て発表すると、説得力が違うと思いました。
○ 自分の言葉で話している人がたくさんいて、とても分かりやすかった。
　相手を意識して発表している人は、とても分かりやすかった。
○ ペンでなぞりながら説明してくれる人や絵をその場でかいて説明したりしていたので分かりやすかった。
○ みんな、それぞれに工夫が見られて、前回の読書紹介バザールよりよくなっていたと思った。
○ みんな読書紹介バザールなどの経験を生かし、上手に発表していた。
○ 詳しく説明してもらい、とても時間がかかりました。しかし、説明の内容や身ぶり手ぶり、また、話し方に引き付けられてしまい、どんなに長い時間、聞いていても大丈夫という感じでした。自分の考えもはっき

りと発表していたし、なによりも相手を意識している、一方的ではない
というところがよかったと思います。

○ 絵を使って発表したりして、とても分かりやすく、よい発表の仕方だ
と思いました。また、よいところは、自分の発表にも使いたいと思います。

○ みんなそれぞれの発表の仕方で、自分のテーマと同じ人でも「こんな
説明の仕方がある」と思った。それぞれ、みんな主張したいことが違っ
ていて、とても聞いていて楽しかった。

○ 紙を見ないで説明をしてくれていて、とても分かりやすく説明してく
れた人がたくさんいたので、びっくりしました。

○ みんな前回にも増して詳しく、わかりやすく現在の環境問題について
説明してくれました。今日は、環境問題について改めて考えさせられた
一日でした。

○ 一人一人いろいろな発表方法があって、自分の調べたテーマのことを、
それぞれわかりやすいように工夫して発表していた。地球の環境の問題
について今まではよく知らなかったことも今回の環境問題バザールのお
かげでよくわかった。

○ 詳しく調べてみた人もいて、分かりやすい説明が多かった。その問題
について、どうしたらいいのかということを深く考えている人もいた。

○ みんな、とても分かりやすく説明していました。オゾン層破壊、水質
汚染、砂漠化など、言葉は知っているけれど、どのようなものなのか、
詳しく知らないことが多かったので、とても勉強になりました。

○ 細かく説明していた人がいてよくわかりました。環境問題はとても広
く、一つ一つのことが私たちに関係することがわかりました。

○ 最初は下を向いてメモを見ないと伝えたいことが言えなかった。でも、
何回も発表するごとに自然とメモを見なくなって、ずっとお客さんの反
応を見ていた。その場になって自分の言葉で話すことも大切だと分かった。

○ 今回は、前回の反省点を生かしてよくできました。この「環境問題バ
ザール」は、自分の分かったことだけを説明したので、自信をもってで
きました。

○ けっこう熱心に聞いてくれる人が多くてうれしかった。バザールのコ
ツをつかんだ気がする。

○ 前回と違って原稿がなかったので、文を考えるという楽しみがあった。説明をしているうちに、自分の知識も深まったので、とてもよい方法だったと思う。

○ 私は中学校に入って何回か、みんなに向かって説明する機会があったが、その中で一番内容も充実していたし、みんなに分かりやすく伝えることができたので一番よくできたと思う。

○ とっても楽しくて、自分の意見を相手に伝えるのは大切だと思った。またやってみたい。

○ 自分の考えを伝えるのは簡単そうだけど、本当はとても難しいことだということが分かった。

（7）「環境問題バザール」～第二次意見文～

1）第二次意見文「地球上最も有害なダイオキシン」

　今まで、「ダイオキシンは、とても体に悪い物質だ」などと、ニュースや新聞などで取り上げられていたけれど、私はほとんど自分のことのようには考えていませんでした。けれども、私たちの周りにもダイオキシンが発生していることが分かりました。

　また、ダイオキシンは私たちの体の中の脂肪にたまっていくことが分かりました。私は自分の体にダイオキシンがたまっているなんて信じられませんでした。けれども、体内にたまったダイオキシンを体の外に出す働きがある食べ物があることを知りました。それは食物繊維です。だから、野菜や果物をこれからたくさん食べた方がいいと思います。

　環境問題の先進国ドイツでは、ダイオキシン問題は解決済みです。日本もドイツのように、ごみになるものを作らないこと、再利用の徹底をすればいいと思いました。もっと一人一人がダイオキシン問題を自分のことのように考えて、早く日本や世界からダイオキシンがなくなってほしいと願っています。

2）第二次意見文「家一つにも環境を」

　家という身近な物も環境を考えて作っており、それは他の国でも同じだと思った。

　例えばノルウェーだ。ノルウェーでは最近ログハウスが９０パーセントを占めている。しかし、戦後からは材料として環境によくない断熱材が使用されている。そのため最近では断熱材を使わない住宅の研究が進んでいる。

　日本では環境を重視している家が増えているそうだ。例えば冬は太陽の熱をたっぷりと取り入れ逃さないように工夫した家だ。これにより、省エネで環境にとてもよい。

　これらのことを知り、私は家一つ作るのにも環境のことをきちんと考えているのだと思った。環境のことを考えての家作りということは、消費者も生産者も環境を大切にしようとしているからこそできることなのだと思う。少し金額がかかっても環境を守ろうとしている。これは、環境を守る小さな一歩であると共に大きな意味をもつ一歩でもあると私は思う。

3）第二次意見文「森林保護から見えてくること」

　私は森林保護というのはとても大切だと思います。しかし、私たちにはむずかしくできなさそうな感じがします。ゴミを捨てない、ゴミを拾うなど私たちにもできることはたくさんあります。どんな小さなことも森林保護につながっています。

　南アメリカのアマゾン流域では森林を燃やしています。これは南アメリカのアマゾン流域の人たちにとって生活には欠かせません。けれども少しずつ燃やす量を減らせばきっと森林もたくさん減らずに済むと思います。

　森林が年々減っていくのとともに野生生物も年々減っていっています。森林と野生生物は関係があるのです。森林を守るということは野生生物を守るということにつながると思います。

　森林を守るということは、野生生物を守るほかにも私たち人間を守るということにつながるのではないでしょうか。

４）第二次意見文「フロンの考え方は真実か」

　私は今まで、オゾンそのものがよく分からなかったため、オゾン層破壊という問題をあまり大きな問題としてとらえていなかった。そして、「オゾン層を破壊してしまう物質がフロンなら、フロンを使わなければいい。」などと、大規模な環境問題を自分の中で勝手に片づけてしまっていた。そんなとき、国語の時間に、「環境問題」をテーマにして学習することになった。そこで私は「オゾン層破壊」について調べてみることにした。

　調べていくうちに理解も深まり、それと同時に一つの疑問点が出た。それは、あるアメリカの科学者が「フロンを使い続けると人間にも有害であり、オゾン層に穴が開く」とまで発表していたにもかかわらず、フロンを使い続けていた人間の考えである。人間は、なぜ便利だと思うものの確実な安全性も確認せず、使い続けてしまうのだろうか。私はそこが大きな環境問題を引き起こしてしまう原因なのだと思う。

　これからは一人一人がフロンの本当の危険性を理解し、本来の人類にとって大切なオゾン層を守っていくべきだと思う。

第3章

授業活性化の切り札「ディベート」　～入門編～

1　ディベートとの出合い

（1）手ごたえのない国語の授業

　まだ２０代後半の頃です。中学３年生の国語の授業を担当していました。生徒は言われたことには取り組んでいます。しかし、手ごたえがありませんでした。「これは違う。自分のやりたい授業は違う」こちらが焦れば焦るほど、生徒は受け身になっていくような気がしました。自分としては、一生懸命やっているつもりでした。それは分析すると、ワークシートをもとに、一生懸命説明していたのだと思います。「これではいけない。３年生には時間がない」そんなことを考えていました。

（2）救世主「ディベート」現る

　そんなある日、何かの教育雑誌で「ディベート」というものに出合いました。それまでも名前ぐらいは聞いたことがありました。読んでみて、すぐに「これだ」と思いました。早速、ディベートに関する書籍を購入することにしました。すると、教室ディベートや授業ディベートというワードが入った書籍が複数世に出ていることがわかったのです。ディベートを授業に取り入れる際の羅針盤を手に入れた思いでした。

　最初に「これだ」と思えたのはディベートですが、その後も同じようなことがありました。群読、ジグソー学習、ワークショップ、バザール方式、一枚ポートフォリオなどです。改めて振り返ってみると、どんな国語の授業をしたかったのか、どんな生徒を育てようとしてきたのかがわかってきました。

（3）日本を支える表現者を育てたい

　最初から、計画的にそうしてきたわけではありません。そのとき、そのときで、国語の授業のことで悩み、考え、実践してきたことに、共通点というべき

か柱のようなものがあったことに、自分で気づいたということです。

　それは、タイトルを付けるとしたら、「表現者を育てる授業」とでもなるで
しょうか。自分の考えや思い、自分で読み取ったことを、書いたり話したりで
きる生徒を国語の授業を通して育てようとしてきたのだと思います。そこには、
大げさに言うと、「次代の日本人を育成する国語の授業」という思いも込めら
れています。きっと、海外の日本人学校での経験が影響しているのでしょう。

（4）授業活性化の起爆剤

　本書では、自分の実践を振り返っています。そこには、内容掲載の方針とし
て、「中学国語教師のためのガイドブック」という視点を入れてあります。こ
れからの国語教育界を支えていく皆さんにとって、少しでも役に立つものにな
ればという思いです。自分が先輩方に教え導いていただいたことへの感謝の思
いを込めながらとなります。

　中学校での実践が主ですが、私には幸い、小学校と高等学校そして海外の日
本人学校での経験もあります。加えて、県教育センターでの勤務を通して、県
内の多くの先生方と接してきた貴重な財産もあります。これらを総動員して、
充実した内容になるよう工夫したつもりです。

　ここでは、暗中模索、試行錯誤の状態だった私の国語の授業に、一筋の光明
をもたらし、授業活性化の起爆剤となり得た「ディベート」の実践を紹介して
いきます。

2　ディベートの魅力

（1）ディベートの現状

　今でこそ、「ディベート」は世の中に認知されるようになってきました。教
育界でも、普通にこの言葉を使うようになってからだいぶ経ちます。しかし、
実際に指導したことがある教員は、増えているのでしょうか。もしかしたら、
ディベートを授業に取り入れることをやめてしまったという状況はないでしょ
うか。逆に、自分が小学生や中学生だったときにディベートを経験してきてい
る若い先生方のほうが、自分の授業に取り入れようとしているのかもしれませ
ん。

（2）低迷期にあるディベート

　アクティブ・ラーニングという言葉が登場してきたときに、その具体的な学び方として、発見学習や問題解決学習、体験学習、調査学習から、グループディスカッション、ディベート、グループワーク等が挙げられました。再びディベートの時代がやってくるかと期待しましたが、さほどの動きは起きなかったように思います。どうもディベートの低迷期が長いように感じています。

　先生方は、大変なことは続けません。それでも、教育的な効果が認められ、いいと思ったことであれば、続けるのではないでしょうか。

　一時期、教育界にディベートが広まっていったときには、ディベート的な活動、ディベートもどきが多かったのかもしれません。ディベートに対する表面的な理解やハウツー的な実践本に基づき授業に取り入れていた先生方が多いのかもしれません。この現象は、ディベート特有のものではなく、様々な指導法にも言えることです。

（3）ディベートの価値と魅力

　ディベートは、万能ではありません。特効薬でもありません。しかし、授業を変える起爆剤にはなり得ます。生徒を変える力をもっており、即効性も認められるものです。

　私とディベートとの付き合いは長いものとなりました。国語の授業から始まり、道徳や総合的な学習の時間、学校行事、全校集会等でも実践を積み上げてきました。家庭科の授業担当者となったときには、家庭科の授業にも取り入れました。

　改めて、ディベートの教育的な価値や魅力を確認してみます。

（1）論理的に考え、意見を発表することができる。

（2）今まで人前で話せなかった生徒が、思わず話すようになる。

（3）チーム戦のため、論理を組み立てるために協力するようになる。

（4）勝敗に関わるため、熱心に取り組み、ときには熱く話すようになる。

（5）思考力や表現力が高まり、話す力を鍛えることができる。

（6）調べる、書く、話す、聞く、話し合うなどのすべての要素が入った国語科の総合学習と言えるものである。

ディベートというと、話すイメージが先行しますが、調べる力や文章にまとめる力がないと話すことはできません。相手の話を聞いて理解する力も必要となります。総合的に、バランスよく国語力を高めることに適した学習なのです。

3 台本ディベートのすすめ

（1）何から始めればよいのか

　私がディベートを授業に取り入れた当時は、生徒にその経験はなく、授業者である私にも指導経験はありませんでした。書籍を読むことで、イメージをもつことはできました。生徒に、どのように指導したらよいのか考えました。やったことがないことを口で説明しても伝わらないでしょう。

　そこで、考えました。とりあえず試しにやってみるしかありません。幸いにも「モデル・ディベート」の資料がありました。論題は「制服は必要か」でした。中学生にとって身近で興味のあるテーマです。ディベートの導入として、モデル・ディベート、模擬ディベートなどの名称がありますが、「台本ディベート」が最も端的でわかりやすいと思います。

（2）台本ディベート「制服は必要か」

　肯定側チーム４名、否定側チーム４名、司会１名の生徒が配置につきました。それぞれの手元には台本があります。少しでも臨場感を出すために、判定員である他の生徒には、台本を配布していません。メンバーの一人一人が自分の出番を確認します。

　いよいよ司会者の発言を皮切りに台本ディベートが始まりました。最初は、恥ずかしさもあり、たどたどしさも見られたメンバーもいました。しかし、途中からは、まるで実際に戦っているかのように乗ってきました。そして、最後は、実際に判定を行ってみました。メンバーは、台本があるため、安心して発言することができます。ディベートを見ている側の判定員の生徒たちは、次はどんなやりとりが繰り広げられるのかと興味津々です。

　この活動により、ディベートのイメージがわき、どんなものかがよくわかるようになりました。これから行われる実際のディベート・マッチへの意欲づけにもなりました。授業者としては、少なからず手ごたえを感じることができま

した。

（3）ディベートの導入教材

　台本ディベート以外にも導入としての指導法はあります。実際に行われたディベートの映像を見せるというのが、一般的には定石ではないでしょうか。映像の内容にもよりますが、それを見せることで、容易にディベートがどんなものなのかを理解させることができます。一つの到達点を示すことにもなるでしょう。

　しかし、仮に「ディベート甲子園」のような高いレベルのものを見せられた生徒たちは、どう思うでしょうか。一部の生徒は別として、きっと、あまりにも自分たちの今とかけ離れた中学生の存在に、意欲が高まることはないように思われます。

　映像であれば、昨年度の生徒が実際に行ったものを見せるのがいいのではないでしょうか。今の自分たちに近いものであり、目標にもなります。

　いろいろとやってみた結果ですが、台本ディベートが一番自然に自分たちのディベートへと誘ってくれるように思います。「制服は必要か」は、時代が変わっても、中学生にとっては興味があるテーマの一つです。ディベート導入のための定番論題と言えます。ディベートに限らず定番教材をもっているのは強みとなります。

4　台本ディベート「制服は必要か」

〈肯定側の立論〉

授業者　今日は、台本ディベートを行います。論題は「制服は必要か」です。肯定側チームが、佐藤さん、齋藤君、鈴木さん、田中君の4人です。否定側チームが、高橋さん、阿部君、吉田さん、伊藤君の4人です。それでは、司会の酒井さん、よろしくお願いします。

司会　　それでは、ルールにしたがって、台本ディベートを始めます。最初に、肯定側の立論を始めてください。時間は2分です。

　これから「制服は必要か」というテーマについて、「必要である」という肯定側の立論を始めます。私たち肯定側のメンバーは、佐藤、齋藤、鈴木、そして私、田中です。

　なぜ私たちが「制服は必要である」と考えるのか、その理由を話します。まず、私たちは他の班の人たちにアンケートをとりました。その質問事項は「制服は必要か」「その理由」「制服に対する不満」「制服のよい点」の４つについてです。その結果、「制服は必要である」と大部分の人が答えました。その理由は「心がひきしまる」「非行防止につながる」「学校の象徴である」「学生らしい姿を保つことができる」などでした。「制服に対する不満」については、「活動的でない」という回答もありましたが、運動するときは運動着があるので、これは解消されます。また、「その日の天気や温度、気分によって調節することができない」「個性的でない」「不衛生」などの不満がありましたが、制服には夏服、冬服とがあり、着分けることができます。気分というのは下着で調節できます。ですから、特に問題はありません。「個性」は他のことで発揮すればいいし、「不衛生」は、よく洗濯して清潔にすればいいのです。

　反対に、「制服のよい点」としては「私服のように毎日選ぶのに苦労しなくていい」「みんな同じ服だから気兼ねしないですむ」「私服を選ぶ時間だけ多く眠れる」などの意見がありました。

　私服の欠点は、学校帰りに平気でお店に寄ったり遊んだり、だらしがなく、しまりがない生活になりやすいところです。

　以上の理由から、私服は学校に適した服装ではない、制服こそ学生らしい服装、学校に合った服装と私たちは考えます。

　これで、「制服は必要である」という肯定側の立論を終わります。

司会　ありがとうございました。時間は１分４５秒でした。では、否定側の立論を始めてください。時間は同じく２分です。

〈否定側の立論〉

司会　では、否定側の立論を始めてください。時間は同じく2分です。

─── 否定側の立論 ───

　これから「制服は必要でない」という否定側の立論を行います。メンバーは、みなさんから向かって左から、高橋、阿部、吉田そして立論を述べる伊藤です。どうぞよろしくお願いします。

　私たちは「制服の欠点」について考えました。

　第一に、制服は活動的でないということです。たとえば、先生がよく注意されるスカートの丈ですが、スカートが短いとぞうきんがけができないと言われますが、では長かったらどうでしょうか。ヒダが多すぎてやりにくいと思います。掃除に限らず、制服は重く、活動的ではありません。

　第二に、制服は不潔だということです。みなさんも、私服のブラウスやシャツを着たときに、一日でそでやえり口が汚れるのはよく経験していると思います。冬服は紺色なので目立ちませんが、汚れは同じはずです。それを毎日着ていると思うと、気持ち悪くありませんか。

　中学生である私たちは、毎日着替えられる私服の方が清潔で、健康的だと思います。

　第三に、寒暖の調節ができないということです。特に衣替えの時期に感じませんか。気温は毎日違います。同じ五月でも、涼しい年もあれば暑い年もあります。秋も同じです。決まった時期に夏服、冬服と決められるのは不快なことです。夏服の時期に涼しいのは、上に何か着ればいいのですが、冬服のときに暑いと最悪で、勉強にも身が入りません。

　四番目に、制服では個性が出ないということです。みんな顔が違うように、似合う色や形も別々だと思います。丸いえりやカラーシャツが似合う人、明るい色が似合う人、それぞれに合わせて服を着るのがいいと思います。みんなが同じ紺色の制服を着ていては、個性がないと思います。なぜ個性が大事かというと、それは、その人らしさ、その人自身を表現することだからです。人それぞれがいろいろな考えや意見をもっているのと同じように、服装もその人らしいものを着てもよいと思うのです。

五番目は、男子の詰めえりのことです。これは女子からみても、どこが
よくてあんなふうになっているのかよく分かりません。長所はまったくな
いと思います。きつそうで、暑苦しそうで、着ている本人も不快なのでは
ないでしょうか。

　　最後に、「私服は派手になる」という反論がありますが、毎日のことだ
からすぐにあきてしまうし、みんなから白い目で見られて、結局派手な人
はいなくなると思います。また「毎日取り替えるのは大変だ」という意見
がありますが、自分に似合う服を、二、三着用意すればそれですむのです。

　　今まで述べてきた理由から、私たちは制服に反対します。みなさんは、
どう思われるでしょうか。これで、否定側の立論を終わります。

司会　　ありがとうございました。時間はちょうど2分でした。では、これか
　　　　ら2分間の作戦タイムに入ります。肯定側、否定側、それぞれ作戦を開
　　　　始してください。判定員のみなさんは、判定表の立論の欄に5点満点で
　　　　点数を書き入れてください。

（作戦タイム　2分）

〈反対質問（否定側）〉

司会　　作戦をやめてください。では否定側の反対質問に移ります。時間は8
　　　　分です。

否定側の反対質問（肯定側の応答）

高橋（否）　制服では、温度などの調整ができないので、授業にさしつかえる
　　　　のではありませんか。

佐藤（肯）　暑かったら脱げばいいし、少しぐらいならがまんすればよいので
　　　　す。

阿部（否）　夏は半そで半ズボンなら、暑くなくてすむと思いますが、どうで
　　　　すか。

齋藤（肯）　夏服は冬服より薄く作ってあります。

阿部（否）　私服の方が夏は涼しく、冬は暖かくできますよ。

佐藤（肯）　制服は学校のしるしで、必要なのです。

阿部（否）　学校のしるしでかえっていろんな事件に巻き込まれるおそれはありませんか。

齋藤（肯）　どこの学校か分かるしるしが必要なのです。非行防止にもつながります。

吉田（否）　制服は不潔になりませんか。

鈴木（肯）　洗えばいいのです。夏休みに。

高橋（否）　休みまで待てませんよ。

鈴木（肯）　洗えるかどうかは、制服も私服も同じことです。

伊藤（否）　冬でも汗をかくし、汚れがつくでしょう。で、制服で個性が出せますか。

田中（肯）　服以外で個性を出せばいいのです。

阿部（否）　私服プラス学校生活で二倍の個性が出せるではありませんか。

田中（肯）　制服でも、どれだけその人らしく着こなすかで個性が出せます。

吉田（否）　私服だと帰りに店などに寄ってだらしなくなると言いましたが、それは服装の問題ではなく、本人の気持ちの問題ではありませんか。

鈴木（肯）　私服だとそういう気持ちになりやすいのです。

司会　　時間です。これから２分間の作戦タイムに入ります。判定員のみなさんは、判定表に書き込んでください。

（作戦タイム　２分）

〈反対質問（肯定側）〉

司会　　作戦をやめてください。では肯定側の反対質問に移ります。時間は８分です。

肯定側の反対質問（否定側の応答）

齋藤（肯）　制服は活動的でないと言いましたが、スポーツやクラブのときは着替えているわけですから、区別すればいいのではありませんか。

高橋（否）　制服は重くて、動きにくいと言っているのです。

鈴木（肯）　制服は不潔だと言うのは、私服でも同じではありませんか。

阿部（否）　冬の制服は汚れが目立ちません。だからいつの間にか、汚れがたまって不潔になるのです。

田中（肯）　私服でも紺色は汚れが目立ちませんよね。ですから制服の場合も、汚れたかなと思ったときに洗濯すれば不潔にならないと思いますが、どうですか。

阿部（否）　それはそうです。でも、私服のほうが制服よりも不潔になりにくいと言っているのです。比較の問題です。

佐藤（肯）　個性の問題について質問します。服装だけが個性を発揮するというのはつまらないと思いませんか。その人らしさは、その人の性格や人柄ではありませんか。

伊藤（否）　洋服もその人らしいセンスを表します。制服はみんな同じで、つまらないと思います。制服では、個性が発揮できません。

佐藤（肯）　制服の着こなし方では、その人らしさが発揮できると思いませんか。

伊藤（否）　思いません。

齋藤（肯）　私服では派手になりませんか。

高橋（否）　慣れてくれば派手になりません。

齋藤（肯）　何着も必要になりませんか。

阿部（否）　二、三着あればいいのです。

鈴木（肯）　毎日、どれを選ぶか大変ではありませんか。

高橋（否）　これも慣れてくれば大変ではありません。

司会　　はい、時間です。これから２分間の作戦タイムに入ります。その後、否定側、肯定側の順番で、最終弁論に移ります。

（作戦タイム　２分）

〈最終弁論〉

司会　　では、これから否定側の最終弁論に入ります。時間は１分です。

否定側の最終弁論

　これから否定側の最終弁論を始めます。

　まず、制服は学校での勉強や生活と直接関係がないということです。制服でなければ勉強ができないとか、生活ができないというわけではありません。私服でいいわけです。

　二つめは、個性と自由の問題です。髪の形や靴と同じように、服も自由でありたいと思います。それは、私たちが何かまわりのことにこだわらないで、自由でいたいという気持ちの表れでもあります。制服は私たちから個性と自由を奪うものです。

　最後に、制服はやはり活動的でないということです。昼休みの外での遊びや掃除などにも制服は適した服ではないと思います。

　以上で、「制服は必要ない」という否定側の最終弁論を終わります。

司会　ありがとうございました。５５秒でした。では続けて、肯定側の最終弁論を始めてください。１分間です。

肯定側の最終弁論

　これから肯定側の最終弁論を行います。

　一つは、クラスの大部分の人が、「制服は必要だ」と考えているという事実です。立論で言ったように、制服は学校の象徴でもあります。自分の学校に誇りと自信をもつことは大切だと思います。

　次に、勉強に集中できるということです。流行のファッションに気を散らしたり、今日はどの服を着るか選ぶのに時間をかけたりしないですみます。

　三つめは、非行防止につながるということです。自由とか個性とか言っても、私たちは中学生です。みんなが楽しく、明るい学校生活を送るためには、ある程度の規則やルールが必要です。人にいやな思いをさせたり、不快な気持ちにさせたりするのは、集団生活ではよくないことです。人の目も大切にすべきです。

　これで、「制服は必要である」という肯定側の最終弁論を終わります。

司会　　1分ちょうどです。ありがとうございました。それでは、判定表に記
　　　　入してください。討論に参加したグループもそれぞれ書いてください。
　　　　それでは、先生に講評をお願いします。

5　ディベートのテーマを決める

（1）テーマをどのように決めるか

　台本ディベートを経験したからといって、生徒はディベートの初心者です。
やはり、動機づけ、意欲づけが必要なのではないかと考えました。そのため、
生徒にとって身近な話題からテーマを考えさせることにしました。最終的にど
のテーマでディベートを行うのかも生徒に決めさせました。

（2）みんなでテーマ（論題）を選定しよう

　生徒から出されたテーマは次のものです。

○ 給食中、話をするのはよいか。　　　　○ 通学カバンは必要か。

○ 学校5日制は必要か。　　　　　　　　○ 校則は必要か。

○ 歴史の授業は必要か。　　　　　　　　○ 道徳の授業は必要か。

○ テレビゲームで遊ぶのはよいことか。　○ 義務教育は必要か。

○ 自転車通学生にヘルメットは必要か。　○ 授業は50分必要か。

○ 給食のエプロンは必要か。　　　　　　○ 偏差値は必要か。

○ いじめは自分で何とかするべきか。　　○ 消費税は必要か。

○ 学習塾は必要か。　　　　　　　　　　○ 文化祭は必要か。

○ くつは自由にするべきか。　　　　　　○ 受験は必要か。

○ 学歴は必要か。　　　　　　　　　　　○ 体育は必要か。

○ 野球の中継は巨人ばかりでいいのか。

○ 校則をもっとやさしくするべきか。

○ 治らない病気を患者に知らせるべきか。

○ 週休二日制のため学校行事をなくしてもよいのか。

○ 自動車を運転できるのは18歳からでよいか。

○ 半そでシャツは、ズボンの中に入れるべきか。

○　女子の頭髪は、このままでよいのだろうか。
○　文化祭は、すべて生徒主導で行うべきか。
○　私たちは、大人の言うことにしたがっていいのか。
○　先生は、もっと生徒の意見に耳を傾けるべきか。

（3）生徒が選んだテーマ（論題）

1）治らない病気を患者に知らせるべきか。
2）消費税は必要か。

（4）話し合ってみたいテーマ

　生徒から出されたテーマを見ると、中学生らしいものが並んでいることに気づきます。学校生活への不満が反映されたもの、世の中や社会への疑問、教育体制や教育内容への疑問などが多くを占めています。その裏には、中学生ならではの考えや意見があることがうかがえます。

　その中で、「治らない病気を知らせるべきか」と「消費税は必要か」は、少数派でした。にもかかわらず、この2つが選ばれました。それは、「話し合ってみたいテーマはどれか」という点から考えたためではないでしょうか。

　生徒にとって、身近で興味があることと、話し合ってみたいこととは、必ずしも一致しないということです。話し合ってみたい、すなわち、もっと知りたい、調べたい、考えたい、自分以外の人の意見も聞きたいという知的好奇心や知的欲求に基づいた選択だったのではないでしょうか。

　中学生は、子どもらしさを残しながらも、もう立派に大人としての考え方ができるのです。ディベートは、そんな中学生のパワーを引き出すことができる手法の一つと言えます。

（5）チーム編成をどうするか

　ディベートのテーマ（論題）が決まったあとは、肯定側、否定側のチーム編成となります。ディベートでは、本来、機械的にどちらの側になるかを決めてもいいのですが、生徒はまだ初心者です。自分の考えに沿った側のチームでな

ければ、意欲の低下が考えられます。自分の意に反した側のチームでは、勝利
に向かって努力するという姿勢が失われるかもしれません。

　そこで、生徒の希望によりチーム編成を行うことにしました。希望通りの
チームであれば、互いに協力して最後までがんばることが期待できます。

　ディベートに慣れてくれば、機械的なチーム編成にしても討論が成り立つと
考えます。自分の考えとは違った側に立ったとしても、自分の考えの弱点など
を考えればよいということに気づくことでしょう。

（6）ディベートの導入にふさわしいテーマ

　中学3年生だと、生徒から上述のようなテーマが出ますが、中学1年生だと、
また違った傾向が見られます。「給食と弁当はどちらがよいか」「海と山はどち
らがよいか」「住むなら都会と田舎のどちらがよいか」などです。

　これらのテーマ（論題）は、病気の告知や消費税の問題に比べると、調べる
要素が少なくて済みます。準備にそれほど時間がかからないということです。
そのため、気軽に短時間で、まずはディベートをやってみるという目的には、
もってこいのテーマ（論題）だと言えます。

6　情報の収集と整理

（1）カードを使って情報を集める

　論理を組み立てるためには、情報を収集し、それを整理する必要があります。
その手段としてカードが有効であると考えました。「ディベート情報カード」
と名づけ、一つのカードにつき、一つの情報を書くようにします。また、その
情報がどんなことに使えるのかを明確にするために、分類項目として、「立論
の根拠」「問題点の指摘」「反論の予想」「質問の予想」などを用意しました。
「消費税は必要か」では、次のような情報が集まりました。

　　○　税をたくさん払っても、本当に国民のために使っているのか分からない。
　　　　それなのに、消費税まで払ったら、今後、生活が大変になってしまう。

（立論の根拠）

　　○　100円なら3円だけだが、もし、家や土地など価値の高いものを購入
　　　　するとき、1000万円が税別だとすると、何と30万円もお荷物がつく

ではないか。３０万円なら普通のサラリーマンの月給と同じくらいだ。

　　　　　　　　　　　　　　　　　　　　　　　　（問題点の指摘）

　○　消費税がなくなったら、その代わりの税をどうやってとるのか。

　　　　　　　　　　　　　　　　　　　　　　　　　（質問の予想）

「治らない病気を患者に知らせるべきか」で集まった情報は、次のようなものです。

　○　治らない病気でも、やっぱり自分の体のことだから病名を知っていたい。病名がわからないまま死んでしまうのはいやだから、残り少ない命なら、一生懸命生きて、悔いの残らないようにしたい。　　　　（立論の根拠）

　○　病状を伝えたあと、患者から「言ってほしくなかった」と言われたら、あなたならどうする。　　　　　　　　　　　　　　　（反論の予想）

　○　患者本人の気持ちも知らずに、勝手に自分たちの考えで知らせていいのか。　　　　　　　　　　　　　　　　　　　　　　（反論の予想）

（２）授業者がやるべきことは何か

　この段階の学習は、チームごとのグループ学習が主になります。では、授業者は、どんなことをするべきなのでしょうか。

　「消費税は必要か」では、肯定側は、否定側に比べて情報カードが少ないようだったので、社会科の公民の教科書や資料集も参考にするようにアドバイスをしました。「治らない病気を患者に知らせるべきか」では、テーマが難しいためか、情報カードは多くはありませんでした。しかし、医学に関する専門書を持ってきて、熱心に論理を構築する姿が見られたので、大いに褒めました。

　ディベートは、立場の違う２つのチームの対戦となります。それは、"言葉のボクシング"ともいうべきものです。実際のディベート・マッチが始まれば、授業者が手助けをすることはできません。しかし、事前の準備段階であれば、論理を構築していく状況を見て、劣勢な側のチームにてこ入れをすることは可能です。生徒がディベートに慣れてくれば別ですが、初心者の段階では、授業者の援助は有効に働くものと考えます。

7　論理を組み立てる

（1）テーマ（論題）に対する自分の考え

　クラスごとにディベートのテーマ（論題）が決まったら、まずは、生徒一人一人に、自分が考える立場とその根拠を書かせます。そうすることで、肯定側チーム、否定側チーム、司会者、判定員、いずれになったとしても、ディベートのテーマに対して問題意識をもつことができます。ディベート・マッチへの意欲付けを図ることもできます。また、チーム編成やチームでの立論作成にも役立てることができます。

　ある生徒は、「治らない病気を患者に知らせるべきか」に対しては、肯定側に立って考えていました。その根拠は、次の通りです。

　　○　自分の病気を知っていれば、残された時間を有意義に過ごすことができるから。

　　○　何の病気かわからず、何だか心残りで死ぬよりは、自分の病気をわかって納得して気分がスカッとしてから死んだほうが、患者も快く死ねると思う。

　　○　自分の病気を知ってショックかもしれないけれど、そのショックを乗り越えたことで、自分が強くなることができたのなら、病気の進行も遅くなるのではないか。

（2）チーム内で各自が立論の草稿を作成する

　チームで立論を作成するために、まずは、チームのメンバー各自で草稿を作成します。ある生徒は、「消費税は必要か」の否定側のメンバーの一人として、次の草稿を作成しました。

　私が消費税は必要ではないと主張する根拠は３つあります。

　その第一は、私たち子どもから消費税をとるのはおかしいということ、第二は、３％ばかりをいちいち払うのはめんどうだということ、第三は、他にもっとよい税金の取り方があるだろうということです。

　このような草稿が４名分集まれば、かなりの情報となります。そこから、チームとしての立論作成へと進むことができます。

（3）チーム内での役割分担

　チームのメンバーが4名だとします。立論をみんなで考えて書くというのは現実的ではありません。一人のメンバーが4名分の草稿と集まってきた情報カードや資料をもとに書くことになります。

　"ディベートの華"である反対質問は、2名のメンバーが担当します。こちらからの質問を考え、相手チームからの質問を予想し、その答えまで準備しなければなりません。時間には制限があるため、どの質問から始めるのかなど、順番も考えておく必要があります。また、この2名は、相手からの質問に答える主要メンバーとしての役割を果たすことになります。

　最後の一人は、最終弁論を担当します。中身は立論よりは短くなりますが、コンパクトに、説得力をもって力強く訴えなければなりません。重要なポジションです。

8　立論作成「消費税は必要か」

― 「消費税は必要か」〈肯定側〉の立論 ―

　私たちが消費税は必要であると主張する根拠は3つあります。

　第一に、日本国憲法に定められている納税の義務のこと、第二に政治運営のために税金が必要なこと、第三に子どもから老人まで納めるので税をよく知ることができることです。第四に、買ったその場で払うために、脱税などの不正が少ないということです。

　では、これらの根拠について説明します。

　第一の根拠については、日本国憲法第30条に定められているように、国民の義務として納税の義務が定められています。したがって、消費税を支払うことは、国民の義務であります。これを否定する考えをもつとどうなるでしょう。日本国憲法第98条第2項にも定められている通り、憲法は国の最高法規です。つまり、税金を払わないということは、憲法に反することとなってしまいます。

　次に、第二の根拠について説明をします。私たちの生活は、日本国憲法第25条第2項にありますように、国の政治によって保障されています。

ゆえに、国を動かすもととなっている税金を払うということは、私たちの生活をよりよくすることになっているわけです。早い話が、税金により私たちは生活ができているわけです。もし、これに反する考えをもてばどうなるでしょうか。税金を払わなければ、前にも言いましたように生活がしにくくなります。例を申し上げますと、中国山地などに見られる過疎化です。その原因はたくさんあると思いますが、学校などの公共施設の少なさが原因の一つであると言えるのではないでしょうか。つまり、税金によって、それらの施設をより多くすることができると思います。

第三の根拠について説明します。所得税などの税は、年齢に幅があるのに対し、消費税は、国民全員が平等に納めているために対象年齢がありません。子どもも納めているので、身近に税を知り、理解することが可能です。もし、これを否定する考えをもてばどうなるでしょうか。税に対する知識をまったくもっていないために、現在も深刻な問題となっている脱税などが起こってしまうでしょう。そうした意味も含めると、年齢に幅がない消費税が必然的に重要だとわかるはずです。

最後に、第四の根拠についてですが、消費税を私たちは買ったその場で払います。したがって所得税などの税にある脱税がなく、不正が少ないと言えます。ちなみに、わからない言葉がありましたら、みなさんにお渡しした資料の2枚目に書いてありますので参考にしてください。

これで、消費税は必要であるという肯定側の立論を終わります。ありがとうございました。

「消費税は必要か」〈否定側〉の立論

これから否定側の立論を始めます。

私たちが消費税は必要でないことを主張する根拠は3つあります。その第一はめんどうくさい、第二は不公平が起きる、第三は何のためにあるのか、何に使われるのかがはっきりしないことです。

まず第一の根拠についてご説明します。みなさんご存じのように消費税の税率は3%です。100円のアイスを買うと103円払わなければなりません。3円は1円玉3枚です。小銭を出すのはめんどうくさいし、時間

がかかります。また、レジを打つ人の側になって考えてみますと、私たちが１１０円を出すと、レジの人は７円のおつりを出さなくてはいけません。これも時間がかかるし、計算やおつりのまちがいも多くなります。さらに、何か買おうとしたとき、消費税分のお金が足りなくて、その場を恥ずかしそうに去っていった人も少なくありません。このように、消費税とは多くの人の不満と怒りを背負っているのです。

　次に第二の根拠についてご説明します。前にも述べたように消費税はすべての商品やサービスに対し、一律３％で課税されます。ここにＡさんとＢ君がいます。Ａさんは年収２千万円の実業家、Ｂ君は貧しいサラリーマンです。両方の人たちが、今１千万円の高価なつぼを買おうとしています。当然消費税は１千万かける３％で３０万円とられます。Ａさんにとっては、たいしたことのないはした金ですが、Ｂ君にとっては月収よりも多くなって生活に支障が起こります。ここに低所得者ほど収入に占める税負担の割合が高くなる「逆進性」という不公平が起こってくるのです。また、今は税率が３％ですが、将来これが、５％、１０％と上がっていく可能性があります。資料１をご覧ください。大体の国々で導入時期から現在まで、消費税の税率が上がってきています。これでは、ますます不公平の差がひらく一方です。

　次に第三の根拠についてご説明します。私たちは買い物をする度に消費税を払います。今は日も経って慣れてきてしまいましたが、最初のうちは、なぜ払わなくてはいけないのだろうと消費税の必要性に疑問を持ったことはありませんか。私たちも中３ですから税の役割について、使われ方についてもだいたいわかってきました。しかし、私たちは、まだ疑問を持っています。前に述べた消費税の使われ方について、はっきりとはわからないのです。実際にはきちんと政治のために使われていると思いますが、私たちの生活に直接それが使われているという実感はあまりないと思います。ですから、私たちはこんなに払っているのに、毎回毎回払っているのに、なぜ生活がよくならないんだろうと思っているわけです。

　以上をもって、私たちの立論とさせていただきます。ありがとうございました。

9 立論作成のポイント

（1）立論の書き方パターン

ディベートの初心者である生徒を考慮して、「立論の書き方パターン」を示しました。必ずこれに従う必要はありませんが、一つのモデルとして提示しました。

　私たちが―――――――〔自分たちの主張内容〕―――――――を主張する根拠は○つあります。

　その第一は、―――〔根拠の要約〕―――、第二は、――――――、第三は、――――――です。

　まず、第一の根拠についてご説明します。――――――〔その根拠を裏付ける資料や論理の説明〕――――――。

　もしこれを―――――〔相手の主張内容〕―――――の立場で考えるとどうなるでしょう。―――――〔相手の主張の問題点〕―――――このような問題が生じてしまいます。

　次に、第二の根拠についてご説明します。――――――〔第一の説明と同様〕――――――。

　最後に、第三の根拠についてご説明します。――――――〔第一・第二の説明と同様〕――――――。

　以上の内容をもって、私たちの立論とさせていただきます。ありがとうございました。

ポイントは「もしこれを〜の立場で考えるとどうなるでしょう」です。相手の立場の弱点をつくわけです。これにより、自分たちの論理が、より説得力を増してくることになります。

（2）「消費税は必要か」の立論

生徒が作成した原稿を読んでみるとわかりますが、論理的に甘いと言わざるを得ない部分は複数存在します。反対質問で相手側から質問されることも予想されます。また、丁寧に話そうとするあまり、敬語の使い方が適切ではないと

ころもあります。

　初心者の段階では、まずはやってみることが大切であり、一応形になっており、ディベートが成立するレベルであれば、それでよしとしました。甘さのある論理性や敬語の使い方に関しては、当該チームだけではなく、次回へ向けて全体の共通課題としました。

　なお、今回の実践は、平成5年度のものであり、その当時、消費税の税率は3％でした。日本で初めて消費税が導入されたのが、平成元年4月1日です。当時は、まだまだ消費税への関心が高い時代でした。物心ついたときには、まだ消費税はなかった当時の中学生にとって、消費税もその税率も高い関心事の一つだったと言えます。

　それぞれのチームの立論には、当時の時代背景や中学生にとっての等身大の疑問や不満が反映されています。また、社会科の公民の学習にもつながる内容となっています。

10　相手側への質問・反論

「治らない病気を患者に知らせるべきか」肯定側からの質問と想定される否定側の意見

　ディベート・マッチを想定した相手側への質問と想定される相手側の意見です。事前の準備段階で用意したものです。

Q 残り時間を有意義に過ごすためにも告知した方がよいのではないですか。	A 残った時間、有意義に過ごすというのは、病気を甘く考えていると思います。
Q 患者は自分の体のことを知る権利があると思うのですが、そのへんはどう考えていますか。	A 医師としても病状の悪化、精神的負担なども考えなくてはならないと思うので知らせなくてもよいと思います。
Q 告知された方が強く生きられると思うのですが、どう思いますか。	A 人の心はそんなに強くないと思います。

Q 医師が告知しなくても患者はうすうす分かっていると思います。それならはっきり言った方が患者のためになると思うのですが、どうですか。	A 患者にはっきり言った方が患者のためになるかどうかは、その人によると思います。だから、私たちは患者のためを思って告知しない方がよいと言っているのです。
Q 法律上は、がん告知の適否は、医師の患者に対しての説明義務なのではないですか。	A がん告知をするべきかどうかは、医師の説明責任ですが、患者の心身に悪影響を及ぼすのであれば、時と場合によって患者に告知しなくてもいいと思います。
Q 告知しなくて患者の病気が悪化したら、患者にどう説明するのですか。	A 医師が患者のためを思って告知しなかったのなら、そのことを患者に理解してもらえばよいと思います。

「治らない病気を患者に知らせるべきか」否定側から肯定側への反論
事前に準備した相手側への反論になります。

　Q 知らされたときのショックは、体の苦痛より非常に大きいものではないでしょうか。

　Q 知らされない方が精神的に負担が少ないと思うのですが、どう考えていますか。

　Q 病気だったら体がいうことをきかず好きなことができません。だから、告知されてもべつに体が治るというわけではありません。それなら、わざわざ落ち込ませるようなことは言わない方がいいと思いますが、どうですか。

　Q もし、患者が今まで幸せな家庭をもっていたとすると、告知されたことで、家族の生活がかき乱されるのではないですか。

　Q 告知により死にたくないという気持ちが広がって、孤独感が強まってしまうと思うのですがどうですか。

　Q 告知をしたせいで、病状が悪化したらどうするのですか。

　Q 最後の最後まで生きる希望をもっていた方が患者のためではないですか。

１１　教室ディベートの形式

（１）入門期における丁寧な指導

　一言でディベートと言いますが、学校の授業で行うものを「教室ディベート」とします。この場合、ディベート・マッチそのものは、教室ディベートにおける一つのプロセスに過ぎません。

　肯定側・否定側に分かれて論じ合うことがメインであることは確かです。しかし、それまでに至る準備段階も、その後のアフター・ディベートの段階も重要です。教室ディベートは、すべてを含んでいるからこそ、学校教育で行う意義があります。

　反対に、もしディベートを討論としてのみ考えると、この学習は非常に視野の狭いものになってしまいます。適切な評価もできなくなります。

　初めて教室ディベートを取り入れる場合、一連の流れに沿って丹念に進めるのは、なかなか骨の折れることです。しかし、急がば回れと言うように、丁寧に一通りのことを行うことで、情報収集や論理構築の要領がわかり、次回からは、簡便に行うことができるようになります。また、様々な変形や応用、パネル・ディスカッションなどへの発展も期待できます。

　ディベートが停滞気味なのは、入門期の丁寧な指導を行わずに、最初からディベート的な活動、ディベートもどきの学習を取り入れてしまうことに一因があるのではないでしょうか。事前の準備段階とアフター・ディベートの段階が薄いのです。あるいは、アフターがなく、やりっ放しの場合もあります。その結果、ディベートに教育的価値を見出せないのです。

（２）ディベートの本質的精神

　教室ディベートにおいては、そのやり方や進め方にいくつかの形式があります。ディベートは形がどうであろうと、その本質的精神が生かされていればよいと考えます。様々な形式に習熟して立派なディベーターを育てることが指導の目的ではありません。

　日本の教室で行うことに視点を置くならば、日本的教室ディベートとして新しいディベートの型が示されても不思議ではありません。例えば、１時間で２回行うことのできる簡便なプログラムや同時に多数の生徒が参加できる形態な

どです。

（3）入門期における教室ディベートの形式

　このような考え方に立った上で、初めて行う入門期の教室ディベートの形式、フォーマットとして以下の形式を採用しました。

肯定側の立論	３分
否定側の立論	３分
作戦タイム	２分
否定側の反対質問	８分
作戦タイム	２分
肯定側の反対質問	８分
作戦タイム	５分
否定側の最終弁論	２分
肯定側の最終弁論	２分
判定と講評	５分
	計４０分

　立論は、事前に３分以内で収まる原稿を準備しておきます。最初の２分間の作戦タイムでは、立論により相手側の出方がわかったことを受けて、反対質問の追加や修正、分担の確認などを行います。

　最終弁論前の５分間の作戦タイムでは、事前にある程度は準備しておいた最終弁論の原稿を追加、削除、修正しながら完成させます。時間との戦いとなります。あるいは、その場で原稿にはないことを話すことも想定されます。したがって、４人のメンバーの中でも、考えながら話すことができる人物に最終弁論を託すことになるでしょう。

　なお、入門期では、「ディベート・レジュメ用紙」として資料を配布し、ディベートを行うのが効果的です。レジュメの存在が、ディベーターの説明を補うことになり、判定員の理解を促進することにもつながります。

１２　ディベート・マッチ「消費税は必要か」

〈反対質問〉

否定側から肯定側への反対質問

司会　　作戦をやめてください。では、否定側の反対質問に移ります。時間は
　　　　８分です。

安藤（否）　　消費税のために小銭が多くなり、財布が重くなるのですが、それ

はどうすればいいのですか。

高橋（肯）　今はコンビニエンスストアなどでもカードというものができています。だから、推測ですが、今後そのような心配はなくなるのではないでしょうか。

安藤（否）　作るのに時間がかかるし、カードも使えば使うほどなくなるのだから、しかも、カードを僕たちは使えないのではないでしょうか。１８才以上から使えるのではないですか。

菅野（肯）　そういうふうに小銭とかはめんどうくさいと言っていれば、国民としてやっていけるのでしょうか。

黒須（否）　別なことに移りますが、消費税は立論で述べた逆進性が問題になっていますが、その対策にはどのようなことがあるのですか。

高橋（肯）　政府は税金から生活保障などによって、所得の再分配ということをしております。それで、低所得者に所得が再分配されることによって十分ではありませんが、できるだけ平等に近くなるのではないでしょうか。

黒須（否）　どのくらい平等に近くなっていくのですか。

高橋（肯）　そこまでは、さすがに資料不足で調べられませんが、今が十分ではないにしろ今後は絶対、そういう対策がなされていくのではないでしょうか。

黒須（否）　それでは、今の現在の低所得者がかわいそうです。

高橋（肯）　さっき、１千万円に対して３０万円は高所得者にとっては少しのものだが、サラリーマンにとっては大きいものと言いました。しかし、消費税がないにしてもサラリーマンにとっては１千万円は高いし、年収２千万円の人にとってはさして差し支えがないものなので、消費税がなくても全体に占める割合は変わらないのではないでしょうか。

柴木（否）　消費税で損したことはありますか。

高橋（肯）　損をするとは具体的にどのようなことですか。

黒須（否）　立論でも述べたように、消費税分のお金を持ってこないために、自分の欲しいものを買えなかったようなことです。

高橋（肯）　自分の欲しいものを買いにいくのであれば、少しは消費税という

ものが始まってかなり年月が経っているんですからその分を考慮するはずですし、それにぴったりのお金を持っていくわけではありませんし、予備費から払えばいいのではないでしょうか。

安藤（否）　質問は変わりますが、なぜ消費税を作ったのか教えてください。

高橋（肯）　今の日本には直接税と間接税というものがあります。そして、今の日本の割合では直接税の方がとても多くなっています。直接税というのは、大きく分けて所得税や法人税などがあります。所得税については累進課税制度というものが導入されていて、高所得者からは、かなりの税金がとられていくことになります。こういう不公平が直接税には多くあるのです。これからは、間接税と直接税がちょうどよい割合で組み合わされて政治が行われなければならないと思います。

安藤（否）　ありがとうございました。では、次の質問で、消費税の仕組みがよくわからないのに子どもからとるのはおかしいのではないでしょうか。

菅野（肯）　消費税の仕組みがわからないから、どんどん子どもとか老人まで払っていって徐々にわかっていくので、その心配はなくなると思います。

黒須（否）　もしも、仮に、4歳児の保育園の子がおもちゃを買おうとします。それでもそのかわいい子どもから消費税をとるのですか。

菅野（肯）　確かに、何のために小銭を払うのかという疑問が起こるかと思いますが、だいたいその具体的なことがわかるだけでも消費税について知ることは効果大だと思います。

柴木（否）　消費税で小遣いが減るんですけど、それはどうなんですか。

高橋（肯）　それは、自分たちのお父さんの給料が消費税によって減らされているのと同じようにやはり大人が減らされているんだったら子どもの自分も我慢しなければならないのではないでしょうか。

黒須（否）　資料をご覧ください。日本が消費税を導入したのは１９８９年です。それに比べて欧米諸国はこれよりも以前から消費税を導入しています。欧米諸国を見ると、導入時の税率より今の税率は増加しています。ですから、日本も将来、欧米諸国のように税率が増加して

しまって立論で述べた不公正がますます開いてしまうのではないで
しょうか。

高橋（肯）　それは、国が必要とする・・・

司会　時間です。これから２分間の作戦タイムになります。判定員のみなさ
　　　んは判定表に書き込んでください。

肯定側から否定側への反対質問

司会　作戦をやめてください。では、肯定側の反対質問に移ります。時間は
　　　８分です。

後藤（肯）　消費税は１００円に対し、３円と安いように思えますがどうです
　　　　　か。

黒須（否）　安いです。

後藤（肯）　次の質問ですが、資料をご覧ください。一般会計予算の歳出の部
　　　　　で防衛関係費がありますが、消費税がなくなってしまったら防衛関
　　　　　係費もなくなってしまうわけですが、仮に消費税がなくなったら防
　　　　　衛関係費は何でまかなえばよいのですか。

安藤（否）　他の税で増やせばいいのではないですか。

後藤（肯）　実際に、他の税では、防衛関係費がまかなえないので消費税の分
　　　　　から出しているんですが、どうですか。

黒須（否）　そういうことは、国会で政治家に任せるしかないのではないです
　　　　　か。

菅野（肯）　国会で政治家に任せられないから、この消費税から出ているんで
　　　　　すけど。

黒須（否）　その消費税というものも、その政治家が決めたんではないですか。

本多（肯）　質問を変えますが、税を知れば不正などが少なくなると思います
　　　　　が、どうですか。

黒須（否）　僕たちも、僕たちよりも小さい人も税を知るっていうことは難し
　　　　　いもので、税を知る方法もあまり与えられていないし、税の使われ
　　　　　方についてもまだまだわからないし、だから、そういうのはちょっ

と・・・。

高橋（肯）　税を知るには、現に私たちでも、ただ教科書と資料集だけでもこれだけのことを調べられました。３歳児や４歳児では無理でしょうが、私たちは中学３年生なんですから教科書で税のことが取り上げられている以上は、やはり、税のことを知らなくてはいけないのではないでしょうか。そのために、消費税はとても役に立つと思うのですがどうでしょうか。

黒須（否）　私たちは公民を習っていますが、その税の単元までまだいっていません。

菅野（肯）　では、質問なんですが、あなたたちは、税を知る努力をしているのでしょうか。もし、していないのならば、そういうことをいう資格はないのではないでしょうか。

安藤（否）　答えられないので、次の質問にいってください。

高橋（肯）　消費税は生産から小売までのあらゆる段階に３％をかけます。だから、低税率で多くの税金が得られます。これのどこが問題点になるのですか。

黒須（否）　消費税でとった税の金額は、全体の何％ぐらいなのですか。

高橋（肯）　資料の２番目をご覧ください。税金の使われ方という欄で平成４年度一般歳入額７２兆２４８０億円のうち、消費税は６．９パーセントの４兆９６８０億円になっております。

黒須（否）　私たちは、この６．９パーセントという数字が少なすぎてどうにもできないという気持ちなのですが、どうですか。

高橋（肯）　どうにもできないというのは、使用目的がないということでしょうか。

黒須（否）　そうです。

高橋（肯）　資料２にも書いてあるように、消費税は、全体の６．９％を占めています。さらに、主な使用目的の一番下に書いてあるように、防衛関係費は全体の６．３％で消費税より下回る額になっています。したがって、消費税がなくなるということは、防衛関係費を全てなくすということに等しいと思います。

菅野（肯）　資料の１枚目を見てください。歳入の部で消費税が占める割合は

　　　　　　　　６.９％、つまり、総額７２兆のうちの約５兆にものぼるわけです。
　　　　　　　　もし、この消費税がなくなったら、国の政治にとって大きな負担に
　　　　　　　　なると思いますがどうでしょうか。

黒須（否）　　それはそうですけど、前にも述べたように、他にも消費税以外の
　　　　　　　　取り方があるのではないでしょうか。

菅野（肯）　　その取り方とは、具体的に何でしょうか。

黒須（否）　　消費税は・・・

司会　　時間です。これから５分間の作戦タイムに入ります。判定員の皆さん
　　　　は判定表に書き込んでください。その後、否定側、肯定側の順で最終弁
　　　　論に移ります。

〈最終弁論〉

否定側の最終弁論

司会　　では、これから否定側の最終弁論に入ります。時間は２分です。

黒須（否）　　私たちは、消費税の必要性について納得できません。反対です。
　　　　　　　　そちらが憲法を使うのなら、こちらも憲法を使わせていただきます
　　　　　　　　が、日本国憲法第３０条納税の義務と同じく、第２７条に勤労の義
　　　　　　　　務が定められています。そして、この中に「児童は、これを酷使し
　　　　　　　　てはならない」つまり、働かせてはならないことが定められていま
　　　　　　　　す。皆さんは、誰も働けないのです。ですから、当然、納税もでき
　　　　　　　　ません。どこに、私たち子どもが税を払う必要があるのでしょうか。
　　　　　　　　また、消費税は、めんどうくさくて時間がかかる取り方です。政治
　　　　　　　　運営資金を取るならば、他にも取り方があるはずです。
　　　　　　　　　したがって、その別の取り方を考える必要があると思います。ま
　　　　　　　　た、税をより良く知ることができると述べていましたが、そちらの
　　　　　　　　説明を聞いていると、６.９％のうち、６.３％が防衛関係費に使わ
　　　　　　　　れているようです。したがって、私たちの生活の身近なところには、
　　　　　　　　あまり消費税は使われてはいないのではないでしょうか。日本はこ

れから、消費税に代わる取り方を考えていく必要があると思います。以上です。

司会　ありがとうございました。時間は１分５８秒でした。では、続けて肯定側の最終弁論を始めてください。時間は同じく２分です。

肯定側の最終弁論

菅野（肯）　私たちは、今は、完全に肯定とは言いません。なぜなら、消費税には否定側が述べたように低所得者の割合がとても高いことや小銭がめんどうくさい、税率が上がってしまうかもしれないなどの大きな欠点があります。

　　　しかしそれは、近い未来に改正することもできるのではないでしょうか。それに、１００円に対し、３円と安いことや少ない税率で巨額の税を取ることができる、不正が少ないなど、消費税にも利点があるのです。否定側は税の使われ方がよくわからないと言いましたが、主な使用目的には、地方交付税交付金という地方公共団体への補助金というものがあり、これをもらった地方公共団体は、直接住民の生活に関わる仕事を行っています。直接関わって、当たり前に使われているからこそ、この税金の使われ方がわかりにくいのです。

　　　だから、今、消費税をなくすわけにはいかないと私たちは考えます。近い将来、消費税がなくなることもあるかもしれません。しかし、やはり今は、ある種の消費税をなくすわけにはいかないのです。皆さんにも、この考えがわかっていただければ幸いです。

　　　皆さんの賢明な判断に期待したいと思います。ありがとうございました。

司会　ありがとうございました。時間は２分６秒でした。それでは、判定表に記入してください。討論に参加したチームも記入してください。

ディベートをやってみての生徒の感想

初めてのディベートだったので、自分が何を言っているのか戸惑い、助けを求めたけれど、初めての経験だったので、これからも、もっともっといろいろなことについてディベートをやってみたい。そのときは、自分の意見を戸惑いもせずに、確実に相手に伝えられるようにしたい。

今まで知らなかったことや考えがあやふやになっていたものが、調べてみると、身近なところにいろいろ載っているのだなあと思った。

人のディベートを聞いてみると、納得できる点や新しい発見、疑問点などがあって、わくわくした。でも、やっぱり自分でディベートをやってみるのが一番おもしろくて、調べることの楽しさやみんなで話し合うおもしろさがよくわかった。機会があったら、またやってみたいと思う。

ディベートは、私たちが社会に出る上で、やっておく必要があると思う。話す力、話し合う力、どれも将来に大切なものばかりで、それを高めることができる。

また、社会の問題を話し合うことによって、より自分が何なのか、どうするべきかを知ることができると思う。ぜひ、もう一度やってみたい。

人前で話すのは小学生の頃からの経験で、すっかり慣れていた。しかし、人前で話し合う今回のディベートは極めて異例で、はじめは大変どきどきしたが、相手の意見や主張を聞いているうちに、そうか、それも言えるかもしれない。だけど、私にはこんな考えがあるんだぞという気に変わり、自分の言いたいことを気兼ねなく口に出すことができた。いい経験をしたものだ。機会があったら、またやりたい。

自分にディベートができるかとても不安だった。けれども否定側からくる質問に対する意見や疑問を自分で考え、また答えにはなっていなかったが、相手に自分の意見を聞かせることができた。

ディベートは難しいと思っていたけれど、私にもできたので、とても満

足した。機会があったら、またやってみたいなあと思った。

　一つのことについて本気で討論できるのが、とてもうれしく、またおもしろかった。友達との話し合いが、生徒会等でも活発に行われればすごいと思った。

　違うテーマのディベートにも参加したいと思った。他の人の意見を聞いていて、私はこう思うということを心の中で言っていた。しかし、私はあがり症なので、自分で思ったことを思うように話せない。悔しい。だから、話す力をたくさんつけて、またこういう機会があったら、ぜひ参加したいと思う。

第4章

ディベートの指導は段階的に　〜基礎編〜

1　中学1年生のディベート

（1）ディベートにおける実態

　小学校のときにディベートを経験している生徒は約半数でした。これには、ディベート的な活動も含まれます。ルールに基づく本格的なディベートとなるとほとんどの生徒が未経験だと言えます。

　そこで、中学1年生の早い段階で、各小学校で学んできたことをもとにして、全員に標準型のディベートを経験させ、ディベートそのものを習得させたいと考えました。そうすれば、いつでも使うことができるようになります。話し合うことによって問題の所在が明らかになり、一つの方向が示されるという経験をすることは、国語の学習に限らずその後の生徒の生き方にも影響してきます。

　小学校でも中学校でも、子どもたちの話し合いは、活動としては設定されていたとしても、子どもたちにとって自覚的な学習活動になっているとは言い難い面があります。また、ときにはお互いの意見を出し合うだけの単なる言い合いで終わってしまうこともあります。これでは十分だとは言えません。

（2）授業改善の方向性

　そこで、以下の点から授業改善に取り組むこととしました。

（1）言語意識を具体的に取り上げ、生徒にとっての「実の場」を構成し、「活動あって学習なし」の状況を克服する。

（2）話したくなる場、話さざるを得ない状況を意図的に設定し、聞きたくなる状況、聞かざるを得ない場を工夫する。

（3）初めてのディベート学習では、生活経験に密着した二者択一型価値論題が取り組みやすい。政策論題による本格ディベートにも魅力はあるが、時間がかかりすぎる。二者択一型価値論題の場合、立論を立てる時間が

少なくて済む。根拠資料を示す代わりに説得力のある具体例を示せばよい。

（4）ディベート・マッチが行われる授業では、必ず一人一役の役割分担をすることが大切である。協働作業によって、楽しい授業が成立するのだという実感を味わわせたい。

（5）生徒相互の評価活動を取り入れることによって、様々な効果が期待できる。次の時間にディベート・マッチを行う生徒たちは、自分たちの参考にするために真剣に耳を傾けるようになる。

（6）ディベート・マッチの前段階として、3人1組によるマイクロディベートを取り入れる。これにより、短時間で全員がすべての役割を体験することができる。

（7）具体的なディベートの流れをつかみ、準備への意欲づけを図るために、台本を読む形で進める台本ディベートを取り入れる。

（8）ディベートの結果、広がり深まった考えをまとめる機会として、第二次意見文を作成させる。

　生徒が切実に考えざるを得ないような論題を設定すれば、多様な意見や肯定・否定の意見のぶつかり合いが生まれ、本当の意味での意見交換会が行われます。常に、反対の側からの視点をもたせることが大切です。自分の意見を常に批判的に検討する目をもたせることで、より確かな意見に磨き上げられ、練り上げられていくことを実感することができます。

2　中学1年生のディベート論題選定

（1）ディベート学習のねらい

　中学1年生で行うディベートとして、以下のねらいを設定しました。

○　両者が、相互の立場を理解しようと努力し、相手の論破ではなく、問題の解決に立ち向かうようにすること。

○　情報を収集し合い活用すること、論理的に考え説得できるように述べること、相手の立場を尊重し自分の考えを深めること。

○ 自分の考えや気持ちを相手に理解してもらえるように話したり、話し
　手の意図を考えながら話の内容を聞き取ったりすること。
○ 自分の考えや気持ちを的確に話すために、ふさわしい話題を選び出す
　こと。

（2）生活経験に密着した取り組みやすい論題の選定

　生徒が互いに出し合った論題の中から、二者択一になっているかなどの条件
を設定して絞り込んでいきました。その中から以下のように各学級とも希望の
多い順に３つを選定しました。

〈1年A組〉

○ 手紙とメールどちらが利用しやすいか。
○ 住むなら都会と田舎どちらがいいか。
○ 中学生には制服と私服どちらがいいか。

〈1年B組〉

○ 動物園と水族館どちらが楽しいか。
○ 夏休みに行くなら海と山どちらがいいか。
○ 男と女どちらが得か。

〈1年C組〉

○ マンガとアニメどちらがおもしろいか。
○ 住むなら都会と田舎どちらがいいか。
○ 男と女どちらが得か。

〈1年D組〉

○ 夏と冬どちらがいいか。
○ 男と女どちらが得か。
○ 中学生は携帯電話をもってもよいか。

選定はされませんでしたが、中には以下のように、ぜひ生徒のディベートを見てみたかったものもありました。ディベートを行うことで、考えが深まり、知的なおもしろさを感じることができるであろう論題候補でした。

○ 方言と共通語　　　　　　　　　　○ 制服と私服
○ ディベートとパネル・ディスカッション　○ 高校進学と就職
○ 新聞とテレビ　　　　　　　　　　○ 世界共通語
○ 小学校と中学校

3　マイクロディベート

（1）マイクロディベートの手順

　マイクロディベートの利点は、全員がすべての役割を経験できること、肯定側、否定側両方の立場からの立論を一人で書き上げることです。中学1年生にディベートを指導する際に、まずはその基礎固めとして、手軽に、そして生徒にとっては気軽にできる学習の一つです。手順は以下の通りです。

（1）3人1組になります。一人は肯定側、一人は否定側、一人は審判です。
　　　3回行い、全員がすべての役割を体験します。
（2）最初に肯定側が立論を述べます。時間は1分間です。
（3）次に否定側が立論を述べます。1分間です。
（4）肯定側が否定側に反対尋問を行います。時間は2分間です。このとき
　　　否定側は逆に質問をしてはいけません。
（5）続けて否定側が肯定側に反対尋問を行います。2分間です。このとき
　　　肯定側は逆に質問をしてはいけません。
（6）ここで作戦タイム1分間です。
（7）否定側が最終弁論を行います。1分間です。
（8）肯定側が最終弁論を行います。1分間です。
（9）審判が判定します。まず勝敗を述べ、その後に理由を述べます。1分
　　　間です。両者へのねぎらいの言葉を忘れないこと。
（10）ディベートはメモをとりながら行います。

（2）マイクロディベートの立論

　マイクロディベートの論題は「日本の中学校に学校給食は必要である」としました。ある生徒が作成した立論です。

```
　　　肯定側立論

　これから肯定側の立論を始めます。私が「日本の中学校に学校給食が必
要である」と主張する根拠は３つあります。それは、温かい、バランスが
とれている、親が楽です。
　まず第１の根拠について説明します。給食は温かいままで食べられます。
しかし、弁当だとせっかくおいしいものでも冷めてまずくなってしまいま
す。私は冷めているより温かいほうがおいしく食べられると思います。
　次に、第２の根拠について説明します。給食の場合、栄養士さんがバラ
ンスを考えてくれます。それに対して弁当はどうでしょう。自分の好物し
か入れず、バランスがとれません。
　最後に、第３の根拠について説明します。親がつくらなくてよく楽です。
弁当をつくるということは、朝忙しい人にはとても迷惑になり手が足りま
せん。
　以上の内容をもって私の立論を終わります。ありがとうございました。
```

```
　　　否定側立論

　これから否定側の立論を始めます。私が「日本の中学校に学校給食は必
要ない」と主張する根拠は３つあります。それは、嫌いなものが入ってい
ない、自分で何がいいか決められる、自分に合った量でよいです。
　まず、第１の根拠について説明します。嫌いなものが入っていないのは
とてもいいことです。栄養士さんがバランスを考えてくれても嫌いで食べ
なかったら意味がありません。それだったら、しっかり食べられたほうが
いいと思います。
　次に、第２の根拠について説明します。自分で何がいいか決められるこ
とです。給食だと、ずいぶん前からメニューが決まっています。しかし、
弁当だと１日前にメニューを決められます。それに「お母さん、明日はサ
```

ンドウィッチにして」などと頼むことができます。

　最後に、第3の根拠について説明します。毎日の給食の量が多いと感じている人、少ないと感じている人と個人差があると思います。しかし、弁当なら自分に合った量にすることができます。

　以上の内容をもって私の立論を終わります。ありがとうございました。

（3）マイクロディベートを終えて
1）マイクロディベートを経験した生徒

　みんなの意見の中には、びっくりするようなものもありました。メモすることはできたのですが、書くスピードが遅く、書きもらしてしまうところもありました。書く事柄を速く、また正確に記せるようにしたいです。

　私たちは、今回「日本の中学校に給食は必要か」という論題でディベートをやりました。

　私は、このディベートで絶対に給食の方がいいと思っていました。その第1の理由は、「弁当だと家の人が毎朝大変だから」です。毎日弁当だと、家の人は朝のんびりできなくなり、すごく忙しいと冷凍食品になったり、昨日の残り物が入っていたりと、ちょっとさびしい弁当になるんじゃないかと思ったからです。

　しかし、原稿を書いているうちに弁当のよい点がだんだんと分かってきました。そしてディベートをやると友達が給食と弁当についてどんな意見をもっていたのかなどがよくわかり、ためになりました。

　この経験を生かし、今度やるディベートに役立てていきたいと思います。

　国語の時間に3人組でのディベートを行って、審判、肯定側、否定側のすべてを体験することができてよかったです。

　その「よかった」には、もう一つ意味があります。それは、3つすべて体験したことによって、相手はどんなことを攻めてくるのかや攻められてからの対処の仕方を自分なりに考えることができたこと、そして、相手の

発想の豊かさなどが分かりました。

　給食、弁当の両方で勝つことはできたけれど、質問タイムで少し時間があまってしまうことがあったので、今度ディベートをするときは、時間が足りなくなるくらい質問できるようにしたいです。

　２）台本ディベートでディベート・マッチのイメージをつかむ

　マイクロディベートの次は、台本を読む形で台本ディベート「日本の中学校に制服は必要である」を行いました。台本によって進んでいくため、必要があれば進行を止め、ディベート・マッチへ向けて注意するべきことを説明することができました。

　生徒は、ディベート・マッチへ向けて具体的なイメージをもつことができました。また、本番に向けての意欲づけとなりました。マイクロディベート、台本ディベートと段階を踏んできたせいか、どのチームも本番のディベート・マッチへ向けて意欲的に準備を進めていました。

4　ディベート・マッチ「動物園と水族館」

（1）「動物園と水族館どちらが楽しいか」〈水族館側〉立論

　これから水族館側の立論を始めます。私たちが水族館の方が楽しいと主張する根拠は４つあります。

　第一に、水族館は安全だということです。水族館は厚いガラスばりなので魚が逃げ出すことがなくとても安全です。これを動物園側から見てみたらどうでしょう。動物園は、おりの中に動物が入れられていて、小さい子どもがおりに手をかけたりしたらとても危険です。動物が逃げ出すおそれもあります。しかし、水族館はガラスに手をついても危なくないし、魚が逃げ出すこともありません。

　第二に、水族館は快適だということです。動物園は外にあるものが多いと思います。外はずっと寒い日、暑い日は、気温が低かったり、高かったりして最悪です。動物を観察するどころではなくなってしまいます。しかし、水族館は室内にあるものが多いので、暑い日は冷房をつける、寒い日

は暖房をつけるというように温度の調節ができます。だから、暑さや寒さに気をとられずに生き物に集中できます。とても快適です。

　第三に、水族館はいろいろなショーがあって楽しいということです。イルカショーやラッコショーなどがあって、とても見ていて楽しいです。しかし、動物園はショーが少ないです。動物のショーがあった方が楽しみが増えていいと思います。

　第四に、交通の便のいいところにあることが多いということです。水族館は広い敷地を必要としません。だから都会の町の中にもつくることができ、交通の便のよいところにつくることができます。例えば東京の池袋のサンシャイン６０の中にある水族館はビルの中にあり、交通の便のよいところにある水族館といっていいでしょう。これを動物園側から見てみるとどうでしょう。動物園は広い敷地を必要とするので、狭い都会の中にはつくることができません。あまり交通の便がよいところにはつくることができないので、気軽に動物園に行くこともできません。水族館は気軽に行くことができます。

　水族館は動物園より楽しめる場所だと思います。以上の内容をもって水族館側の立論を終わります。ありがとうございました。

（２）ディベート・情報カード〈動物園には危険があるが水族館は安全〉
　　相手への尋問

　水族館は厚いガラスで覆った水槽の中に魚などが入っており、ガラスをたたいても割れる心配はありませんが、動物園はただの柵の中に動物が入れられているので、小さい子どもなどの見物客が手を出してかまれたり係員がおりの中をそうじしようとして襲われたり動物が逃げ出すなどということが起きていますが、とても危険ではないでしょうか。

（３）ベスト・ディベーター
中学１年生での今回のディベートでは、判定シートの最後に「ベスト・ディ

ベーター」の欄を設けました。ディベートはチーム戦のため、チームに優秀なディベーターが一人いても負けてしまうことがあります。勝敗に関係なく、すばらしいディベーターを互いに選ぶことで、その生徒を賞賛し、自分もあんなディベーターになりたいという目標、モデルとすることができます。

　生徒の名前だけでなく選出理由も記入することで、ディベーターを見る目が養われ、選ばれた生徒を具体的に褒めることができます。例えば「質問をするときもされるときも、しっかりした内容で、態度や言い方も、とても説得力があった。」などとコメントするようになります。

5　ディベート・マッチ「男と女」

（1）「男と女どちらが得か」〈男側〉立論

　僕たちが男は得と主張する根拠は四つあります。

　第一は、男は広い分野で出世できるということ、第二は、体力があるということ、第三は、精神的に強いということ、第四は、外からの見方が違うということです。

　第一の根拠について説明します。出世しやすいということについては、男はたくさんの職業に就くことができるということです。女の人にもなれる職業はありますが、例えば自衛隊に入りたいと思っても、女の人には障害があります。その他、今では女でしかできなかった仕事が男にもできるようになり、むしろ女の人が体力のいる仕事になっても、いざというときは男の方が役に立ちます。そのため男の方が広く活躍できます。

　次に、第二の根拠について説明します。体力があるということについては、男の方が力や体力や身体能力に優れていて、何かというときに役に立ちます。その他、男の人ならば夜の仕事もできてお金もその分もらえます。これは、男の方が体力と気力があるから夜までずっと起きることができて長時間仕事ができるからだと思います。。

　第三の根拠について説明します。精神的に強いということは、女の人は結婚して家事や育児に疲れてしまいます。しかし、男の人は、家事をやる機会があまりなく仕事をがんばればいいので、女の人よりも負担は多くあ

りません。それに、男の人の方が精神的に強く女の人のできないことまでできます。

　第四の根拠について説明します。外からの見られ方が違うというのは、例えば女の人がタバコを吸っていると少し嫌な目で見られますが、男の人の場合、そんな嫌な目では見られません。その他、女の人は男に比べて上品なイメージがあります。だから、男の人が下品なことをしても、女の人が下品なことをしたら、それ以上の嫌なイメージを与えてしまいます。

　以上で、男の方が得をしている側の立論を終わります。ありがとうございました。

（2）「男と女どちらが得か」〈女側〉立論

　これから女側の立論を始めます。まず僕たちが女側がいいということを主張する根拠は三つあります。まず第一は平均寿命が女子の方が長いということ、第二はレディースプランなどがあること、第三にズボンやスカートなど、いろいろな服装ができることの三つです。

　まず第一に、平均寿命が女の方が長いということの根拠について説明します。ある大学の保健体育の教授に聞いてみたところ、「男の人の平均寿命と女の人の平均寿命は男が７４歳、女が８４歳です」とおっしゃっていました。その差は１０歳も女の寿命の方が長いのです。

　ところで、みなさんは、どちらの方が得だと思っているのかということを知るためにアンケートをとりました。アンケートの結果は、男の方が得だという人は６人、女の方が得だという人が１１人でした。女の方が得だという理由は、先ほど言った根拠のようなことでした。男の方が得だという理由は、「何となくとにかく得だから」などという、はっきりしていない理由ばかりでした。このアンケートで分かったことは、決定的に女の方が得ということです。

　次に、第二のレディースプランがあるという根拠について説明します。女子は、映画や食事などに行ったりするとレディースプランというものがあります。それは男の人より女の人の方がお金が安くなるというものです。

誰でもお金がかかるよりお金がかからない方がいいと思います。ということは、女子はお金の面でもかなり得をしているということです。

　最後に、第三のズボンやスカートなどのいろいろな服装ができるという根拠について説明します。女は、ズボンやスカートなどいろいろな服装ができます。しかし、男子はスカートをはくと、とても変です。そこで、女の方がいろいろな服装ができるということで得です。

　みなさんにアンケートをとった結果でも分かるように、女は男より得していると私たちは考えます。

（3）反対尋問の準備

　立論の「女性は働かなくていい」への反論の準備として、相手からの尋問を以下のように予想しました。

〈相手〉今は、女性も働く時代だ。
〈自分〉でも、働いていないのは女性の方が多い。
〈相手〉働かなくても、掃除、洗濯など家の仕事が大変だ。
〈自分〉確かに大変かもしれないが、男性は働いて家族を養っていかなくてはならないから大変だ。

（4）「男と女どちらが得か」〈女側〉最終弁論

　これから女側の最終弁論を始めます。一つは、１７人に聞いたところ女の方が得だと考えている人が約８割でした。その理由は、平均寿命が男子より長いということやレディースプランがあって得だということでした。それに対して、男子の方が得だと答えた人の理由は、なんとなくや自分的に男子の方がいいなどで、きちんとした理由は得られませんでした。

　まず、平均寿命については、先ほども言ったように男子は７４歳、女子は８４歳が平均です。女子の方が男子より１０歳も長く生きています。このことから、女子の方が得だと言えます。

次に、レディースプランについてですが、レディースプランは、お金の問題で男子より女子の方が安く得です。例を挙げると、映画や食事、美容室があります。食事では食べ放題などのとき、男子よりも多く食べても女子の方が安くなるのは、まさに得です。美容室では、女性の人は特にきれいになるし、安くできるので一石二鳥だと思います。

　そして、決定的な根拠はアンケートの結果で、男子の方が得と答えた人の理由は、最初に言った通り、あいまいではっきりしていない理由ばかりでした。そして女性側だという人の理由は、はっきりしていて分かりやすいものがほとんどでした。つまり、このクラスでですが、大半は女性側、女の方が得だという意見でした。男性側もいたものの理由がはっきりしないため、全体的に女が得ということが決定的です。

　これで女の方が得だという女側の最終弁論を終わります。

（5）ディベート判定シートの記述

《コメント》
◇ 司会者へ
　速やかな進行ですばらしかったです。
◇「男」側チームへ
　説得力のある発言で、私が聞いていて「ああ、なるほど」と思うところがいっぱいありました。改めて、男のいいところがたくさんわかった気がします。
◇「女」側チームへ
　とってもよかったです。私の中では、今までのディベートの中で一番よかったと思います。立論もチームワークも最終弁論も何もかも高得点で、すごくいいディベートでした。もう一度聞いてみたいです。
◇ 感想
　判定がつけづらいくらいすごいディベートでした。多分、このメンバーだからこそ、こんな楽しいディベートなんだと思います。
◇ ベスト・ディベーター選考理由

尋問の答え方など、ポイントをおさえ、わかりやすかったから。

（6）「男と女どちらが得か」第二次意見文

ディベート・マッチによって深まった自分の考えをもとに、改めて自分の考えを意見文として文章にまとめました。

男と女のディベートを聞いて思ったことは、やはり、男の人の方が得だということです。

まず、男の人は、働くところが多いということです。例えば、普通の会社などは、あまり女の人が就職するのは難しいと思います。女の人は、結婚をしてやめてしまうし、子育てなどで働いてほしいときに働けないからです。

男の人は、残業ができます。男の人の方が仕事がはかどるから、女の人は、就職が難しいと思います。ディベートでは、仕事をしなくて楽だと言っていたけれど、子育てや家事しかできないと制限されていて、私はとても嫌だと思います。家事も仕事だけど、やはり、自分の好きな仕事を続けられる方が得だと思います。

女の人にも得なことはたくさんあると思います。女の人は、おしゃれができます。ズボンとスカートがはけます。男の人はスカートははけません。ディベートでは、女の人はおしゃればかり気にしてお金がかかると言っていたけれど、またそれが楽しいからいいと思います。

今は、男女平等だと世の中は言っているけれど、本当に男女平等になったら大変なのは女の人で男の人は得だと思います。仕事や勉強などでは、男と女の差別は必要ないけれど、体力のことなどは、男と女の区別は必要だと思います。体育などで女子が男子と同じ距離を走るようになったら、大変なのは女の方です。男女平等と言っても、最低限のことは平等にして、やはり男と女の区別は必要だと私は思います。

今は、男の人の方が得だけど、どちらが得かなんて考えなくてよくなったら、本当の男女平等だと私は思います。

（7）２０年後の男女平等社会

　これは、今から約２０年前に書かれたものです。当時の中学１年生が「男と女どちらが得か」という論題でディベートを行いました。ディベートの導入ということで、生徒にとっては身近で、それほどの準備を必要としないテーマで行いました。白熱したディベートとなりましたが、内容的には、まだまだ稚拙であり、不十分なところも多々ありました。

　しかし、上記の第二次意見文にあるように、生徒はこのディベートを通して、男女平等について考えています。少なくとも考えるきっかけにはなったと思われます。

　あれから２０年が経過し、当時の中学１年生は、３０代前半となりました。この２０年で、世の中は大きく変わりました。それは男女平等社会に関してもそうです。男女平等に対する考え方が変わってきています。しかし、上記の生徒が言う「本当の男女平等」が実現されたかというと、まだまだではないでしょうか。この２０年で、ようやく動き出したというところでしょう。

　今回の実践では、中学１年生にディベートそのものを教えることをねらいとしています。そういう意味では、ねらいはある程度達成されています。ディベートの真のねらいは、自分の考えを広げたり深めたりして、じっくり考える機会とすることです。したがって、ディベート後にまとめる第二次意見文が重要となります。上記の意見文からは、その萌芽を見ることができます。

６　ディベート・マッチ「中学生の携帯電話」

（１）「中学生は携帯電話をもってもよいか」〈肯定側〉立論

　これから肯定側の立論を始めます。僕たち肯定側は携帯電話のよい点、わるい点について考え、その答えを見つけ出しました。

　まず、否定側の方々は、携帯電話はお金がかかると思っていませんか。確かに普通に話す分にはお金がかかりますが、月の初めにお金を払っておいて、そのカードの分だけ話せるプリペイドカードというものがあります。このシステムを使えばお金を計画的に使うことができます。

　また、公衆電話があるじゃないかと思う人もいるかと思いますが、携帯電話が出回るようになってから、公衆電話の数は減りました。そのため、探すことだけで一苦労です。みなさんが電話するときはどんなときですか。僕が思うには親への連絡など、できるだけ早い連絡が第一となるときに必要となるのが電話だと思います。そんなときに公衆電話を探している暇はないはずです。

　それに僕たち中学生は心身ともに成長しているうえ、電車料金はもう大人と一緒です。もし、中学生に携帯電話は必要ないというのなら、単に大人じゃないから、子どもには必要ないということは言えないのではないでしょうか。

　たぶん未成年で携帯電話を持っているのは高校生、大学生が多いはずです。きっと高校生のときに、その多くの人は手に入れたことでしょう。高校生の電話料金は両親の携帯料金を上回ることがあると思います。

　そこで、僕たちはこう考えました。こんなふうになるのは、計画的に、でるだけ節約ということが身についていないためではないだろうかと。携帯電話に危険なところは少なからずあります。しかし、小さいうちや小中学生のうちから持っていたら、危ないこと、お金を使いすぎないということが自然に身につくのです。

　以上の内容をもちまして、肯定側の立論を終わります。ありがとうございました。

（２）「中学生は携帯電話をもってもよいか」〈否定側〉立論

　これから否定側の立論を始めます。僕たちが中学生は携帯電話をもつべきではないという考えを主張する根拠は五つあります。第一の根拠は携帯電話はお金がかかりすぎること、第二は使い道があまりないこと、第三は差別ができること、第四は悪質なイタズラをしてしまうこと、第五は必要ないという人の意見です。

　まず第一の根拠について説明します。携帯電話は通話料などの多額の料金がかかるので、それを親が払うと親に迷惑がかかってしまいます。

次に第二の根拠について説明します。中学生が携帯電話をもっていても学校では使えないし一日携帯電話がなくても昔の人は生きてこられたので、あまり中学生には使い道がないと思います。

　第三の根拠について説明します。携帯電話は値段が高いので全員が持てるわけではなく差別や仲間はずれなどが出てしまうと思います。

　第四の根拠について説明します。中学生は好奇心や怖いもの見たさといった感情が出やすいので、あやしげなサイトにかかわってしまったりイタズラのつもりでイタズラ電話やチェーンメールなどを送ってしまったりするかもしれないので、中学生には携帯電話は必要ないと思います。

　最後に第五の根拠について説明します。中学2年生の意見です。パソコンだってメールができるし、普通に家の電話や公衆電話で電話するより携帯電話はつながりがわるい。それにまだ中学生で、いつでもいろんな人と連絡がとれなくてはいけないサラリーマンなどのような状況になるということはあり得ないから必要ないというものです。

　以上で否定側の立論を終わります。ありがとうございました。

（3）「中学生は携帯電話をもってもよいか」〈肯定側〉最終弁論

　これから肯定側の最終弁論を始めます。反対尋問を終えてからも、私たちの意思は全く変わっていません。

　その理由として、携帯電話のおかげで助けられた人がおり、事件が早く解決するということが実際にあるからです。中学校に入学し、小学校のときよりも2時間以上遅い帰宅になっています。その一方で不審者の出没は、私たちと遠い話とはとても言えません。不審者に会ったときに、助かったとしましょう。しかし、その不審者がそんなことを繰り返すことがあります。でも、そのとき携帯電話を持っていたらどうなりますか。逃げ切った直後なら、犯人はそう遠くに行っていないし、検問をはることだってできます。そのときに通報すればよいのです。被害者が出ないようにするためには携帯電話が必要なのです。

　また、子どもに携帯電話を持たせると安心するという親は、何と60％

にも及びます。その理由のほとんどは、「いつでも連絡をとることができる」ということです。

　このような事実がある以上、携帯電話は必要なものになりつつあります。子どもに持たせるかはその家庭の自由ですが、もし、子どもに携帯電話を持たせたとしても、決して悪いことではないのです。

　以上で肯定側の最終弁論を終わります。ありがとうございました。

（4）「中学生は携帯電話をもってもよいか」〈否定側〉最終弁論

　これから否定側の最終弁論を始めます。否定側が「中学生は携帯電話を持つべきではない」と主張する理由を説明します。

　まず最初の理由について説明します。それは、中学生はあまり使い道がないのに持っていると遊びになるからです。そのことは、悪質なメールやサイトが多く見られる現在のマナーを無視した携帯電話の使い方の状況からも言えると思います。そして、もしも遊び半分で持っていたとしたら使い道もないのに、ただしゃべるだけで終わると思います。そしたら、お金だけがどんどんムダになっていってしまいます。やはり、そのことから親に迷惑をかけます。ただでさえ親に迷惑をかけているのに、携帯で使うようなお金まで払わせるとなると、親もどんどん困ってくると思います。

　もう一つの理由は、携帯で長話やメールなどで面と向かって話さないために、人と人とのコミュニケーションがあまりとれなくなるということです。今は、昔よりも人とのつながりが少なくなってきているのに、ただの長話で人とのつながりをなくすより、ちゃんと会って話をした方が、お金もかからず気持ちも伝わると思います。これこそまさに一石二鳥なのではないでしょうか。私はそう思います。

　また、中学生は全員が携帯を持っているというわけではないので、持っている人と持っていない人に分かれて仲間はずれや差別が出てくると思います。そうすると、いじめなどの深刻な問題につながっていくと思います。だから、携帯電話を中学生が持つことは、やはりいけないと思います。

　このようなことから、否定側は「中学生は携帯電話を持つべきではな

い」と考えます。これで説明を終わります。

（5）「中学生の携帯電話」ディベート判定シートの記述

《コメント》
◇ 司会者へ
　声がはっきりしていてとてもいい。進め方が上手でした。
◇ 「肯定」側チームへ
　立論の内容が分かりやすい。尋問のとき、積極的に手を挙げていてすごい。最終弁論のとき、声もはっきりしていて、内容もすごく大事なことばっかりでいい。
◇ 「否定」側チームへ
　立論の内容がすごく考えられていた。尋問のときの質問や質問の答えを言うのが強い。最終弁論の内容がすごくよく、分かりやすいし、はっきりしていて、大切なところを強調していて聞きやすい。
◇ 感想
　3回ディベートをやったうち、このディベートだけ、どこかちがうと分かった。○○さんがグラフを見て質問をしたということは、今回が初めてでした。このディベートは一番すごく熱く燃えてディベートをやっていてすごいと思った。
◇ ベスト・ディベーター選考理由
　ちゃんとインターネットで調べてきて、チームが勝つようにと思って調べたんだと思う。そのことがいい。

7　ディベート導入時の中学1年生への指導

　今回は、生徒にとって身近な話題からテーマを設定し、基本的なディベートの型にしたがって学習を進めました。「手紙とメール」「都会と田舎」「制服と私服」「動物園と水族館」「海と山」「男と女」「マンガとアニメ」「夏と冬」い

ずれも、自分たちの生活経験の中からでも論を組み立て、展開していくことが可能な論題です。

　しかし、生徒たちは、それだけでは不十分であることに気づき、アンケートをとったり、提示資料を作成したりすることで、ディベート・マッチでの勝利に向けて準備を進めていきました。

　また、「中学生は携帯電話をもってもよいか」のディベートになると、自分たちの経験からくる考えだけでなく、親の立場からの考え、世の中の状況にまで思いを巡らし、論を組み立てていました。中には、授業の時間以外で、自主的にインターネットを使ってデータを集めてくる生徒もいました。この中学生の携帯電話に関わるディベートによって、ディベートの本当のおもしろさに気づくことができたのかもしれません。

　中学1年生では、まずはディベートそのものを教えるために、前記論題のようなもので型を習得させ、可能であれば、携帯電話のように自分たちで調べたりしながら考えを広められる論題を取り扱えればいいのではないでしょうか。

　これらを土台として、中学2年生、3年生では、調べたり、自分たちで話し合ったりしながら準備を進め、ディベートでの討論を通して、考えを広めたり深めたりできる論題を扱うようにすれば段階を踏みながら生徒に力をつけられると考えます。

第5章

日本人学校ならではのディベート　〜海外編〜

1　生徒にとって身近なディベート論題

（1）ローマ日本人学校ならではのディベート論題

　ローマ日本人学校に勤務して３年目となる年に、中学１年生の国語の授業にディベートを取り入れました。それまでにもディベートやパネル・ディベートの実践を積み重ねてきていました。前年度までの授業の様子をビデオに撮り、記録として残してありました。また、今までの反省をもとに新たなルールを設定することにしました。

　生徒から出された論題候補は、次の３つです。中学１年生では、生徒にとって身近な話題が論題候補として挙がる傾向があります。いずれもローマ日本人学校ならではのテーマといえるものです。

> ○　世界共通語は必要である
> ○　統一通貨ユーロは必要である
> ○　少人数学級と４０人学級とではどちらがいいか

　それぞれの論題候補に対する最初の考えを書きました。

《世界共通語は必要である》
　私は、「必要である」と考える。
　なぜなら、
　　○　旅行などで行ったことのない国に行って、同じように通じる言葉がなければ不便だから。（今の自分の生活を考えると）
　　○　急に病院に入院したりすると、言葉が通じないため、詳しく話すことができない。
　　○　話せると、世界中の人と言葉をかわすことができるのだから、世界

中の人と友達になれる。

《統一通貨ユーロは必要である》

　私は、「必要ではない」と考える。

　なぜなら、

　　○　違うお金を急に使うようになると、初めのうちは慣れないため買い
　　　物などで不便である。

　　○　今までのお金をずっとかえずに使っていたいと思っている人もいる。

《少人数学級と４０人学級とではどちらがよいか》

　私は、「少人数学級」がよいと考える。

　なぜなら、

　　○　テストの順位が出ない。

　　○　友達が少ない分、一人の友達とずっと仲良くできる。

　　○　授業中に、いちいち手を挙げて立って大きい声で発言しなくても目
　　　の前に先生がいるから、ためらわずに発言ができる。

　　○　日本にいるときよりも、今のほうが楽しい気がする。

（２）新たに設けたディベートルール

　（１）互いの立論（根拠の要約）を交換する。

　（２）オーダー（立論担当者・最終弁論担当者）を交換する。

　（３）立論・オーダー提出後はその後の変更を認めない。

　（４）反対尋問で１回に限り「指名権」を行使できる。

　（５）反対尋問では３０秒以内に答えられない場合、次の尋問へ移る。

　（６）反対尋問中に１回１分間にかぎり「作戦タイム」をとることができ
　　　る。

　（７）ディベート中にチーム内でメモ用紙をまわしてもよい。

2 「世界共通語は必要か」

〈必要側〉

┌─── 「世界共通語は必要か」必要側立論 ───

これから必要側の立論を始めます。

私たちが世界共通語は必要だと考える根拠は３つあります。１つめに、世界共通語があると海外生活でとても便利だということです。これは誰でも同感できる意見だと思います。私たちの今の暮らしの中で、世界共通語があればと思うときはたくさんあります。２つめの根拠は、生涯の中で一つの言語を覚えるだけでよいということです。これも誰もが思っていることではありませんか。そして３つめは、外国の人とコミュニケーションがとれるということです。コミュニケーションをとることができれば、確実に今よりも外国人と親しくなれるはずです。

まず、第１の根拠について説明します。今、私たちはイタリアという母国語が全く通じない国に住んでいます。英語も通じる人はごくわずかです。ここで世界共通語があったらどうでしょうか。とても便利だと思いませんか。私の経験を例にすると、病院に入院しなければならないとき、どうやって自分の体調を伝えればいいのでしょうか。話すことができなければ大変なことになってしまうこともあります。

次に２つめの根拠について説明します。一つの言語を覚えるだけですむというのは私たち学生、そして大人の人にとってもありがたいことでしょう。中には、いろいろな国の言語を覚えるのが楽しい、面白いという人がいるのは確かです。しかし、今現在、英語やイタリア語など外国語で悩んでいる人は大勢います。そんな人はいませんか。共通語があれば、一つの言語を話せるようになるだけで世の中やっていけるのです。

最後に３つめの根拠について説明します。外国人の人と言葉をかわし、友達になれるのは世界中の夢でもあります。世界中に目を開くことができ、言葉の区別がなくなります。こうなることで世界がいつまでも平和でいられるのです。

これらのことから、世界共通語は私たちにとっても、平和社会にとって

も、そしてこれからの未来にとっても大変必要だと私たちは考えます。

　これで必要側の立論を終わります。ありがとうございました。

「世界共通語は必要か」必要側反対尋問

○ 今回のアメリカ同時多発テロに対し、不必要側はどのような考えをお持ちですか。

○ 共通語がなければ他国の人々と上手くコミュニケーションがとれず、いつまでも言葉の壁は解消されないままなのではないのですか。

○ 万が一、母国語が通じない国で家族などが入院したりした場合、同じ言葉の通じない相手にどうやって物事を伝えればよいのですか。

○ 共通語は英語があるため、いらないとお考えのようですが、英語を世界共通語にするのであれば、もとから英語が母国語のアメリカやイギリスの人々が得をして、他の人々だけが苦労することになりますが、これでいいのでしょうか。

○ 英語が共通語というのなら日本人でも英語をしゃべれない人が多いのではありませんか。

○ その国の言葉を学ぶ楽しさがあるといいますが、漢字や文法がめんどくさいと言っている中高生がいます。それで本当に楽しいのですか。

○ イタリアでイタリア語を話せても、他の国には通じないように、一つ一つ他国の言葉を覚えるのに時間がかかるのではないですか。

○ 例えば外国の本を買うときに、世界共通語があれば、世界中の人々が簡単に本などを読むことができるのではないですか。

○ 必要側が世界共通語があれば便利だと考えることについて不必要側はどう考えますか。

○ 必要側は世界共通語があれば習う言語が一つで済むと主張しますが、不必要側の皆さんはイタリア語、ドイツ語、フランス語と一つ一つ学ばなければならないのは、困難なことだと思わないのですか。

〈不必要側〉

── 「世界共通語は必要か」不必要側立論 ──

　私たちが世界共通語は必要ではないことを主張する根拠は３つあります。その第１は、言葉と言葉の差が出ること、第２は、今の時代には世界語である英語があること、第３は、それぞれの国の言葉を学ぶことで、その国のよさがわかり、またその国の言葉を学ぶ楽しさがあることです。

　まず、第１の根拠について説明します。ある日突然、世界共通語になったとします。しかも、その世界共通語が日本語という私たちにとても身近な言葉になったとしましょう。最初は、みんな言葉が通じて「やったやった」と言っていますが、何年か経ったとき、日本の各都道府県に方言があるように、各国で言葉と言葉の差が出てしまいます。そうすると、わざわざその言葉を覚えるより、差があるのなら初めからこのままの言葉でよいはずです。

　私は、自分の国の言葉である日本語が好きです。私が日本語が好きなのと同じように、各国にも自分の国の言葉を尊敬している人がたくさんいます。言葉は国の自然です。その自然をなくし、まったくわからない生き物を入れ自然を壊すのなら、それは自然破壊という恐ろしいものになります。

　次に、第２の根拠についてです。今、世界には英語があります。イタリア人も日本人もしゃべれる人は少ないですが、何かあったときにはとりあえず英語が通じるように世の中はできています。つまり、世界語もあって、各国の言葉もある今、世界共通語を望む必要はありません。

　最後に、第３の根拠について説明します。言葉を学ぶことは難しくて大変なことだと思いますが、その難問を越えて言葉が話せたとき、とてもうれしくていい気持ちになります。その快感は、苦労をしなければ決してわかりません。よく、ドラえもんの、のびた君が「できないからやらない」と言いますが、それは間違っています。できないからやる。やらなきゃできないのです。失敗しなくちゃ、決して成功はしないのです。それと同じように考えると、言葉は学ばなくてはわからないのです。使ってみて失敗して、そうやって美しい友情を繰り広げていくのです。他の外国語を学べば、視野が広がります。それに、外国語を学ぶことは悪いことではありま

せん。言語を学ぶと同時に文化も取り入れることができるからです。

　戦争が起こるのは、言葉の問題ではありません。戦争は人の欲望によって命を奪っていくのです。言葉が違っても同じ地球に生きる同じ人間たちは、心と心でつながっているのです。仲良くしようとすれば、言葉が通じなくても、みんな仲間になれるのです。

　以上の内容をもって、私たちの立論とさせていただきます。ありがとうございました。

「世界共通語は必要か」不必要側反対尋問

○　いろいろな国の言葉を学ぶと、その国の文化なども知ることができますが、世界共通語にすると、それができなくなってしまうのではないですか。

○　旅行のときや病院関係のときでも英語で十分なのではないですか。

○　世界共通語にした場合、それぞれの国の言語で書いてある看板など、文字に関係のあるものをすべて交換するのに膨大なお金がかかってしまうのではないですか。

○　世界共通語にした場合、子どもは学校でそれを習おうとしても、大人や遊牧民の人たちはどうするのですか。

○　世界共通語に統一したら、本などを訳す仕事が減り、失業する人も出てくるのではないですか。

○　昔、ポーランドの人がエスペラント語という世界共通語を考え出しました。そんなに世界共通語が必要ならば、なぜエスペラント語は広まらなかったのですか。

○　英語を学習している現在でも、なかなかマスターできないでいる人が多いのに、世界共通語などできるわけがないのではないですか。

○　仮に世界共通語をつくったとして、それをどうやって世界中に広めていくのですか。

〈最終弁論〉

　これから必要側の最終弁論を始めます。

　私たちが、やはり世界共通語が必要だと考える根拠は３つあります。１つめは言葉を交わすことで新たに得るものが増えるということ、２つめに言葉の壁がなくなるということ、３つめに世界共通語がなければ、世界の平和はいつまでもこないということです。

　世界共通語があればいろいろな人と会話ができます。外国の人とも会話ができ、お互いの国のことが分かり、得るものが増えます。世界共通語がなければどうでしょう。人々はお互いの国の文化が分かり合えず、いつまでたっても同じ未来がくり返されるのではないですか。

　外国の人との差別がある中で、世界共通語があれば、世界はいつまでも平和でいられます。世界共通語がなければどうでしょう。いつまでたっても言葉の差別ができ、平和はおとずれません。

　最後に「世界共通語がなければ、世界の平和がいつまでもこない」ということについてですが、２００１年９月１１日に何が起きたか皆さんは知っていますか。アメリカの世界貿易センタービルに２機の旅客機が追突しました。そして１機は国防総省に、そしてもう１機は墜落しました。このように恐ろしい事件が起こったのはなぜだと思いますか。それは言葉の行き違いやお互いが分かり合っていなかったからだと私たちは考えます。世界共通語がないと意見の食い違いが起きるのではないでしょうか。

　これで、私たち必要側の最終弁論とさせていただきます。ありがとうございました。

　僕たち不必要側チームは、あくまでも世界共通語は必要ないと主張します。

　世界共通語にすると、今も失われつつある、それぞれの国の文化を失ってしまいます。日本でも、漢字、平仮名、片仮名、ローマ字などを使った

独特の書き方や、昔からあることわざ、慣用句などの文化がなくなってしまいます。これで本当によいのでしょうか。日本には、世界に誇ることができる日本古来のすばらしい文化があるのです。これはこれからも引き継いでいかなければいけないのです。今まであった4種類の文字が、こんなシンプルなものになってしまいます。

　次に、今は普及しつつある英語を使っていれば十分だということです。英語があまり喋れない人もいますが、まったく最初から世界共通語を習うよりましです。日本でもイタリアでも、学校で英語を習っているのです。それは必要だから、大切だからでしょう。英語なら今までのたくわえもあります。今やトヨタやブリヂストンも英語が社内公用語となっています。いまさら世界共通語なんて要らないでしょう。

　最後に、言葉というものは、人間が生きていく中で、常に変化しつつあるものだということです。日本でも地方に方言があるように、共通語をつくっても国によって言葉が微妙に変わってしまい、言葉のすれ違いが起きてしまうでしょう。これではあまり意味がありません。要するに世界共通語は必要ないのです。

　これで不必要側の最終弁論を終わります。ありがとうございました。

3　「日本は環境税を導入すべし」

（1）中1ディベート論題「日本は環境税を導入すべし」

　この論題は、生徒からは出てきませんでした。しかし、中学1年生の時期に本格的な調べ学習を取り入れたいこと、これからの日本が避けては通れない大きな課題であることから、ディベート論題として設定することにしました。いわば背伸びをした論題と言えます。

（2）「環境税」の規定

　環境税とは、地球温暖化や大気汚染など環境に悪影響を及ぼす物質の排出量を抑えることを目的として課す税金のこととする。これは、今まで環

境を汚してもタダだったことが環境問題の大きな要因であったことを反省し、「環境の使用料」あるいは「地球の使用料」を負担するという考え方に基づくものである。

〈肯定側立論〉

― 「日本は環境税を導入すべし」肯定側立論 ―

　これから環境税肯定側の立論を始めます。

　私たちが環境税を導入すべきであると主張する根拠は３つあります。第１に、石油の消費量削減、第２にエコビジネスの活性化、そして第３に地球温暖化の抑止です。

　まず、第１の根拠の説明をします。日本の１９９６年の年間 CO_2 排出量は世界第４位で、世界全体の CO_2 排出量の４.９％です。日本より排出量の少ないヨーロッパの国々でさえ、環境税が当たり前になっています。それらの国々に対して排出量第４位である日本が環境税を導入しないのはおかしいことではありませんか。日本が環境税を導入し、アジアのトップに立って、これからの環境を守るために尽くしていくべきです。

　環境税の取り方を説明します。考えてみてください。車を運転する際に、もちろんガソリンは消費されます。ガソリンを消費するのだから、当然排気ガスも排出されます。しかし、ガソリンを補給するときに１トンあたり３０００円、１リットルあたり約２円の余計な環境税が取られるとします。そうなることで、 CO_2 もわずかながら減っていくのは確かです。

　次に、第２の根拠の説明をします。この環境税が導入されることで、二酸化炭素など環境に悪影響を及ぼすものも減らすことができ、それを直接仕事として行っている一部の企業も発展します。これがエコビジネスの活性化です。その上、この税収は環境のための対策費用として使うことになり、環境税を導入することは一石三鳥なのです。

　最後に、第３の根拠の説明をします。地球温暖化の抑止というのは、３つの根拠の中でも一番強調したい根拠です。１９９０年は日本の CO_2 排出量がちょうどよかった年です。しかし、環境税を導入することで、

１９９０年レベルより３％落とすことができます。さらに京都議定書では２００８年から２０１２年までに６％落とすことも可能とされました。

　第１の根拠で言ったように、日本のCO_2排出量は世界第４位とかなり上位にあり、このまま対策なしで進めば２１世紀末の平均気温は今よりも２℃上昇し、海面も５０cm上昇すると考えられています。

　これらを含め、今現在の状況だけを考えて結論を出すのではなく、これからの未来を深刻に考えた上で環境税を導入すべきか考えていくべきです。これらの根拠から、日本は環境税を導入するべきだと私たちは考えます。これで環境税肯定側の立論を終わります。ありがとうございました。

〈否定側立論〉

── 「日本は環境税を導入すべし」否定側立論 ──

　これから否定側の立論を始めます。僕たちは環境税の導入に反対します。その根拠は３つあります。

　第１に、環境税を導入しても二酸化炭素を減らせるとは限らないこと。

　第２に、日本だけ環境税を導入してもあまり効果がないこと。

　第３に、ガソリン１リットルに対して２円という税金を課すと家庭への負担が高くなってしまうこと。

　まず、第１の根拠について説明します。環境税を導入した国では、二酸化炭素の排出量は少ししか減っていません。それなのに、まだ減るとは限らない税を国民からとるのはおかしいのではありませんか。それに日本は、二酸化炭素の排出量が第４位ですが、第１位のアメリカとは４倍以上の差があります。しかし、アメリカは環境税導入には賛成していません。

　第２の根拠について説明します。日本、アメリカ、ロシア、中国で、世界の二酸化炭素排出量の半分を占めています。１位のアメリカが導入せず、日本だけ環境税を導入してもほとんど無意味です。日本は、２００８年までに二酸化炭素を６％減らさなければなりません。これは、世界中の０.３％しか減らしたことにならないのです。

　第３の根拠について説明します。ガソリン１リットルにつき２円、これ

は一見とても安いように思われますが、1家庭4人でみると、1年間で3万円もの負担がかかってしまいます。それに消費税のときを思い出してください。この年間3万円の税金が上がることも考えられるのです。

　そうなると、今不況で失業率の高い日本では、その3万円が大きくのしかかってしまい、日本の景気はさらに悪くなり、失業率はさらに上がってしまいます。失業率が上がれば、税金などのない他の国に移住してしまう人も出るでしょう。そうなったら日本はどうなってしまうのでしょうか。

　以上の内容から僕たちは環境税は必要ないと考えます。これで、否定側の立論を終わらせていただきます。ありがとうございました。

〈反対尋問〉

1）肯定側から否定側への反対尋問

○ 地球温暖化を防止する具体策をもっているのですか。

○ 温暖化防止のための財源を確保するためにも環境税は必要ではないのですか。

○ 炭素税は研究開発をもたらすきっかけになるのではないですか。

○ 21世紀には気温が2℃上がり海面も50cm上昇するのです。あなたたちはどんな考えでいるのですか。

2）否定側から肯定側への反対尋問

○ 日本よりも二酸化炭素を排出しているアメリカ、中国、ロシアが環境税を導入しないのでは効果があまりないのではないですか。

○ 二酸化炭素の削減効果があまり期待できないのに、国民から税金を取るというのですか。

○ 今でも日本企業の国際競争力が弱くなっているのに、環境税を導入したら、さらに競争力が弱くなるのではないですか。

○ オランダの場合、ガソリン1リットルあたり1.7円の税金がかかります。ところがこれだと大企業あるいは国際競争をしている企業の場合、競争力が落ちてしまうというので非課税になっています。だから日本のようにガソリン1リットルあたり2円でも国際競争をしている企業にとっては

ダメージが大きいのではないですか。

〈最終弁論〉

─── 「日本は環境税を導入すべし」肯定側最終弁論 ───

　これから肯定側の最終弁論を始めます。

　私たち肯定側が環境税は必要だと最も主張したいのは、環境税を導入することによって温暖化を抑えることができるからです。

　環境税を導入することによって温暖化を抑えることができます。立論でも述べたように、このまま温暖化が進むと異常気象などが起こり、人々の生活は脅かされてしまうのではないかと心配されています。このまま環境税を導入しないでいると温暖化は進む一方で、決してよくはなりません。

　私たちは知らない間に地球を壊しているのです。それなのに、このまま環境税を導入しないでいられますか。環境税を導入すれば１９９０年に比べて２０００年にはわずかながら二酸化炭素を削減し、２０１２年には６％削減することが可能になるのです。今から５０年から１００年後には、もう地球はだめになるかもしれません。そうなるのだったら、環境税は今から導入すべきなのです。

　今、日本では、すでに議論の焦点が「環境税を導入するかどうか」ではなく、「どのような環境税を導入すべきなのか」に移っています。つまり、日本はもう環境税を導入するということについて進めているのです。税をとると税の負担がかかるといいますが、だったら他によい方法はあるのですか。私たちの子孫や他の生き物の命も考えてみてください。まだ後のことだから私たちには関係ないといつまでもそんなことを言っていてはだめなのです。

　日本は現在二酸化炭素排出量で世界４位です。だからこそ環境税を導入しなければならないのではないでしょうか。

　以上の内容をもって、私たち肯定側の最終弁論とさせていただきます。ありがとうございました。

　ただいまより否定側最終弁論を始めます。

　私たちは、あくまでも環境税は必要ないと主張します。その理由として、環境税を導入し、セメント製造や鉄鋼業、それ以外の日本経済を支えてきた企業が、環境税のある国でエコビジネスを活性化させたり、その開発のためにお金をかけるより、海外などに工場を移転した方がはるかに経済的効率がよいので、工場が移転していってしまうということが考えられます。

　特に今、日本の法人税は、国税と地方税を含めて調整した実効税率が４９.９８％になっており、アメリカの４１.０５％やドイツの４０.５％に比べ、とても高くなっています。安い税を求めている企業の日本離れは進んでいるのです。そこに環境税が加われば企業の日本離れは、さらに進んでいってしまいます。そうなった場合、日本の景気はさらに悪化し、悪い方へ悪い方へと進んでしまいます。

　その他の問題として、消費税が上がったときのような反発が起きるかもしれないということもあります。それに、輸出に頼っている日本は、石油やガソリンに税金がかかりエネルギーの値段が高くなります。物をつくるときやつくった物を運ぶときも、トラックなどを使ってエネルギーを使います。１リットルあたり２円でも、できた品物は、エネルギーの値段が上がっただけ高く売る必要が出てきます。

　そうして、結局値段の安い外国製のものに負けてしまいます。そして日本は、大きな打撃を受けてしまいます。本当にそこまでして環境税を導入する価値はあると思いますか。それによく考えてみてください。日本は、税に頼っているようで本当にいいのですか。

　最後に、炭素の排出量や石油消費量の削減などは、税金では解決できないのです。その証拠として、ガソリンの値段の半分以上は税金です。そのガソリンを使う車も重量税や自動車税などたくさんの税金がかかっています。しかし、今、国民は車に乗るのをやめません。本当に人々が環境のことを真剣に考えているのなら車に乗るのも控えると思います。つまり、環境問題を解決する第一歩はお金の問題を解決するのではなく、国民一人一人の考えを変えることだと僕たちは考えます。

　これで、否定側の最終弁論を終わります。ありがとうございました。

第6章

ディベートを使った読解学習　～文学編～

1　ディベートを用いて文学を読む

（1）文学的文章の読解におけるディベート

　ディベートの指導として、今回はホップ・ステップ・ジャンプの3つの段階を踏んだ形をとりました。第1段階が、台本による模擬ディベート、第2段階が、身近な話題からのディベート・マッチ、そして第3段階が、文学的文章の読解学習におけるディベートです。

　台本による模擬ディベートにより、ディベートのやり方や進め方を理解し、ディベートを少しでも身近なものにすることができました。次のディベート・マッチでは、実際にやってみることで、ディベートのおもしろさやむずかしさ、その魅力などを実感することができました。ここまでで、ディベートそのものの指導は終了となります。そして、今回の最終段階が、ディベートを使って文学教材を読んでいく学習となります。

（2）ディベートを使って『故郷』を読む

　中学3年生の文学教材と言えば、何といっても『故郷』です。義務教育段階最後の文学教材としての位置付けです。この作品をどのような方法で読んでいくのか、どんな学習を仕組むのか、授業者の腕の見せ所です。今回は、ディベート学習の最終段階の教材として位置付けました。まさにジャンプ教材としてふさわしい作品です。

（3）故郷ディベートにおけるテーマ（論題）

　今回は、故郷の読解学習を進めてきた中で討論となり、結論が出なかった内容をディベートのテーマ（論題）としました。

　例えば、授業中に「ルントウはなぜかわいそうなのか」と問いかけました。生徒からは様々な意見が出されました。次に、「わたしはかわいそうではない

のか」と投げかけました。生徒は、ちょっと考えたようでしたが、やはりかわいそうだという意見を出してきました。そこで、では、どちらがかわいそうなのかということになりました。ディベートのテーマは、「わたしとルントウとではどちらがかわいそうか」となりました。

　また、この作品では、すさんでいく人々を、わたし、ヤンおばさん、ルントウを代表に３つの異なる立場から描いています。この三者三様の生き方は、互いに隔絶され交わることはありません。授業中に「灰の山に碗や皿をかくしたのは誰か」という問いかけをしました。すぐに生徒から、わたし、ルントウ、ヤンおばさんの３人が出されました。そして、ある生徒から、シュイションとホンルの可能性もあるという意見が出されました。

　そこで、四者を取り上げ、「灰の山に碗や皿をかくしたのは、わたしかルントウかヤンおばさんか、それともシュイションとホンルか」というテーマを設定しました。この場合は、立場が４つになるため、変形型のディベートになります。パネル・ディスカッションに近い形となり、また新たな学習ができるものと考えました。

２　ディベートで主題に迫る

（１）故郷の主題に迫るためのテーマ（論題）

　故郷の読解学習を進めてきた中で討論となり、結論が出なかった内容があります。それが「故郷は変わったのか」です。生徒たちの中には、決着をつけたい、結論を出したい、あるいは知りたいという知的欲求が存在していました。

　また、直接作品の主題に関わるものとして、授業者の方から提示したテーマがあります。「新しい生活はくるのか」です。主題を考えるときに、「『思うに希望とは、もともと・・・歩く人が多くなれば、それが道になるのだ。』をわかりやすく説明しよう」とか、「主題をまとめてみよう」という発問では、説明したりまとめてみたりするのは難しいと思われます。発問の良しあしは、その発問によって、適切な教材解釈を促すかどうか、意見の対立を生むかどうかの２つのレベルで判断することができます。

　主題を考えるとき、この文のことを抜きにして考えることはできないので、他のことからこの部分を理解しなければ答えられないような発問、なおかつ意

見が対立して討論となるような発問を考えなければなりません。

（2）読解学習におけるディベート導入

　文学的文章であれば、人物や状況について、説明的文章であれば、筆者の問題提起や結論の妥当性について、対立する２つの視点を取り出し、討論を仕組みます。その際、討論の柱となる題材は、生徒の読みの過程で拾い出します。また、初発の疑問や予想を生かすようにします。

　読解学習では、個の読みをディベートを通して深めるようにします。大切なのは、アフター・ディベートとしての意見文作成です。ディベートにより、個々の見方や考え方の幅を広げたり、補充したりします。その結果を意見文としてまとめます。最後は学習を個に戻すようにします。

　また、主張の論拠を明確にすることが重要です。そのためには、本文をじっくり読む必要があります。情報を収集する段階で、すでに生徒は本文を何度も読み直すようになります。自然と自分の読みを深めていくことになります。

　文学的文章の読解学習にディベートを取り入れる場合、どの段階でも使えますが、単元のどの段階で使うのかによって、その意義は変わってきます。単元の最終段階でのディベートは、それまでの学習内容の比較検討をねらいとしています。それまでの学習内容では解決ができないように見えるテーマ（論題）を設定することによって、認識を相対化させるわけです。

　優れた発問でなければテーマ（論題）にはなりません。対立意見が出ない問いではディベートにはなりません。少なくともディベートの論題は、肯定と否定が明確になるよう、あらかじめ設定せざるを得ないため、かなり絞り切ることができます。

3　「わたしとルントウとではどちらがかわいそうか」

〈立論〉

「ディベート情報カード」の記述
　《立論の根拠》
　　○　ルントウはまずしいので、他の人からも「かわいそう」と思われるけれ

ど、「わたし」は、えらい人なので、「幸せ」だと思われている。だから、「わたし」の方がかわいそうだ。
○ ルントウと昔、仲良く遊んだことが「だんな様」と言われたことによって、もう兄弟仲には戻れないことを知って、かわいそうだと思った。
○ 久しぶりに会ったのに「だんな様」と言われたし、自分の生まれ育った故郷がなくなったから。

── 「わたし」側の立論 ──

　私たちが「わたし」の方がかわいそうだとする根拠は４つあります。

　その第１は、自分の生まれ育った故郷が、なくなってしまったということです。第２は、知事というだけで幸せだと思われていることです。第３は、ルントウとの間に社会的身分の差ができてしまったということです。第４は、がらくたを売ってまでお金をつくらなくてはならないほど貧乏だということです。

　まず、第１の根拠については、「わたし」は引っ越すので故郷には、もう戻ってこないということです。第２の根拠は、１３２ページ７行目で「ぼくは、金持ちじゃないよ。」と本人が言っているし、１２５ページ６行目に「家の暮らし向きも楽で、わたしは坊っちゃんでいれた。」ということは、昔は暮らしが楽だが、今は暮らしが楽ではないということです。しかし、このとき、金持ちでないのに、なぜ、おめかけを３人もつくれるのかという問題も生じています。

　次に、第３の根拠は、「わたし」はルントウとの思い出を大切にしていたのに、ルントウから裏切られるようなことを言われたので、「わたし」の方がショックでとても悲しかったと思います。

　最後に、第４の根拠は、ヤンおばさんのような貧乏人ががらくたというほど、「わたし」が持っていたのは相当ながらくただということです。「わたし」は相当な貧乏なうえに、心も傷ついているので、「わたし」の方がかわいそうだと思います。

　以上で、私たちの立論とさせていただきます。ありがとうございました。

── 「ルントウ」側の立論 ──

　私たちが、「ルントウ」の方がかわいそうだと主張する根拠は３つあります。

　まず第１に、苦しい生活にうちひしがれた姿になってしまったということ。第２に、みんなにいじめられて、でくのぼうみたいな人間になってしまったということ。第３に、シュンちゃんにみせるさびしさからということです。

　第１の根拠について、ご説明いたします。まず、ルントウの家は、貧乏の子だくさん、収入でいえば、作って売れば税金を取られる、かといって売らなければ腐らせるだけという、どちらに転んでも、ひどい生活を強いられます。

　もし、これを「わたし」の立場で考えたらどうなるでしょうか。果たして、おぼっちゃん育ちの「わたし」には耐えられるか、という問題が生じてきます。

　次に、第２の根拠について、ご説明いたします。まず、みんなにいじめられてというのは、当時の民衆の敵である兵隊、匪賊、役人、地主の的になってしまったのです。第１の根拠でも説明しましたが、これだけの敵に囲まれてしまったら、ふくろのねずみと同じで、どちらに転んでも、苦しい生活を強いられるという意味も、おわかりいただけるでしょう。こんな生活をしていたのでは、たちまち、だれでも、でくのぼうになってしまうのは明白です。

　最後に、第３の根拠について説明します。人間はだれでも、友達についてのイメージは、かなりよく残るものです。それは、「わたし」も例外ではないと思います。そして、ルントウも、でくのぼうの自分の姿を、自分の友達に見られてしまうのです。もし、これがルントウではなく「わたし」のときでも同じだと言えると思います。

　こんなことを言うと、それならば、会いに来なければいいじゃないかという意見も出てきますが、これは違うのではないでしょうか。友にみじめな姿を見せたくないという気持ちに、友達に会いたいという気持ちが勝ったのです。これは、大変勇気のいることだと思うし、それに、こんなこと

をいちいち考えなければならないルントウは、自分のみじめさ、今、改めてかわいそうだと思うのです。

　以上の内容をもって、「わたし」よりもルントウがかわいそうであるという立論とさせていただきます。ありがとうございました。

〈反対質問①〉

「ディベート・レジュメ用紙」の記述内容ールントウ側ー
《立論の要旨》
　① ルントウのまわりの状態は、家庭においても経済の面においても非常に苦しいものがあり、大変つらい生活を強いられている。
　② 当時の民衆の敵である兵隊、匪賊、役人、地主などによって、ことごとくいじめられた。どのようなことかと言うと、税を厳しく取ったり、ものを盗んだりで、やりたい放題やっていた。
　③ 人間は、子どもから大人になれば、顔つきや体形などは、ある程度変わるものだが、ルントウの場合は、全てにおいて昔の面影が消えている。これは良い意味であればいいのだが、ルントウの場合は昔のよかったものまでスポイルされているような気がしてならない。

ルントウ側からわたし側への反対質問

司会　　　　作戦をやめてください。では、ルントウ側の反対質問に移ります。時間は８分です。

布施（ル）　なぜ「わたし」は知事になって幸福なのに、かわいそうだと思うのですか。

岡（わ）　　必ずしも、知事ということだけで幸せとは限らないのではないですか。

横山（ル）　「わたし」も悲しみや苦しみをたくさん背負っていますが、ルントウに比べればたいしたことはないんじゃないですか。

野崎（わ）　ルントウが不幸なのはルントウだけじゃなくて、その村に住んでいる人がみんな不幸だけど、「わたし」が不幸な気持ちは「わたし」にしかわからないと思うので、そんなことはないと思います。

佐藤（ル）　今、立論で「わたし」は貧乏であると言いましたが、3人もおめ
　　　　　　かけがいるのになぜそういうことが言えるのですか。

岡（わ）　　3人もつけられるというのは、知事の人は3人くらいおめかけが
　　　　　　いないと、その仕事はできなくて、ないお金をがんばって3人に
　　　　　　払って貧乏なんだと思います。

佐藤（ル）　「わたし」の方の参考資料をご覧ください。立論の論点というと
　　　　　　ころに、がらくたを売ってお金をつくらなくてはならないほど貧乏
　　　　　　だからと書いてありますが、「わたし」の方は、がらくたがあるだ
　　　　　　けいいのではないですか。

岡（わ）　　ルントウのところにも、がらくたがないというわけではないので
　　　　　　はないでしょうか。

横山（ル）　青い紙の参考資料をご覧ください。もし、ここで「わたし」がだ
　　　　　　めと言えば、ルントウは品物を選ぶようなことはないと思います。
　　　　　　しかし、選んだということは、「わたし」がルントウは貧しい、か
　　　　　　わいそうと思っていたからなのではないでしょうか。もし、そうな
　　　　　　ると「わたし」よりルントウの方がかわいそうだということになる
　　　　　　のではないでしょうか。

岡（わ）　　では、次の質問をお願いします。

司会　　　　時間です。これから、2分間の作戦タイムに入ります。判定員の
　　　　　　皆さんは判定表に書き込んでください。

〈反対質問②〉

「ディベート・レジュメ用紙」の記述内容－わたし側－

《立論の要旨》

　① わたしが引っ越すので故郷にはもう戻ってこない。

　② P132、7行目に「僕は金持ちじゃないよ。」と書いてあるので、彼
　　は貧乏である。P125、6行目に「家の暮らし向きも楽で、わたしは
　　坊っちゃんでいられた。」と書いてあるが、これは過去形になっているの
　　で、今は金持ちではない。

　③「わたし」は、ルントウとの思い出を大切にしていたのに、ルントウか

ら裏切るようなことを言われたので、「わたし」の方がショックが大きい
のではないか。
④ ヤンおばさんのような貧乏人が「がらくた」というほどなので、わたし
の持っていた物は相当ながらくたである。

わたし側からルントウ側への反対質問

司会　　　　時間です。作戦をやめてください。では、わたし側の反対質問に
　　　　　　移ります。時間は8分です。

富田（わ）　ルントウは、たしかにかわいそうだと思うけれども、村の人もみ
　　　　　　んなかわいそうだし、仲間もいると思いますが、「わたし」は一人
　　　　　　なのでかわいそうだと思います。

佐藤（ル）　仲間がいても同じ貧乏だと周りのことまで気を配る心のゆとりが
　　　　　　ないと思うので一人と同じようなものだと思いますが、どう思いま
　　　　　　すか。

岡（わ）　　ルントウには、子どもがたくさんいるし、そういった子どもたち
　　　　　　にも助けてもらっているので、心の支えがあるのではないですか。

布施（ル）　子どもがたくさんいるからと言って、助けてもらえるとは言えな
　　　　　　いし、反対に、たくさんいるから食費とかが、たくさんかかるので
　　　　　　はないですか。

野崎（わ）　「わたし」も貧乏じゃないですか。

横山（ル）　それは、ルントウは「わたし」よりも子だくさんだし、高い税金
　　　　　　をとられていて少ないお金から出しているので、ルントウの方がか
　　　　　　わいそうだと思います。

富田（わ）　「わたし」はルントウに久しぶりに会ったのに、だんな様と言わ
　　　　　　れてショックを受けたと思うのですが。

佐藤（ル）　それはルントウと「わたし」の身分の差から起きたもので、「わ
　　　　　　たし」がルントウにだんな様と呼ばれるよりもルントウは「わた
　　　　　　し」にだんな様と言う方がいろいろ・・・

岡（わ）　　「わたし」は、ルントウ以上に思い出を大切にしてきたと思うの
　　　　　　で「わたし」の方がショックは大きかったと思います。

横山（ル）　母からルントウの名前を聞いたときに忘れていた子どもの頃の様

子を思い出したので、友達を思う気持ちは忘れていたんだと思います。

高橋（わ）　　ヤンおばさんに「わたし」はいろいろ言われて「わたし」はかわいそうだと思います。

横山（ル）　　そのことは、そのことだけでもかわいそうであって、全体を通すとまだ小さいかわいそうという感じになってしまう。

岡（わ）　　　ヤンおばさんが「わたし」のことを金持ちだと思っているので、村の人たちみんなも「わたし」のことを金持ちだと思っていて「わたし」はまわりから偏見の目で見られているのではないですか。

木下（ル）　　「わたし」から見れば、金持ちではないと思っていても、ヤンおばさんや村の人から見れば、わたしは金持ちに見えるのではないでしょうか。

岡（わ）　　　では、なぜ、「わたし」が持っていたものを貧乏な人ががらくたと言うのでしょう。貧乏な人ががらくたと言うのだから、貧乏人が持っているもの以上にがらくたなのではないでしょうか。

司会　　　　時間です。これから、5分間の作戦タイムに入ります。判定員の皆さんは判定表に書き込んでください。

〈最終弁論〉

わたし側の最終弁論

司会　　　　では、これからわたし側の最終弁論に移ります。時間は2分です。

佐藤（ル）　　やはり、私たちは「わたし」の方がかわいそうだと思います。それは、「わたし」がいつも一緒にいた友人たちと本当は昔のように話したかったと思っていたのだと思います。それなのに、ルントウに「わたし」の期待を裏切るようなことを言われ、悲しみ、思い出のたくさんつまった故郷を離れるとき寂しさがあると思います。

　　　　　　それに対して、ルントウは、心の支えになる家族もいるし、故郷もちゃんとあるので、また生活は楽になると思います。やはり、私たちは「わたし」の方がかわいそうだと思います。これで私たちの最終弁論を終わらせていただきます。ありがとうございました。

司会　　　　ありがとうございました。時間は１分２１秒でした。では、続け
　　　　　　てルントウ側の最終弁論を始めてください。時間は同じく２分です。

ルントウ側の最終弁論

野崎（わ）　やはり、私たちはルントウの方がかわいそうだと思います。「わ
　　　　　　たし」のかわいそうは、ルントウのかわいそうには及ばないと思
　　　　　　うからです。「わたし」の悲惨さは、その時期その時期のことだけ
　　　　　　であって、何年か経てば、忘れられてしまうと思います。それは、
　　　　　　１４０ページの「密かに彼のことを笑った。」というところからで
　　　　　　す。

　　　　　　　それに比べて、ルントウは永遠に忘れることのできない普通の生
　　　　　　活の中で、その悲しみを繰り返すからです。「わたし」は異郷の地
　　　　　　に行って忘れることができるかもしれないけれど、ルントウはずっ
　　　　　　とこのまま暮らさなければならないからです。

　　　　　　　これで、ルントウ側の最終弁論を終わらせていただきます。あり
　　　　　　がとうございました。

司会　　　　ありがとうございました。時間は１分１秒でした。それでは、判
　　　　　　定表に記入してください。討論に参加したチームもそれぞれ書いて
　　　　　　ください。

判定と講評

司会　　　　それでは判定に移ります。「わたし」側の方が優れていたと思う
　　　　　　判定員は手を挙げてください。２０名です。

　　　　　　　次に、ルントウ側が優れていたと思う判定員は手を挙げてくださ
　　　　　　い。６名です。最後に先生に講評をお願いします。

高澤　　　　今回の論題のポイントは、２つあると思います。１つめは、だ
　　　　　　んなさまのところですね。教科書を見てください。「だんなさ
　　　　　　ま！・・・」となっています。だんなさまと言われた「わたし」の
　　　　　　方がかわいそうなのか、だんなさまと言うしかなかったルントウの
　　　　　　方がかわいそうなのか。これが、１点めのポイントです。

　　　　　　　２点めは、この問題を簡単にしてみると、「わたし」はある程度

お金もあるし、物もあるけれども、貧しい。何が貧しいのか。心が貧しい。「わたし」は心、ルントウはというと物がない。食べ物、品物という物がない貧しさ、どちらがかわいそうか、ですね。これが、２つめのポイントだと今回のディベートを聞いて思いました。

ルントウに手紙を書こう
〜ディベート後の生徒の考えを手紙形式でまとめる〜

　お元気ですか。私は、こちらに来てから、いろいろありましたが、まあまあ元気にやっています。シュイションは元気ですか。ホンルがとても会いたがっています。

　ところで、昔のことをあなたは覚えていますか。あの頃は私も何も知らずにホンルとシュイションのように無邪気に遊んでいましたね。私はあの時が永遠に続けばいいと思っていました。しかし、やはり永遠というものはないのですね。あなたも私も変わってしまったのですね。

　私はあの時、あなたと話したいことがたくさんありました。しかし、それが言葉になりませんでした。どうしてなのか私にはわかりませんでした。

　でも、今ならわかります。ホンルとシュイションには、私たちのようになってしまわないように願っております。

　もし今度、生まれかわることができたら、私たちはきっととても仲良しになるでしょう。その時は、互いに隔絶することのないようにしたいものですね。

　また、いつかお会いしましょう。さようなら。　　永遠の友　ルントウへ

　やあ、ルントウ、久しぶりだね。

　故郷の生活はどうだい？わたしの方は引っ越したから・・・。

　そっちに比べると便利なんだけど、人々との交流にまだなじめなくて、すぐに故郷のことを思い出しちゃうんだよな。昔のようにルントウと仲良くしたいな。だけど、この前、帰郷したとき、「だんな様！・・・」って言われたのはショックだったな。何十年経ったって、ルントウはルントウで、わたしはわたしで、昔のままなのに。あんな他人行儀でさ・・・。今

度からは、ちゃんと昔みたいに「シュンちゃん」って呼んでくれよ。

　話は変わるけど、シュイションとホンルが約束したみたいなんだ。今度帰郷したら、シュイションの家へ遊びに行くって。故郷がないのに帰郷するってなんか変な話だけど、二人にはいつまでもいい友達でいてほしいなって思うんだ。

　やあ、ルンちゃん。久しぶりだね。わたしは、今日この地へ着きました。引っ越しの船の上でルンちゃんとわたしの小さかった頃を思い出していました。楽しかったあの頃と比べると、無くしたものもたくさんあるようなそんな気がしてきます。

　ルンちゃん、多分、今の生活苦が続くと思いますが、頑張ってください。ホンルもシュイションに会いたがっています。わたしとルンちゃん、シュイションとホンル。同じような年齢という関係である今のあの二人に、わたしのような人生をたどってほしくないと願うのが、わたしの思いです。戻らない過去を捨てて、まず今は生きます。

　ルンちゃん、貧しさに動じないでください。また、きっと会おうね。ルンちゃん。

4　「灰の山に碗や皿をかくしたのは誰か」

〈立論〉

わたし側の立論

司会　　　それではルールに従って第4回ディベート討論会を始めます。最初に「わたし」側の立論を始めてください。時間は2分です。

佐藤（わ）　私たちが、灰の山に碗や皿を埋めておいたのは「わたし」だと主張する根拠は2つあります。その第1は、ルントウが親友だということ。第2は、ルントウが灰を欲しいと言ったことです。

　　　　　　まず、第1の根拠についてご説明します。「わたし」は久しぶりに故郷に帰ってきました。それは、単なる帰郷ではなく、異郷の地へ引っ越すためでした。その帰郷によって、少年時代の親友、そ

116

して現在の心の友であるルントウと２０年ぶりに会ったのに、も
う二度と会えなくなるかもしれないという思いから、できるだけの
ことをルントウにしてあげたいと思ったのです。その思いやりの心
が、碗や皿を灰に埋める行動へと導いたのです。他の人が埋めたと
考えるとどうでしょう。ヤンおばさんはどうでしょう。本当に碗や
皿を灰の山に埋めるなど危険な行動は起こさず、見つけたときその
まま持って帰ったのではないでしょうか。ルントウはどうでしょ
う。碗や皿は、「わたし」の所持品です。いくら、ルントウの生活
が貧しいからといって少年時代の所持品を盗むようなことはしませ
ん。シュイションとホンルはどうでしょう。シュイションとホンル
はまだ１０歳そこそこです。灰の山に碗や皿をかくして持っていこ
うなどという高度な考えなど思いつくはずがありません。

　　　第２の根拠は、第１の根拠と同じようなことなので省略します。
詳しくは、資料をご覧ください。以上の内容をもって、私たちの立
論とさせていただきます。ありがとうございました。

司会　　　ありがとうございました。時間は１分５３秒でした。では続いて、
ルントウ側の立論を始めてください。時間は２分です。

ルントウ側の立論

今井（ル）　　私たちが、ルントウが碗や皿を灰の中に埋めたと主張する根拠は
２つあります。その第１は、生活が苦しいということで、第２は、
一人で台所に入ったことがあるということです。

　　　まず、第１の根拠についてご説明します。教科書からわかるよう
に、ルントウは漁業や農業を営んで生計を立てていますが、それを
売ると元が切れ、売らないと腐るばかりなので、この機会を利用し
て碗や皿を盗み、それを売って、少しでもお金が入るようにルント
ウはするでしょう。もし、これを、シュイションとホンルの立場で
考えたらどうでしょう。ルントウは子どもだった頃、大人たちの事
情を知らず「わたし」と仲良くしていました。それと同じに、シュ
イションとホンルも大人たちの事情は、よく知らないのではないか
という問題が生じてしまいます。このことから、ヤンおばさんと

「わたし」は犯人ではないことがわかります。

　次に、第2の根拠についてご説明します。137ページからわかるように、ルントウは一人で台所に行く機会があったため、誰にも見られず碗や皿を灰の中にかくすチャンスがあったはずです。もし、これを、ヤンおばさんの立場で考えるとどうなるでしょう。たとえ台所に入る機会があったとしても性格上、かくさないで持っていくのではないでしょうか。次に、シュイションとホンルの立場で考えると、子どもは普通、台所では遊ばないので入る機会があったとしても入らないと思います。また、「わたし」の立場で考えるとどうでしょう。台所に入る機会はたくさんありましたが、137ページに「持って行かぬ物はみんなくれてやろう。」と書いてあり、そのあとで、「わたし」は特に何も言っていないことから、納得していることがわかります。それなのに、わざわざ灰の中にかくしたりしません。

　以上の内容をもって、わたしたちの立論とさせていただきます。ありがとうございました。

ヤンおばさん側の立論

司会　　　では続けてヤンおばさん側の立論を始めてください。時間は2分です。

水梨（ヤ）　これから私たちの立論を始めます。私たちが灰の山に碗や皿をかくしたのはヤンおばさんだと主張する根拠は2つあります。その第1は、一番最初に見つけたのがヤンおばさんだということです。第2は金持ちだった「わたし」から碗や皿をもらってもいいと思っていて灰の山にかくすことにしたのです。

　まず第1の根拠について説明します。ヤンおばさんは、最初から碗や皿を持ち出そうと計画していて、毎日、引っ越しの手伝いにきて、他の人に自分が持ち出したことを気付かれないようにしたのだと思います。

　次に、第2の根拠について説明します。ヤンおばさんは昔、自分のおかげで豆腐屋が繁盛していたので、今になって貧しいと思われ

るのが嫌だったのではないかと思われます。そして、あとから他の人に見つからないようにヤンおばさんが盗っていったのだと思います。でも、結局見つかってしまったので、教科書の中では、自分でかくしておいたのを知られるのが嫌だったので、ルントウがかくしたような話にもっていったことが考えられるのです。

　　　　　以上の内容をもって、私たちの立論とさせていただきます。ありがとうございました。

司会　　　ありがとうございました。時間は１分１８秒でした。では続けて、シュイションとホンル側の立論を始めてください。時間は同じく２分です。

シュイションとホンル側の立論

藪内（シ）　　私たちがシュイションとホンルが灰の中に碗や皿を埋めておいたと考える根拠は２つあります。その第１は、父親を喜ばせてやりたかったからだと思います。第２は、教科書の１３７ページの１３行目で「シュイションを連れずに」とあるからです。

　　　　　まず、第１の根拠についてご説明します。ルントウの家は貧乏で、子どもがたくさんで凶作で、重い税金で、兵隊、匪賊、役人、地主などによる精神的苦痛により、でくのぼうみたいな人間になってしまいました。それを見て、シュイションは父親に少しでも喜んでもらおうとして、碗や皿をかくしたのだと思います。子どもという立場を利用したかはわかりませんが、碗や皿を灰の中に埋めたのです。これをヤンおばさんが埋めたとしたらどうでしょう。まず、なぜ埋める必要があるのでしょうか。それに、もし埋めたのがヤンおばさんだとわかったら、村の人々から変な目で見られ、豆腐屋に誰も来なくなってしまって、破産してしまうでしょう。

　　　　　次に、第２の根拠についてご説明します。なぜ、シュイションは来なかったのか、それは、灰の中にかくしたまではいいのですが、後のことを考えると罪悪感が自分の心の中にうごめき、何だかみんなにあわせる顔がないと考えたからです。

　　　　　以上の内容をもって私たちの立論とさせていただきます。ありが

とうございました。

司会　　　　ありがとうございました。時間は１分３８秒でした。では、これから２分間の作戦タイムに入ります。

〈反対質問①〉

各チームの反対質問

司会　　　　作戦をやめてください。では、各チームの反対質問に移ります。時間は１５分です。

歌川（わ）　ルントウ側に質問します。教科書１３７ページに、「午後彼は品物を運び出した。長テーブル２こ、椅子４脚、香炉と燭台一組、大秤一本、その他、わら、灰もみんなほしい、といった。」と書いてあります。わらや灰もみんなほしいと書いてあるので、このような皿１０個ほどだったら、言えばもらえると思うのですが、どうでしょうか。

渡邉（ル）　答えられません。

國分（シ）　ヤンおばさん側に質問します。ヤンおばさんが埋めたのなら毎日来ているので真っ先に疑われたと思います。それでも疑われなかったのは、ヤンおばさんがそれまで灰の方に近づいたことがなかったからだと思うのですが、どうでしょうか。

西條（ヤ）　ヤンおばさんは、誰もいないときに、こっそり来て埋めたと思うのです。

菅野（わ）　シュイションとホンル側に質問します。１０歳そこそこの２人の真の関係も知らない少年が、このような知能的なことをするとは思えませんがどうですか。

國分（シ）　シュイションはただ、親のルントウのためを思って埋めたのだと思います。それに、周りの人から見られても、ただ子どもが遊んでいるとしか見られないかもしれないし、それに、この頃の子どもは今の子どもよりもしっかりしているので、このようなことができたのだと思います。

藪内（シ）　さっきヤンおばさん側から言われたんですけど、もし、こっそり

　　　　　碗や皿をかくしに来たのだったら、かくさずに持っていけばよかっ
　　　　　たのではないのですか。

水梨（ヤ）　ヤンおばさんは昔、豆腐屋が繁盛していたので、今でもそのプラ
　　　　　イドがあるので、みんなから貧しいと思われるのが嫌だったんだと
　　　　　思います。

齋藤（わ）　ヤンおばさんに質問なんですけど、そういう計画を立てていたん
　　　　　なら、わざわざ高い靴のような走りにくい、逃げにくい靴は履いて
　　　　　こないと思うのですがどうですか。

白坂（ヤ）　それは、いつも履いている靴だから違うと思います。それが、中
　　　　　国では普段の靴だと思います。

　　　　　　シュイションとホンル側に質問します。さっき、しっかりした子
　　　　　どもだと言ったのですが、しっかりした子どもならば罪になるよう
　　　　　なことはしなかったと思います。

國分（シ）　それでもあえてした、というのは、やっぱり貧乏だったからだと
　　　　　思います。ルントウの話にも出てくるように、ルントウ一家はかな
　　　　　りの貧乏でその苦しさは息子のシュイションにも伝わっていたと思
　　　　　います。だから、あえてそういう罪になることをしたと思います。

歌川（わ）　それでは悪がきなんじゃないですか。

國分（シ）　それは、やっぱり親を思う親孝行な息子だと思います。

歌川（わ）　盗みをして、親が喜ぶと思いますか。

國分（シ）　やっぱり親は喜ぶと思います。ルントウは少し卑屈になっている
　　　　　ので、そういうことでも許してしまうのではないでしょうか。

歌川（わ）　ルントウは喜ぶと言いましたが、それは、まちがいだと思います。
　　　　　それは、いくらでくのぼうみたいな人間だとしても、昔の親友だっ
　　　　　た「わたし」の家から自分の子どもが幼いときにそういうことをし
　　　　　たということは、でくのぼうみたいなルントウでも、それは心にず
　　　　　しんと重みがくるものだと思いますがどうですか。

國分（シ）　シュイションは、「わたし」とルントウが親友だったということ
　　　　　は何も知らず、「わたし」はうさんくさいおじさんに見えたのかも
　　　　　しれません。そのおじさんから、碗や皿を１０個あまり盗んでもた
　　　　　いした罪にはならないと思ったのではないでしょうか。

歌川（わ）　ぼくが言ったのは、シュイションとホンルが罪を思うのではなくて、ルントウがそのことを思って、そのあとに怒ると思うので、そのことは十分予想できたと思いますが、どうですか。

國分（シ）　そのわけは、あとでシュイションを連れてこなかったことでわかると思います。やっぱり、ルントウはあんまり申し訳ないので、「わたし」の前にシュイションを連れてこなかったのだと思います。

〈反対質問②〉

各チームの反対質問

今井（ル）　シュイションとホンルに質問します。シュイションとホンルは、まだ子どもで「わたし」の家は裕福だということはわからないと思います。それで、もし「わたし」のところもルントウと同じ貧乏だと子どもたちが考えたとするなら、いろいろなものをルントウにくれて、碗や皿は小さな物なので新しい家に運べる物だと思って、そういうものを盗むようなことはしないと思います。

國分（シ）　意味がわかりませんので、もう一回言ってください。

今井（ル）　シュイションとホンルは、「わたし」の家が裕福だということはわからないと思います。

國分（シ）　いくらシュイションが子どもだといっても、引っ越しするときの荷物の多さなどで裕福だということはわかると思います。

歌川（わ）　荷物の多さだけが裕福かどうかを決める決め手にはならないと思います。それに、「わたし」の家はぼろぼろなので、外見からすれば貧乏だと一目瞭然だと思いますがどうですか。

國分（シ）　ホンルからおじさんは知事様なんだよ、と言われていたかもしれないし、知事と言えばやっぱりえらいので、金持ちだとシュイションは思ったのではないでしょうか。

今井（ル）　ヤンおばさん側に質問をするのですが、自分が貧乏人だということを知られたくなくて盗んだと言っていますが、実際に教科書の中でヤンおばさんは自分のことを貧乏人だと言っているんですがどうですか。

西條（ヤ）　　もう一度言ってください。

今井（ル）　　ヤンおばさん側で自分が貧乏人だということを知られたくなかっ
　　　　　　　たから、灰の中に埋めて碗や皿を盗んだと言ったのですが、教科書
　　　　　　　ではヤンおばさんは自分のことを貧乏人と言っているのですが、そ
　　　　　　　れはどうですか。

石澤（わ）　　ルントウ側に質問します。少年時代親友だった人のものを盗むこ
　　　　　　　とができるのですか。

渡邉（ル）　　教科書でルントウは「わたし」のことをだんな様と言っているの
　　　　　　　で、親友とかそういう考えはないと思います。

半沢（ヤ）　　わたし側に質問します。どうせ、ルントウにプレゼントするのな
　　　　　　　ら、手渡した方がルントウもうれしいのではないでしょうか。

歌川（わ）　　「わたし」とルントウの関係は、昔とは違って話すことさえまま
　　　　　　　ならない関係となっているので、このように引っ越すとルントウと
　　　　　　　は再会する機会もないので、最後に思いやりとしてルントウに手渡
　　　　　　　しではなく何気なく埋めておいたのだと思います。

司会　　　　　時間です。これから３分間の作戦タイムに入ります。判定員の皆
　　　　　　　さんは判定表に書き込んでください。

〈最終弁論〉

各チームの最終弁論

司会　　　　　ではこれから、シュイションとホンルの最終弁論に入ります。時
　　　　　　　間は１分です。

國分（シ）　　まず、わたし側の主張についてですが、思いやりなら直接渡した
　　　　　　　方がルントウも素直に受け取れると思います。それをわざわざ灰の
　　　　　　　中に埋めたりしたのだったら、やっぱりシュイションが埋めたと勘
　　　　　　　違いして、シュイションを怒ってしまうのではないでしょうか。

　　　　　　　　ルントウ側の意見についてですが、品物を選び出すときに碗や皿
　　　　　　　も希望すればよかったと思います。

　　　　　　　　ヤンおばさんについてですが、手袋やいぬじらしをすぐ持って
　　　　　　　いってしまうような人が碗や皿を灰に埋めておくようなめんどうく

さいことはしないと思います。

　したがって、シュイションやホンルが一番不自然ではないと思います。シュイションやホンルには、灰の中に碗や皿を埋めておく機会もあり、一日しかいなかったので疑われることもなかったと思います。ですから、子どもながら一応悪事ですが、そういうことにも踏み出したと思います。これで、シュイションとホンル側の最終弁論を終わります。

司会　　　ありがとうございました。時間は１分２９秒でした。では、続けてヤンおばさん側の最終弁論に移りたいと思います。時間は同じく１分です。

西條（ヤ）　これから、ヤンおばさん側の最終弁論を始めます。私たちが、灰の山の中に、ヤンおばさんが碗や皿を埋めたと主張する理由は、立論で述べたこととヤンおばさんは碗や皿を掘り出したのに、いぬじらしだけをもって走り去っていったのは、その場に長くいると自分が埋めたと気付かれるのが嫌だったからです。

　ヤンおばさんは貧乏だけど、それなりに一応プライドはあるので、他の人の前ではとらなかっただけのことだと思います。だから、だれもいないところで碗や皿をとったのではないでしょうか。以上の内容をもってヤンおばさん側の最終弁論を終わります。

司会　　　ありがとうございました。時間は４５秒でした。では、続けてルントウ側の最終弁論を始めてください。時間は同じく１分です。

今井（ル）　さっき言った立論にもあるように、ルントウは漁業や農業を営んで生活を支えていますが、それを売ると元が切れ、売らないと腐るばかりなので、この機会を利用して碗や皿を売って、少しでもお金が入るようにしたかったのだと思います。

　もう一つの、一人で台所に行く機会があったため、誰にも見られず碗や皿を灰の中に隠すチャンスがあったことの２つで、ルントウが犯人だと僕たちは思います。ありがとうございました。

司会　　　ありがとうございました。時間は４７秒でした。では、続けてわたし側の最終弁論を始めてください。時間は同じく１分です。

石澤（わ）　これからわたし側の最終弁論を始めます。まず、「わたし」がやっ

た動機として考えられるのは、ルントウが親友だったということです。親友に対する最後の思いやりとして、この行動に出たと思います。

　そして、シュイションとホンルですが、シュイションとホンルがやったと考えるならば、考えることはできますが、まず、大部分の考えとしては、まだ幼い子がそんな知能的なことをするとは思えません。

　ヤンおばさんですが、この教科書から読み取れるヤンおばさんとしては、図々しいとか嫌らしいとか、そういうように読み取れると思います。灰で隠すようなめんどうくさいことはしないで、そのまますぐ家に持って帰ってしまうと思います。

　続いてルントウですが、ルントウはいくら今ではでくのぼうのような人間になったとしても昔の親友である「わたし」のことは忘れていないし、「わたし」に対して、そのようなことはできないと思います。以上を持ちまして、私たちの最終弁論とさせていただきます。ありがとうございました。

司会　　ありがとうございました。時間は１分３２秒でした。それでは、判定表に記入してください。討論に参加した各チームも、それぞれ書いてください。

ディベート後に個人で作成した意見文

　わたしは、ヤンおばさんが一番あやしいと思う。そのわけは２つある。一つは、ヤンおばさんが第一発見者だということである。そして、もう一つは、金持ちの「わたし」から物をもらってもかまわないと考えていたことである。本当は、だれにも見つからずにやろうとしたのだけれども、見つかってしまったので、他の人に罪をなすりつけようと考えたのではないか。

　灰の山に隠したのは「わたし」である。なぜなら、ルントウは「わたし」にとって親友だからである。ルントウにできるかぎりのことをして

やりたいという思いやりの心が彼を動かしたのである。「わたし」とルントウは、身分は違っても少年時代の親友であり、現在の心の友なのである。友が困っていれば助けてやりたいと思うのが当然である。

犯人はルントウであると考えます。まさかルントウが、そこまではしないだろうと思われがちですが、ルントウをこのような行動に走らせてしまう当時の中国の様子がよくわかります。世の中が、人の心まで変えてしまうことを、この作品は描いているのだと思います。その象徴が、ルントウでありヤンおばさんであり、「わたし」とルントウとの関係の変化なのだと思います。

「わたし」がもし、碗や皿をルントウにあげるために、灰に埋めたと考えたとしても、わざわざ灰に埋めないで、手で直接渡せばいいことだから、やらないと思う。そうすれば、昔のように話すチャンスができるかもしれない。

誰にでも可能性はあるが、決め手はない。ヤンおばさんが一番あやしいが、他の人かもしれないという思いは拭い去れない。この件、すなわち灰の中の碗や皿のことが描かれているのは、当時の中国の社会情勢を色濃く映し出す役目を果たしているのではないか。

5　「故郷は変わったのか」

〈立論〉

「変わった」側の立論　　　　　　　　　（変）変わった側　（不）変わらない側

司会　　　　それでは、ルールに従って第4回ディベート討論会を始めます。最初に変わった側の立論を始めてください。時間は3分です。

菅野（変）　これから、僕たち変わった側の立論を述べさせていただきます。私たちが故郷が変わったと主張する根拠は3つあります。

　　　　　　まず第1に、故郷の雰囲気が変わったということ。第2に、実際に故郷に住む人々やマイホームの変化などが見受けられるということ。第3に、戦争や皇帝などの専制君主制による政治の悪化によって生活が圧迫されたことです。

　　　　　　では、内容を説明させていただきます。

　　　　　　第1の根拠については、第3の根拠と重なるところもあると思います。では第1の根拠ですが、1911年辛亥革命により、皇帝の国民生活を圧迫した政治を倒し、希望が出てきます。しかし、その後の苦しい生活から感じる絶望感。今、故郷の人々は、そんな希望と絶望という矛盾の中で生活しており、「わたし」が生活していた頃とは、雰囲気がまるで違うものだと私たちは考えます。

　　　　　　次に、まず第3の根拠について述べさせていただきます。みなさんも、ご存じの通り、中国は日清戦争において多額の賠償金を支払うことになりました。それによって、政治はさらに圧迫したものになり、それを倒すために1911年に辛亥革命が起きたのです。だから、中国は日清戦争から辛亥革命の間に国力を使い果たす、つまり、貧乏になっていくのです。これが、第1の根拠の苦しい生活になる理由であり、歴史的に見て変化があったという根拠です。

　　　　　　最後に、第2の根拠ですが、123ページ10行目にもあるように、我が家の変化です。さらに、ルントウやヤンおばさんの変化などが見られます。このような実際の変化からも、第3の根拠で説明しました貧乏になっていったということがわかるのではないでしょ

うか。

　　　　では、この３つを変わった側の根拠とし、立論を終わりにさせて
　　　いただきます。ありがとうございました。

司会　　　ありがとうございました。時間は２分２０秒でした。では、次に、
　　　変わらない側の立論を始めてください。時間は同じく３分です。

「変わらない」側の立論　　　　　　　　（変）変わった側　（不）変わらない側

笹本（不）　これから、私たちの立論を述べさせていただきます。

　　　　私たちが、「故郷は変わっていない」ことを主張する根拠は２つ
　　　あります。その第１は、「わたしの心境がかわっただけ」ということ。
　　　第２は１２４ページ１４行目と１４０ページ１５行目に「紺碧
　　　の空」「金色の丸い月」など同じ光景が象徴的に述べられているか
　　　らです。

　　　　まず、第１の根拠についてご説明します。１９１９年、魯迅は帰
　　　郷して北京へ引っ越しをしました。この頃、中国では孫文による辛
　　　亥革命が起こり、共和制がしかれました。そして、魯迅は文部省の
　　　役人になりましたが、この制度に反動的な北京政府が、賛成派の
　　　人々を力づくで押さえつけました。

　　　　そんな中で魯迅は、その難を逃れるために転々と住居を変えたの
　　　です。この話では、魯迅と「わたし」は別人だと言われていますが、
　　　この場面はどちらも家を離れるということなのですから、ここでは、
　　　魯迅と「わたし」は同一人物とまではいかなくても、とてもよく似
　　　た人物になると思います。

　　　　このような苦しい弾圧の中で「わたし」は故郷へ別れを告げにき
　　　たのですから、故郷が変わったように見えたのもわかるような気が
　　　します。しかし、変わったように見えたのであって、決して変わっ
　　　たわけではないと思います。

　　　　そこで、第２の根拠が出てくるわけです。１２４ページ１４行目
　　　に、「紺碧の空に、金色の丸い月が懸かっている。その下は海辺の
　　　砂地で、見渡すかぎり緑のすいかが植わっている。」と書いてあり
　　　ます。そして、１４０ページ１５行目にも「海辺の広い緑が浮かん

128

でくる。その上の紺碧の空には、金色の丸い月が懸かっている。」と同じ光景が述べられているのです。

　このことからも、故郷は変わっていないことがわかると思います。また、「わたし」が帰郷したときは、建物やその場の雰囲気で、確かに故郷は変わったと感じたでしょう。

　しかし、ルントウやヤンおばさんに会い、「わたし」は昔の故郷を思い出したのです。思い出してみたところ、やはり、故郷は変わっていないと感じたから、２０年前と同じ光景を象徴的に述べたのではないでしょうか。

　もし、故郷が変わっていたら、昔の故郷を思い出しても、このように同じ光景を述べることはできないと思います。

　以上の内容をもって、私たちの立論とさせていただきます。ありがとうございました。

司会　　　ありがとうございました。時間は２分４２秒でした。では、続けて、これから２分間の作戦タイムに入ります。変わった側、変わらない側、それぞれ作戦を開始してください。判定員の皆さんは、判定表の立論の欄に５点満点で点数をつけてください。

〈反対質問〉

「変わらない」側から「変わった」側への反対質問（１）

司会　　　作戦をやめてください。では、変わらない側の反対質問を始めます。時間は８分です。

　　　　　　　　　　　　　　　　　（変）変わった側　（不）変わらない側

渋谷（不）　１２２ページの１１行目に、「その美しさを思い浮かべ、その様子を言葉に表そうとするとその影はかき消され言葉を失われてしまう。」と書いてありますが、故郷が変わったのなら言葉になって出てくるのではないでしょうか。

岩佐（変）　僕たちが考えたのは、この場合はあくまでも自分がもっていた故郷と今の故郷があまりにも違うからです。その差から、言葉にもできなかったと考えました。

矢崎（不）　次の質問に移ります。１２３ページの２行目に、「もともと故郷はこんなふうなのだ。進歩もないかわりに私が感じるような寂寥もありはしない。そう感じるのは自分の心境が変わっただけだ。」というのは、事実上、故郷そのものは変わっていないということではないでしょうか。

高橋（変）　「こう自分に言い聞かせ」とありますが、これは自分の中で少しでも変わったことがあるから言い聞かせる必要があって、最初から変わっていないと思えるのであれば、言い聞かせる必要はないのではないでしょうか。

石部（不）　変わってないと自分に言い聞かせたのは、故郷が変わったと思ったのは自分の心境が変わっただけだと自分で気付いたから、その自分の勘違いを自分で認めたから言ったと考えられるのではないでしょうか。

岩佐（変）　それならば、本当に変わったことを自分の心境が変わったということだけでおさめてしまいたいという考えがあったから、自分の心境が変わっただけだと自分に言い聞かせたのだと思います。

矢崎（不）　次の質問に移ります。もしも、あなたが「わたし」だとして２０年も故郷を離れていて、その故郷を片時も忘れずにその記憶イコール美しく懐かしい故郷の姿としてとらえていただけだと、灰色の冬の故郷とはイメージがかけ離れていると思い込んで、本当は変わっていないのに変わったととらえてしまうのではないでしょうか。

菅野（変）　「わたし」は冬の頃に住んでいたこともあるので、そのぐらいならわかると思います。

石部（不）　昔「わたし」が住んでいた頃は、ルントウとの美しい思い出が頭にあったから冬のときも楽しく思えたかもしれないけど、長い年月が経ってルントウが変わってしまって「わたし」も冬の故郷が暗く見えてしまったのではないでしょうか。

「変わらない」側から「変わった」側への反対質問（２）

黒須（変）　今、ルントウが変わった、と言ったのですが、ルントウが変わったのならそれも故郷が変わったという根拠の一つに挙げられるので

はないでしょうか。

矢崎（不）　ルントウが変わっただけで、故郷全体が変わったといえるのでしょうか。

高橋（変）　村に人々が住んでいて、人々が変わるからこそ村が変わるのであって、人が住まないのであれば、村は変わらないのではないでしょうか。

矢崎（不）　でも、この教科書のどこにも、村人全員が変わったとは書いていないのですがどうですか。

岩佐（変）　もし、ルントウ一人だけがいてルントウ一人だけが住んでいて、ルントウが変わるということはないと思います。村自体が変わってしまって、その影響でルントウが変わってしまったと思えば村人全体、つまり、村が変わったということになって故郷が変わったと言えると思います。

石部（不）　ルントウが変わったのは、昔は小さかったから無邪気なだけで、本当は昔からこういうふうになっていたのだけれども、ルントウが大人になったから変わったのではないですか。

高橋（変）　大人になったから変わったんだから、時が経てば変わるということじゃないでしょうか。

石部（不）　人間は誰でも時が経てば変わるのだから、その変わったのが入れ代わっただけではないのですか。

菅野（変）　１２７ページには、のどが渇いてすいかを盗ったって、そんなのは泥棒じゃないと、ルントウは言い切っていましたが、今、子どもがたくさんいて苦しい状態で生活しているのなら、今だったらこんなことは言えないと思うので、とっても貧乏になったんじゃないかなと思います。

笹本（不）　次の質問に移らせていただきます。紺碧色の空の金色の月が今も昔も存在するのなら、故郷は今でも変わっていないのではないでしょうか。美しい故郷の光景は故郷の様子を象徴的に述べているのではないでしょうか。

黒須（変）　変わってない側チームの資料１をご覧ください。資料１のわきに、同じ光景と書いてあるんですが、これは皆さんも授業でやったよう

に、１２４ページの「緑のすいかが植わっている」のそのあとに、すいかがあるとかチャーがいるとか１４０ページの方とは違うことが書いてあるんですけど、これの解釈はどうなんですか。

石部（不）　ここでは、チャーとかいうことは書いてなくて、光景だと書いてあって、目線が違うのは後の方の「わたし」が・・・

司会　　　時間です。これから２分間の作戦タイムに入ります。判定員の皆さんは判定表に記入してください。

「変わった」側から「変わらない」側への反対質問（１）

司会　　　作戦をやめてください。では、変わった側の反対質問に入ります。時間は８分です。

菅野（変）　わたしたちが立論で述べたとおり、歴史的にも変化したことを証明しましたが、それでも変わっていないと言えるのはなぜですか。

矢崎（不）　それを言われてみれば、確かに２０年も年月が経ったら、建物も新しく建ったり、時代背景も変わったりして、ちょっとやそっと、その様子は変わったかもしれないけど、今、私たちが主張していることは、そういう変化についてではなくて故郷の記憶にかかわる「わたし」の心境的変化についてなのですが。

岩佐（変）　その心境の変化っていうのは、ぼくたちも精神的な変化というので言っています。精神的な変化では故郷の雰囲気が変わったと言っています。実際の変化も変わっていますが、故郷の雰囲気も変わりましたが、それでも変わっていないと言えますか。

矢崎（不）　もうちょっと、かみくだいて説明してください。

岩佐（変）　故郷の人々の変化があります。ルントウの心境の変化、ヤンおばさんの心境の変化、自分の心境の変化、故郷の自分が思っている昔と今の違いを全部あわせて故郷が変わったということになると思います。

石部（不）　あまりわからないので、次の質問に移ってください。

高橋（変）　さっき、矢崎さんが故郷の変化で問題にしているのは「わたし」の心境の変化だと言いましたが、１２３ページに書いてあるように自分の心境は変わったと書いてあるのですが。

矢崎（不）　だから、変わったっていうのは心境の変化だけで、事実上故郷そのものは変わっていないっていうことです。

菅野（変）　わたしたちは、精神的な変化イコール故郷は変わったと考えています。

石部（不）　ここの教科書に載っている少しの人の心境の変化だけで、こんなに故郷が変わったと言えるのでしょうか。

高橋（変）　少数の人でも人が変わるには、それなりの影響があるし、それなりの影響がなければ人は変わらないのだから、周りが変わるからこそ、その人が変わるのではないでしょうか。

石部（不）　時々自分の精神がおかしくなって自分一人で変わる人がいるので、一人でも十分変われると思います。

岩佐（変）　ぼくたちは、精神的な変化のほかに、実際に変わったというのを挙げています。自分の家の様子やほかに故郷が歴史的に変わってしまったというのも第3の論点でちゃんと挙げています。ということは、実際の変化も故郷にはあったと思います。そこから考えてみれば、その影響から人々の心が変わったとも言えると思うのですがどうですか。

渋谷（不）　２０年も経っているのですから、建物やなんかは新しく建ったりすると思います。

「変わった」側から「変わらない」側への反対質問（２）

黒須（変）　では、ほかの質問に移らせていただきます。１３９ページをご覧ください。１３９ページの１０行目に「だが、名残惜しい気はしない。」と書いてありますが、もし、変わっていれば名残惜しい気はしないと思うのですがどう思いますか。

矢崎（不）　もう一回質問してください。

岩佐（変）　それでは他の質問にいきます。故郷は変わらなかったチームの参考資料を見てください。ここで、資料では同じ光景と書いてありますが、ここではぼくたちは、その他に学習でも習ったとおりに、ルントウがいない、視点の違いなどがあります。それでも、同じ光景で故郷は変わっていないと言えますか。

石部（不）　目線が違うのは、後のほうの「わたし」が故郷をあとにするとき
　　　　　　だったので、気持ちが沈んでいたから初めに地面の方が見えてし
　　　　　　まって、後からルントウのことを思い出しながら、上を見たから目
　　　　　　線が違ったのではないですか。

高橋（変）　なぜ気持ちが沈むんですか。

岩佐（変）　そちらの方はいいですが、ルントウやすいか、チャーなどがいな
　　　　　　くなったことについては、これは実際の変化ですが、故郷の変化の
　　　　　　うちに入らないのですか。

矢崎（不）　私たちの資料には、そういうことは書いていないのですが。

黒須（変）　教科書には書いてあります。

石部（不）　それが、後からのほうに書いてないのは、ルントウと「わたし」
　　　　　　が小さい頃遊んだ思い出だからであって、今回故郷に帰ってきたと
　　　　　　きは、ルントウと遊ばなかったからそのような光景が出てこなかっ
　　　　　　たのではないですか。

高橋（変）　遊ばないほどの年齢に変化したからではないでしょうか。

矢崎（不）　２０年経っても１２才の人が１２才のままじゃないのでそれは変
　　　　　　わると思いますが、そういう事実上の変化っていうのは私たちは、
　　　　　　あまり取り上げていないのですが。

司会　　　　時間です。これから５分間の作戦タイムに入ります。判定員の皆
　　　　　　さんは判定表に書き込んでください。その後、変わらない側、変
　　　　　　わった側の順番で最終弁論に移ります。

〈最終弁論〉

「変わらない」側の最終弁論

司会　　　では、これから変わらない側の最終弁論に入ります。時間は３分です。

　　これから、私たちの最終弁論を始めます。私たちは故郷は変わっていな
　いと思います。でも、「わたし」とルントウが変わってしまったのは事実
　だと思います。しかし、ホンルとシュイションは昔のルントウと「わた
　し」のように無邪気に遊んでいたのです。これは、やっぱり故郷は変わっ

ていないのだけれど、「わたし」とルントウは身分や境遇のせいで、厚い壁によって引き裂かれて、このようになってしまったということだと思います。故郷は変わっていないのに、わずかな身分や境遇の違いによって変わってしまった自分たちの二の舞になることのないように「わたし」は、ホンルとシュイションに自分の希望を託したのだと思います。

　「わたし」とルントウもまるっきり変わってしまったわけではないと思います。「わたし」は昔のルントウの思い出を今まで大切にしておいて、かわいそうなルントウ、変わってしまったルントウのために何かしてあげたいという優しい無邪気な気持ちが残っていました。

　ルントウは昔、兄弟のようだった仲のよい友達の引っ越しを朝早くから来て、自分の娘も連れて話をする暇もないほど一生懸命手伝ってくれたのです。自分のだんな様だから手伝ったという考えもできるのですが、もし、そんな義理の手伝いだったなら朝早くから来て一生懸命手伝いはしないと思います。最後の別れだから、少しでも「わたし」のことを手伝ってあげたい、近くにいてあげたい、ルントウの昔の友達への気持ちの表れだと思います。

　それに、１４０ページの１１行目に「わたしは相変わらずの偶像崇拝だな。」とルントウのことを言っているのですから、ルントウは昔と変わらず偶像的な物を価値のある宗教的対象として重んじ、崇めているのです。やはり、「わたし」やルントウがまるっきり変わったわけではないのです。

　それと、立論で述べた根拠のように、昔と今の光景は変わっていないのです。そういうわけで、私たちは故郷は変わっていないと思います。これで、私たちの最終弁論を終わらせていただきます。ありがとうございました。

司会　　ありがとうございました。時間は２分９秒でした。

「変わった」側の最終弁論

司会　　では、続けて変わった側の最終弁論に始めてください。時間は３分です。

それでは、私たち、変わった側の最終弁論を述べさせていただきます。私たちは、はっきり言って、故郷は変わったと言っています。

　まず、私たちは精神的に変わった、実際に変わった、歴史的に変わったというように３つの論点を挙げています。しかし、変わらないチームは２つしか挙げていません。そのうちの一つ、実際に変わったというのが、私たちとは違って抜けています。

　まず、精神的に変わったというのは、立論でも述べたように「わたし」自身のほかに、故郷の人々の心が変わった、実際に変わったというのはルントウが変わった、昔、尊敬していたルントウがなくなったなどというのがあります。

　歴史的なものでは、帰郷するときには賠償金などを支払って苦しかったから貧しい気持ちで帰郷して、そのときにはもう故郷は貧しかったというのがあります。それから、もし故郷が変わっていなかったと言えるなら、故郷を離れるとき名残惜しい気はしないと思うでしょう。

　もし、故郷が変わらないのならば、故郷が好きなままに行けます。それなのに、名残惜しい気がしないというのは故郷が変わってしまったからではないでしょうか。

　その他にも、１２２ページの１２行目と１０行目を見てください。「そこでは、まるでこんなふうではなかった。」や「その調子を言葉に表そうとすると、しかし、その影はかき消され、言葉はうしなわれてしまう。」などとあります。ということは、故郷は変わったということになると思います。

　そのようなことから、私たちは精神的、実際に変わった、歴史的の３つの根拠を挙げることができます。そのようなことすべてを考えた皆さんの判断にお任せします。

　これで、変わった側の最終弁論にさせていただきます。

司会　ありがとうございました。時間は２分３９秒でした。それでは、判定表に記入してください。討論に参加したチームもそれぞれ記入してください。

6　「新しい生活はくるのか」

〈立論〉

「新しい生活はくる」ディベート情報カードより

○ いくら苦しい反乱の時代でも、いつかは日がまた昇る、というように反乱が収まれば、政治なども変わり、新しい生活はくると思う。

○「わたし」は新しい生活がくることを望んでいて努力しようとしているのにこないことはない。気持ち次第では何でも変わるので、心を入れ替えて生活すれば生活も変わると思う。

○ 信じてみんなが願っていれば、いつかはくると思う。

「新しい生活はくる」側の立論

司会　　それでは、ルールにしたがって第5回ディベート討論会を始めます。最初に、新しい生活はくると考える側の立論を始めてください。時間は3分です。

　　これから、新しい生活はくる側の立論を始めます。私たちが新しい生活はくると考える根拠は2つあります。その第1は、「わたし」が異郷の地に行くからです。第2は、時間が全てを流してくれるからです。

　　まず、第1の根拠について説明します。「わたし」は、異郷の地へ行くのです。異郷というのは新しい地、新しい地ということは、今までの「わたし」を知っている人はいません。もちろん、「わたし」も知っている人はいないのです。周りはすべて知らない人ばかり・・・。そんな中で、今までと同じような生活ができると思いますか。できませんよね。だから、新しい生活がくるのです。

　　次に、第2の根拠について説明します。時間がすべてを流してくれるということは、過去の嫌なことを時間がすべて消し去ってくれるということなのです。皆さんは、友達とけんかをしたことはありますか。ある人はそのことを思い浮かべてください。けんかをして気まずいなあと思っていると、何日か、あるいは何か月かかるかしれませんが、時間が経っていくに

つれて、その気まずさがなくなり、自然と元の仲に戻れるものでしょう。

　このように、時間は、嫌なことなど流してくれるのです。「わたし」「ルントウ」その他の人たちも、時間が経てば新しい生活がくるでしょう。新しい道はきっと開けるのです。

　以上の内容をもって、私たちの立論とさせていただきます。ありがとうございました。

司会　　ありがとうございました。時間は１分３６秒でした。

「新しい生活はこない」ディベート情報カードより

　○　貧しいため仕方がなく引っ越しをしている。だから住み慣れた故郷を離れて異郷の地で生活を送ることは難しい。もっと私が若かったら違った新しい生活ができたかもしれないが、年をとりすぎている。だから新しい生活はこない。

　○　ホンルが努力してもシュイションが大人になれば、「だんな様」と呼びそうだから関係は悪化し、親と同じ生活を送ることになる。

「新しい生活はこない」側の立論

司会　　では、続けて新しい生活はこない側の立論を始めてください。時間は同じく３分です。

　私たちが、新しい生活はこないと主張する根拠は３つあります。その第１は時代背景から見て、いろいろ戦争があったので、新しい生活どころではない。第２は、人間なので同じことを繰り返す。第３は、実際に満足できるような新しい生活を持った人はいないということです。

　まず、第１の根拠についてご説明します。この時代は、日清戦争、アヘン戦争、辛亥革命などと国外や国内でたくさん争いがあって、新しい生活を持つどころか、自分が生きるのにも必死にならなければいけない時代です。このような時代に生まれれば、性格が変わってしまい、新しい生活を持とうなどと考えなくなってしまいます。これが、シュイションとホンルなら、なおさらです。ホンルがいくらシュイションを慕っていてもシュイ

ションが大人になればルントウと同じように「だんなさま」と呼ぶ関係になってしまい、「わたし」とルントウの関係と同じになってしまい、新しい生活などこなくなってしまいます。

　次に、第2の根拠についご説明します。人間は、完全な生き物ではないので、昔から同じ過ちを繰り返してしまうからです。また、シュイションもルントウの子どもだから、ルントウの遺伝で「だんなさま」と言う可能性が非常に高いからです。それに、今まで、地球上で戦争のない日はほとんどありません。第1次世界大戦や第2次世界大戦が終わっても、ベトナム戦争、イラン・イラク戦争、中東戦争、湾岸戦争など、この他にもたくさんの争いがあります。このような愚かなことをしているかぎり、人間は変われません。

　最後に、第3の根拠についてご説明します。今まで、実際に満足できるような新しい生活を持った人はほとんどいないからです。戦争をしている時代は、お金持ちでも、貧乏人でも、いつも不安を抱えながら生活しているのだから、新しい生活が持てるわけがない。それに、シュイションもホンルも金が余っているわけでもないのに、新しい生活を持つ余裕なんてとてもない。参考資料に「人間は目標を追求する場合に、たとえそれが価値ある目標であっても、しばしば行き詰まりに遭遇する。」と書いてあるように、人間は目標を達成するためには、挫折をしてしまいます。さらに、その挫折を乗り越える人はほとんどいないということです。このほんの少数の人間にシュイションとホンルはなれるでしょうか。

　以上の内容をもって、私たちの立論とさせていただきます。ありがとうございました。

司会　　ありがとうございました。時間は2分38秒でした。これから、2分間の作戦タイムに入ります。新しい生活はくると考える側、こないと考える側それぞれ作戦を開始してください。判定員の皆さんは、立論の欄に5点満点で点数を記入してください。

〈反対質問〉

「新しい生活はこない」側の反対質問

司会　　　　　　作戦をやめてください。新しい生活はこないと考える側の反対質問に移ります。時間は８分です。

別府（こない）　ここに時間が全てを流してくれると書いてありますが、この時代、戦争があったのですが、本当に時間が全てを流してくれるんですか。

菅野（くる）　　もうこのときは、戦争は終わってしまったのだから、時間は流れているのではないですか。

高橋（こない）　戦争が終わってしまったからと言って、新しい生活が本当にくるという証拠はあるんですか。

菅野（くる）　　戦争が終わったらみんな安心して、いくら苦しくても新しい生活には変わりはないのではないですか。

高橋（こない）　主人公が望んでいたのは、窮屈じゃない新しい生活なので、窮屈な生活っていうのは新しい生活ではないと思うのですがどうですか。

長谷川（くる）　でも、戦争をやっていたときよりはいいと思います。

高橋（こない）　資料に書いてあるように、戦争がなくてもいろいろ殺人とか環境破壊とかいろいろ問題はあるし、快楽とか物質を追求しても結局は幸せになれるわけではないと思います。

長谷川（くる）　でも、この資料はこれを書いた人がそう思っているだけで、実際にそうとは限らないと思います。

高橋（こない）　新しい生活っていうのは、家族をもって幸せな生活をもつことだから、そういう現実的に見ても、書いてあるようにいろいろ問題があるのだと思います。

須藤（くる）　　新しい生活というのは人それぞれ違うから、子どもをもつことが幸せじゃないと思います。

高橋（こない）　この主人公が言っていた「新しい生活」っていうのは何ですか。

長谷川（くる）　それは、私たちには断定はできません。

高橋（こない）　結局、主人公が言っていたのは家族が苦しい生活ではなくて、いろいろ余裕のある生活で、身分の差とか関係ない生活を望んでいるのだと思うので、いろいろ問題も出てくると思います。

尾股（くる）　苦しい生活の中でも楽しいこともあると思います。

三浦（こない）　具体的にどういうことですか。

尾股（くる）　それは人それぞれ違うからわかりません。

三浦（こない）　苦しい生活の中の楽しいことっていっても、それが必ずしも新しい生活とは限らないのではないのですか。

菅野（くる）　新しい生活ではないかもしれませんが、戦争中には味わえないこともあるかもしれません。

高橋（こない）　戦争が終わったあとに味わうのが新しい生活なのですか。

須藤（くる）　今までと違うことを経験することが新しい生活なのではないですか。

高橋（こない）　新しい生活って今までと違うことなんだから、もしかしたら、良いことではなくて、もしかしたら、悪いこともあるんじゃないでしょうか。

須藤（くる）　それはいいことばかりがあるわけじゃないと思います。

三浦（こない）　時間が全てを流してくれると書いてあるんですが、人間には時間が経っても治らないような深い傷があると思いますがどうですか。

長谷川（くる）　それは、努力によって解決できる場合もあります。

高橋（こない）　努力と言っても、論より証拠で本当にこのような新しい生活がこないという証拠はたくさんあるので、新しい生活はこないと思います。

菅野（くる）　それはあくまでも資料であって、全員がこう考えているわけではないと思います。

高橋（こない）　主人公とか、シュイションとかホンルは、この資料に書いていないような問題はないというのですか。

長谷川（くる）　じゃ、あるというのですか。

高橋（こない）　実際にこのような証拠があって、人々が経験しているので、新しい生活がこないという証拠はたくさんあります。

長谷川（くる）　　いくら証拠があっても、現実が違ったら違うと思います。

高橋（こない）　　論より証拠です。

司会　　　　　　時間です。これから、２分間の作戦タイムに入ります。判定
　　　　　　　　員の皆さんは、判定に書き込んでください。

「新しい生活はくる」側の反対質問

司会　　　　　　作戦をやめてください。では、新しい生活はくる側の反対質
　　　　　　　　問に入ります。時間は同じく８分です。

長谷川（くる）　　あなたたちは新しい生活はこないと言っていますが、新しい
　　　　　　　　生活とはどのようなものだと考えていますか。

高橋（こない）　　新しい生活っていうのは、満足できるような家族とかをもっ
　　　　　　　　て、いろいろ友達とかも身分も関係なく話し合ったりするよう
　　　　　　　　な生活だと思います。

長谷川（くる）　　今満足と言いましたが、満足っていうのは、その人によって
　　　　　　　　違うので、主人公の満足と私たちが考えている満足とは違うと
　　　　　　　　思います。

別府（こない）　　新しい生活とはホンルとシュイションのことじゃないですか。

菅野（くる）　　どこにそんなことが書いてあるのですか。

高橋（こない）　　教科書の１４０ページで「かれらは新しい生活を持たなくて
　　　　　　　　はならない。わたしたちが経験しなかった新しい生活を。」と
　　　　　　　　言っているので、彼らっていうのはシュイションとホンルのこ
　　　　　　　　とだと思います。

菅野（くる）　　そんなことが書いてあっても「わたし」とルントウのこと
　　　　　　　　じゃないとは書いていないのではないのですか。

高橋（こない）　　ここで出た新しい生活っていうのは自分たちのことより、
　　　　　　　　シュイションとホンルのことを大部分言っているのだと思いま
　　　　　　　　す。

長谷川（くる）　　１４０ページの１０行目に「希望という考えが浮かんだの
　　　　　　　　で、」って書いてあるということは、主人公もまだ希望を捨て
　　　　　　　　ていないと思います。

高橋（こない）　　希望といってもシュイションとホンルに対する希望もあるん

142

じゃないのですか。

長谷川（くる）　今は私たちが質問する側なので、質問を変えます。どんなに努力してもこないと思うのですか。

別府（こない）　現実的だからです。

長谷川（くる）　現実的だからといってそんなこと言い切れますか。

高橋（こない）　実際にお金をもうけたとしても、いろいろ問題もあるし、今の世の中とか見ても挫折とかを経験している人もいるし、自殺したりして、だから、新しい生活はこないと思います。

菅野（くる）　自殺した人は気が弱いだけであって、努力すれば命以外は何でも手に入るのではないのですか。

高橋（こない）　でも、挫折や失望を経験して自殺した人はけっこういると思います。

須藤（くる）　挫折とかしたから、また新しくやりなおそうと努力するのではないですか。

別府（こない）　だから、その希望を主人公はシュイションやホンルのほうに託したのではないのですか。

須藤（くる）　質問を変えます。新しい生活がこないということは戦争などが続くということですよね。そんなことは絶対にありえないのではないのですか。

別府（こない）　今までに、地球上で戦争が起きなかった日はほとんどありません。

菅野（くる）　その場所で終わっているのではないのですか。

高橋（こない）　だから、戦争以外にもいろいろ参考資料にあるように、いろいろ問題はあるので、新しい生活は絶対にきません。

長谷川（くる）　資料に頼ってばかりで実際自分たちの考えたことがあまりないのではないですか。

高橋（こない）　自分でいろいろ調べて、考えてこの資料を作ったのです。

長谷川（くる）　あなたが、どこか違うところへ引っ越したとして今と全く同じ生活ができますか。

高橋（こない）　引っ越したとしても人間とかの関係があって、いろいろ問題とかも生じて、慣れなくて新しい生活はこないと思います。

長谷川（くる）　慣れなくてと言ったけれど、もし引っ越したところがすごく
　　　　　　　　遠いところで、すごく人間性がよくなったら、それは新しい生
　　　　　　　　活と言えるのではないですか。
高橋（こない）　人間性はよくても、自分の生活が苦しくて、参考資料の
　　　　　　　　No.2のところに書いてあるように、平和だとか言っても問題
　　　　　　　　はなくならないと思います。
菅野（くる）　　資料に頼ってばかりいないで、自分のことについて教えてく
　　　　　　　　ださい。
高橋（こない）　自分の考えていることと同じことがちょうど資料にあったの
　　　　　　　　で、新しい生活はきません。
司会　　　　　　時間です。これから、5分間の作戦タイムに入ります。判定
　　　　　　　　員の皆さんは、判定表に書き込んでください。

〈最終弁論〉

「新しい生活はこない」側の最終弁論
司会　　では、これから新しい生活はこない側の最終弁論に入ります。時間は
　　　　3分です。

　今までの結果から、新しい生活はこないという根拠が3つあります。
　一つめとしては、時代背景と現実的な面から見た点です。この頃の時代
背景を見ると、日清戦争、アヘン戦争、辛亥革命など国外や国内の争いが
絶えないようなもので、現実的から見ても絶対にありえないということで
す。
　二つめは、シュイションとホンルの二人に自分たちの希望を託したとし
ても、完全な人間ではないので、自然の法則から考えてもシュイションに
ルントウの「だんなさま」が受け継がれる可能性は高いということです。
　三つめとしては、生活が豊かになり、金も娯楽もたくさんあるように
なったら本当に幸せな生活が送れるかという点です。
　お手元の参考資料をご覧ください。金は紙やアルミやプラスチックなど
でできていて、結局はただの物ではないでしょうか。また世の中を見ると、

144

参考資料の道徳の崩壊の下にあるように、戦争がなくなっても不安定な世の中のままというのは否めないのではないでしょうか。また、参考資料にあるように、目標を追求しても最後には悲しい結果があるだけです。さらに、快楽を求めても家族の世話をしなかったり、仕事に熱中しすぎるとそれもまた悲しい結果になります。

　これまでの証拠から、新しい生活は絶対にこないと思います。時代背景から見ても新しい生活どころではないのではないでしょうか。おおげさに言っていると思う人もいると思いますが、資料を見ると実によく合っている内容だと思います。

　また、新しい生活とは何かという疑問もありますが、個人的な意見からすると、シュイションとホンルが身分は違っていても真の友でいて、よく働き収入も十分にある、家族を持ち、娯楽もある程度あるということだと思います。

　だから、金や娯楽や家族の問題がないとは言えないし、また、ほとんどの人がそれらのことで苦しんでいるので、時代は今よりだいぶ前だけれど、今の人間は幸せに暮らしているようで、逆に問題も抱えているので、基本的には同じだと考えます。だから、新しい生活を追い求めても、それは空を追うようなもので現実は甘くないし悲しい生活を送るだけだと思います。

　それで、余談ですが日本で制作された連続テレビドラマ「おしん」の時間になると東南アジアの大勢のお手伝いの少女が、仕事をそっちのけで見るということです。ですから、このような人たちが夢見ているような新しい生活の大部分は現実とはだいぶ離れた単なる夢に過ぎないのではないでしょうか。ですからどう考えても、調べても、絶対に新しい生活はきません。

　以上をもちまして、こない側の最終弁論を終わります。

司会　ありがとうございました。時間は2分50秒でした。

「新しい生活はくる」側の最終弁論

司会　続いて、新しい生活はくると考える側の最終弁論を始めてください。
　　　時間は3分です。

これから、新しい生活はくると考える側の最終弁論を始めます。

　皆さんは新しい生活というものをどのように考えていますか。事業に成功してお金持ちになると考えている人はいませんか。私たちは、そうは思いません。いくらくじけた日があっても、その日には夜がきて、その次には朝がきます。

　その新しい朝、負けずにがんばる次の朝、次の朝はそれぞれ新しい生活だと私たちは思います。新しい生活とは他人が見てわかるものではありません。自分自身がどうなったかが問題なのです。たとえ、周りの人が変わっていないと見ても、自分が変わったのであれば、それがきっと新しい生活なのです。

　「わたし」は異郷の地でまた一からスタートし、初めはうまくいかないかもしれませんが、いつかきっと、新しい生活を手に入れるでしょう。ルントウたちも同じです。人生苦あれば楽ありというように、今まで苦しんできた人たちにも必ず幸せは何らかの形で訪れるのです。

　しかし、正直にいうと私たちにも本当に新しい生活がくるかどうかはわかりません。なぜなら、その新しい生活というものがどういうものなのか、本人たち自身にしかわからないからです。私たちはただ、新しい生活は必ずくると信じているだけなのです。

　でも、ルントウたちはがんばるでしょう。故郷に紺碧の空、金色の月、緑の砂地、そして幼い頃の美しい思い出があるかぎり、必ず新しい生活はやってくるのです。

　これで、新しい生活はくると考える側の最終弁論を終わります。ありがとうございました。

司会　　ありがとうございました。時間は2分4秒でした。それでは判定表に記入してください。討論に参加したチームもそれぞれ書いてください。

司会　　それでは判定に移ります。新しい生活がくると考える側の方が優れていると思う判定員は手を挙げてください。20名です。新しい生活はこないと考える側の方が優れていると思う判定員は手を挙げてください。

　１２名です。

7　ディベートを用いた読解学習の効用

（1）一斉授業での読解学習との比較

　ここでの一斉授業とは、授業者による発問を柱に進められる読解の学習とします。個人の考えをもとにグループで話し合ったり、全体で思考を深めたりしていく授業です。

　今回、中学３年の代表的な文学教材である『故郷』の読解学習にディベートを取り入れた実践を紹介してきました。一般的な一斉授業と比較した場合、どんな点がよくて、何が課題なのかを明らかにしていきます。

（2）ディベートの方が優れている点

○　一斉授業でも学習課題が優れていれば、生徒の学習意欲を高めることはできますが、ディベートの方が高い意欲を持続できることは明白です。

○　一斉授業の学習課題も同様ですが、それ以上に、ディベートでは一つのテーマについて思考し、深く読む経験をすることができます。

○　一斉授業では、ほとんど自分の考えを発表できずに終わってしまう生徒が出てくることがありますが、ディベートでは、必ず発言することができます。それも、事前の学習、すなわち読み取りの結果をもとに、自信をもってです。これは、一斉授業では、なかなかむずかしいことです。

○　ディベートでは、自分が担当する一つのテーマだけしか学習しないように思えますが、結局は、全文を読まなければなりません。そのためには、そうなるようなテーマ（論題）を設定する必要があります。一斉授業以上に、本文を読む目的意識が高いため、くまなく細部にわたって読むようになります。ディベートの準備の段階で、本文を何度も読み直し、自分なりの読みを深めていくようになります。

○　ディベートでは、判定員は聞いているだけですが、一斉授業でも聞いているだけの生徒が出てしまうことがあります。同じ聞くでも、ディベートの判定員は、判定をする必要があるため、聞く意識が高くなります。また、自分が担当したテーマ（論題）での学習を通して全文を読んでいるため、違う

テーマ（論題）の判定員になっても、傍観者になることはありません。

○　一斉授業でも主題に関わる学習をしますが、十分な練り上げをして、生徒が納得できるような段階までもっていくのは容易ではありません。ディベートでは、相手を説得する必要があるため、その主題がなぜそれなのかを明確にしておかなければならず、ディベートの準備段階で何度も検討を重ねるようになります。その結果、読み取る力を鍛えることができます。

（3）ディベートを用いた場合のむずかしい点

○　一斉授業での読解では、授業者がコーディネーターを務めているため、随時、修正することができます。ディベートでは、始まってしまえば介入できないため修正ができません。今回の『故郷』では、「故郷は変わったのか」のディベートにおいて、現実的にも歴史的にも変わったとする側と心情的に変わらないとする側とで、討論が平行線をたどり、深まりという点では物足りなさが残ったかもしれません。しかし双方とも論拠はしっかりしており、ディベートとしては見応えがありました。

　また、「新しい生活はくるのか」のディベートでは、誰にとっての新しい生活なのかを限定せずに進めたために混乱した面もありました。わたしとルントウにとっての新しい生活なのか、ホンルとシュイションにとっての新しい生活なのか、ヤンおばさんを含めた当時の中国の民衆にとっての新しい生活なのか、様々な考えが出てきます。曖昧にしておくことで、思考に幅が出やすくなり、自由な考えを引き出すことができます。その一方で、ディベートとしては不向きであることは否定できません。

8　「故郷ディベート」の成果

ディベートを用いて『故郷』を読む

　今回、ディベートの学習のゴールとして、『故郷』の読解学習にディベートを取り入れました。ディベートそのものを教える段階からディベートを使っての学習へとジャンプアップした結果、課題はいくつか明らかになったとはいえ、一定の成果はあったと思います。ディベート後に一人一人の生徒が書いた意見文を見れば、そのことがわかります。

　魯迅は、この作品を通して「自分の道」について考えてほしかったのだと思う。私たちの前に道はない。だから、どこに行こうが自由だ。しかし、主人公たちの前には道は広がっていた。そして、その道を行くしかなかったんじゃないかと思う。そして、ホンルたちが主人公の来た道をついていこうとしているのを見て「新しい道」を歩んでほしいと思ったのだと思う。

　つまり魯迅は、私たちに「新しい道」を歩んでほしいと思ったのではないか。主人公の時代は、凶作や内乱などで本当の自分の道を歩めなかった。でも、今は違う。読者の目の前には、ただ平野が広がっているだけなのだから、自分の思った通りに歩んでほしいと思ったのではないかと思う。

　自分の故郷というものは、遠く離れた異郷からみれば平和な天国のようにも感じる。しかし、いざ現実を考えてよく見ると、荒れてすさんだ荒野に変身してしまう。人も心も何もかもが。その中で、何か希望というものはもてないのか。その日その日を切りつめて生活していると、全てが統一されて夢もなくしてしまう。それで結果として、故郷と自分には厚い壁が立ちはだかってしまう。

　もっと人々の心の中には希望を宿してほしい。故郷の中にいた子どもから現実を知る大人になった今、若い世代には彼らが大人になっても希望をすてないで生きていってほしい。自らが経験することのなかった新しい生活を営んでいってほしい。心の休まる故郷を荒野にしないために。

　中国の社会を変えなくてはならないと考えている。それには、わたしのように魂をすり減らす生活や心が麻痺する生活をしたルントウ、野放図に走った生活をしたヤンおばさんなどの貧しい生活に負けたすさんだ心をもつ人々が希望をもっていくことを願っている。魯迅は若い世代にそれを期待している。

　希望というものは、最初からあるともないともいえない。もし、何かをしたいと思っても一人ではできないことが多い。しかし、みんなもそれをやりたいと思えば、できないことはないと思う。だから、みんなが同じ心

（希望）をもてば何事もよい方向へ進むのではないだろうか。

『故郷』の最後で、ホンルやシュイション、ルントウや自分自身への「希望」が述べられている。このことを通して魯迅は「希望」とは何かを言いたかったのだと思う。「希望」とは地上の道のようなものであると「わたし」は言っている。そして「もともと地上には道はない。歩く人が多くなれば、それが道になるのだ。」とも書いてある。つまり「希望」とは、もともとあるものではなく、多数の人々が「希望」へ向かって努力することで実現していくということを一番言いたかったのだと思う。

9 「少年の日の思い出ディベート」

（1）ローマ日本人学校における指導の意図

　生徒の実態として、少人数であることのマイナス点なのかもしれませんが、お互いに気を使いながら自分の思うことを、みんなの前で表現しようとはしません。書いたり、指名したりすると、それぞれがよい意見をもっているのですが、それを議論の場に出すことができません。ましてや相手の言うことに反対意見を述べて議論が深まることはありません。

　こうした実態を踏まえ、ディベートの手法を用いて、論理的に考える力の育成と議論を通して考えを深める活動をさせたいと考えました。ディベートであれば、決められた時間に必ず発言しなければなりません。しかも、肯定側と否定側に分かれて行う発言が、必ずしも本人の意見と同じとは限りません。したがって、自分の立場を離れて自由に意見をたたかわせることができます。

（2）読解学習におけるディベートの方向性

　文学教材にディベートを取り入れる場合には、ディベートをすること自体を目的にしてはいけません。ディベートによって深まった考えを自分の言葉でまとめることが最終ゴールとなります。ディベートの場合、白か黒かの２つの価値しかありません。ところが、読解学習においては様々な意見が出てきます。そうしたことから考えると、ディベートは一つの手段にはなりますが、最適の方法とは言えません。読解学習を活性化し、生徒から意見を出させるという点

においては十分に有効だと考えられます。

（3）ディベートの論題

　読解学習を進める中で生徒から出てきた疑問をもとに、2つのディベートの論題を設定しました。一つは、エーミールと僕の人物像や性格をとらえるために、次の論題としました。

> A － ちょうを収集する人としてエーミールは僕より適しているか

　もう一つは、作品の主題を考えるために、次の論題を設定しました。

> B － 僕が寝台でちょうをつぶしたことは、事件の解決になったのか

（4）個人立論の作成

　ディベートの準備を進める前に、生徒一人一人が、それぞれの論題に対しての自分の考えをまとめました。

---- 論題B ----

　解決していないと考える。なぜならP220の10行目から11行目にそう書いてあるということは、僕は大人になった今でも、その事件は終わっていないと考えているからだ。ちょうをつぶし、ちょうを嫌ってみたところで、僕は何も解決していなかった。立ち直ることすらできずに、解決もできずに、僕は土俵の上で縮こまっている相撲取りになっている。弱いところもある人間だから、しかたがないと言えば、そこで終わってしまう。僕は変えていかないとならないのである。

１０ 「ちょうを収集する人としてエーミールは僕より適しているか」

〈立論〉

ディベート論題Ａの立論

```
── エーミール側 ──────────

　これから、エーミール側の立論を始めます。

　僕たちは、エーミールの方がちょうを収集する人として適していると主
張します。その根拠は２つあります。

　第１の根拠は、エーミールがちょうを大切に扱う人だからです。「彼の
収集は、小さく貧弱だったが、こぎれいなのと手入れの正確な点で一つ
の宝石のようなものになっていた」というところから、エーミールの方が
ちょうを大切に扱う人だと分かります。

　第２の根拠は、彼がちょうへのやさしさ、思いやりがある人だからです。
「彼は、傷んだり、壊れたりしたちょうの羽をにかわでつぎ合わすという
非常に難しい、珍しい技術を心得ていた」という点からも、第１の根拠の
ように、エーミールはちょうを大切に思い、扱う人だと分かります。そし
て、このちょうを大切に扱うちょうへのやさしさが、あの珍しいクジャク
ヤママユをさなぎからかえしたのではないでしょうか。

　このエーミールのやさしさと比べて、「僕」はどうでしょうか。ちょう
をポケットに突っ込んだり、つぶしてしまうなど、明らかにちょうを大切
に扱っていません。それに収集家としてのプライドが低いということが
「エーミールの部屋からちょうを持ち出した」と書かれている点からすぐ
に分かります。したがって、エーミールは、僕とちがってちょうをがさつ
に扱う人ではないと言えます。

　また、エーミールは、「結構だよ。僕は君の集めたやつは、もう知って
いる。そのうえ、今日、また君がちょうをどんなに取りあつかっているか
ということを見ることができたさ」と書かれてあるので、「僕」は明らか
にちょうをよく扱っていないということが分かります。
```

　よってエーミールの方が、ちょうを収集する人として適していると主張します。以上の内容をもって、エーミール側の立論を終わらせていただきます。

僕側

　これから、僕グループの立論を始めます。

　私たちは、ちょうを収集する人としてエーミールは僕より適してはいないと思います。根拠は３つあります。１つめは、ちょう集めにかける情熱、２つめは、ちょうがどれだけ好きか、３つめは、僕のやさしさです。

　１つめの根拠について説明します。教科書Ｐ２２１に、「僕は全くこの遊戯のとりこになり、ひどく心を打ちこんでしまい・・・。」と出てきます。この情熱は、まわりが心配したほどです。これを私たら、現代の子どもたちにあてはめると、テレビやゲームにあたると思います。これらは、お母さんやお父さんにやめろといわれてもやめられないものではありませんか。僕の情熱はそれを上回るものだと思います。朝早くから夜になるまで、ひたすらやり続けることは、よほどの情熱じゃないとできないと思います。

　２つめの根拠について説明します。僕がちょうをどれだけ好きかは、小さいころのちょうを捕るときの僕の気持ちに表れています。本文を読んでいると、こっちにまで僕のドキドキする気持ちが伝わってきそうなくらいです。特に、「とらえる喜びに息も詰まりそうになり、～その緊張と歓喜ときたらなかった。」のところは、本当によく僕の気持ちが伝わってきます。エーミールには、こんな気持ちがあったでしょうか。私には、エーミールがそんな気持ちをもっているようには読み取れませんでした。

　例えば、僕がコムラサキをつかまえたときのことです。僕はコムラサキをつかまえたことがうれしくてうれしくてたまらない様子ですが、僕に見せてもらったエーミールは、ちょうに値段をつけ、さらになんくせをつけたりと子どもの収集家として、おもしろみがないと思います。趣味のちょう集めは、ちょうが本当に本当に心から好きで、楽しむものだと思います。こう考えると、僕はちょうの収集家に適していると考えられます。

３つめの根拠の説明をします。これは、コムラサキとクジャクヤママユを例にとって説明したいと思います。僕は、右の触角が曲がっていたり、左の触角が伸びていたり、足が１本なかったり、欠陥があってもコムラサキをつかまえたことで得意になれたり、クジャクヤママユを見るだけでドキドキするような素直な人です。これらはきっと、僕のやさしさにつながるものだと思います。僕は、クジャクヤママユをつぶしてしまうということに対して、「盗みをしたことよりも自分がつぶしてしまった美しい珍しいちょうを見ている方が僕の心を苦しめた。」と言っています。これは、２つめの根拠と重なりますが、僕の良心の表れだと思います。

　私たち僕グループは、ちょうの収集家にふさわしいのは、ちょうが好きか、ちょう集めを楽しめるか、そしてやさしさがあるかだと思います。したがって、僕の方が収集家に適していると思います。これで、僕グループの立論を終わります。

〈反対尋問と最終弁論〉

ディベート論題Ａ「エーミール側」

〈事前に用意したエーミール側から僕側への質問〉

○「僕」が蝶を運び出すときに、もっとましな運び方をしていれば、蝶はつぶれずに済んだのではないでしょうか。

○ エーミールが「僕」にこっぴどい批評をしたのは、せっかく捕まえた蝶なのだから、もっと丁寧に展翅をしてほしいと思っていたからなのではないでしょうか。

○ 先ほど、「僕には情熱」と言いましたが、情熱だけで蝶の収集家をやっていけるのでしょうか。

○「僕」はただ単に蝶を捕まえているだけじゃないのですか。それに関してどうでしょうか。

○ 本当に蝶を想うなら破れた羽もそのままにせず、つぎ合わせたりしませんか。それができないのならエーミールにやってもらうのやり方を教えてもらえばいいのではありませんか。それに関してどうでしょうか。

⎡----〈事前に用意したエーミール側の最終弁論〉----⎤

　エーミールの収集は、小さく貧弱と書いてありますが、彼の収集はこぎれいで手入れが正確で、それはまるで一つの宝石みたいだったと書いてあります。エーミールは、僕の収集が丁寧ではなく、せっかく捕まえた蝶なのだから、丁寧な展翅をしてほしいと思ってそういう批評をしたのだと思います。

　それにエーミールが収集家として優れているから、そういう批評ができるのだと思います。確かにエーミールの僕に対する批評はこっぴどかったかもしれませんが、それは僕にいい収集家になってもらいたいという気持ちがあるからだと思います。

　僕はエーミールが大切にしてきた蝶を盗んだあげくに潰してしまいました。僕に収集家としてのプライドがあるならばエーミールの部屋から蝶を盗んだりしないと思います。収集家としてプライドというものは大切だと思います。以上の内容をもってエーミール側の最終弁論を終わります。

ディベート論題A「僕側」

〈事前に用意した僕側からエーミール側への質問〉

　　○　エーミールは、僕が「自分の蝶を全部あげる」と言ったのに受け取らないのは、蝶が好きなわけではないからではないですか。

　　○　エーミールは、きれいな標本を作るのが好きなだけであって、蝶が好きなのではないのではないですか。

　　○　エーミールは、珍しいものが好きなだけで、蝶でなくてもカブトムシやカマキリでもいいのではないですか。

　　○　蝶の標本を「いくらになる」とねぶみするくらいだから、とても蝶が好きだとは思えませんが、どうでしょうか。

⎡----〈事前に用意した僕側の最終弁論〉----

　これから僕グループの最終弁論を始めます。たしかに僕は盗みというやってはいけないことをしました。しかし、エーミールの家で誰かが下の方から上がってくるのを聞いたとき、僕の良心が目覚めたと書いてありま

す。しっかりと自分は盗みをしてしまった。とても下劣なやつだと気がついています。そして、僕はこの蝶をもっていることはできない、もっていてはならない、元に返しておかなければならないとも悟っています。それから僕は家に帰ってから事件の一切を母親に伝えています。それに、最初はとまどっていましたが、エーミールにきちんと謝ろうとする勇気を起こしています。そしてもう一つ、最後に「一度起きたことは、もう償いのできないものだということを」も悟っているのです。

　このように、僕は盗みというものがとても悪いことだと何回も何回も悟っているのです。母に一切を打ち明けたときや、エーミールに謝ろうと家まで行った僕の勇気はとてもすごいと思います。以上の内容をもって僕側の最終弁論を終わります。

〈ディベート後の考え〉

ディベート論題A「ちょうを収集する人としてエーミールは僕より適しているか」

　僕は、どちらが適しているかわからない。「僕」の方は普通に蝶集めを楽しんでいて、蝶が好きなのが伝わってくるが、ものすごく好きなら、やはり盗みなんてしないと思う。

　エーミールの方は、僕がつかまえた蝶になんくせをつけたり、素直にほめることができないのは悪いけれど、蝶をとても大切にしているのが少しだけ伝わってきた。したがって、どちらも適しているような気もする。

　このディベートをやって、初めはエーミールなんてとても悪いやつと思っていたけれど、その考えが少し変わった。

　私は、どちらとも言えません。エーミールチームの立論に「そうだなあ」と思ったりもしたし、僕チームも、自分たちの立論で「そのとおりだ」と思ったこともありました。子どもの遊びなのだから、やる人が楽しめば、それでもいいのではと思います。

　僕がクジャクヤママユを傷つけてしまったのは悪いことだし、エーミールがコムラサキにねだんをつけたのも何だかしっくり飲み込めません。お

156

互い様でしょうか。

エーミールは、僕より適していない。なぜなら、収集家はハートだからだ。エーミールには、蝶への愛がない。いくらクジャクヤママユを持っていてもエーミールは、その蝶を何のために持っているのか。それは、自分をアピールするための舞台の道具にしかすぎない。

しかし僕は、蝶と一緒に生きている。最初はただ流行で集めていたにせよ、ちゃんと後のほうでは、僕が自分の意志で収集していることがわかる。呼吸している小さな小さな命を手に入れたときの僕の好きな快感。それは、蝶でなければならないものだ。カエルやクモではだめなのだ。僕が手に入れたかったのは、どんな蝶でもいい、一匹の蝶のすべてでもあったのだ。

ディベート論題B「僕が寝台でちょうをつぶしたことは事件の解決になったのか」

「ああ、なんてことをしてしまったんだろう」こう思うのは生きていて必ずあることです。一度やってしまったことは、もうどうにもならなくなってしまうということは、誰でも知っていることです。

もしも、あなたが世界に一つしか手に入らないという宝を友達が持っていて、それをこわしてどうにもできない状態にしてしまったとき、どうしますか。泣きますか。自分の全財産をあげますか。一生謝り続けますか。何かをしたことで宝が元に戻るということはありません。友達の心から自分への怒りを取り去ることはできません。

これは「僕」のことでも同じで、いくら自責を感じても、いくら自分の手で自分のすべてをまっさつしても、エーミールのクジャクヤママユを元に戻すことはできません。一度してしまったことは、もうなにをしてもとりかえしがつかないのです。

また、どんなに「僕」の心の中に反省する気持ちがあふれるほどあっても、その思いがエーミールに届くとはかぎらないのです。僕が何をしようとも、エーミール自ら心から僕を許さないかぎり、この事件は解決しません。

11　ディベートは国語の総合学習

（1）『故郷』ディベートの反省をもとにした『少年の日の思い出』ディベート

　文学教材の読解学習におけるディベートは、今回が初めてではありません。以前は中学3年生の『故郷』において、ディベートを取り入れました。その際の反省点として、教科書の本文から離れてしまうということがありました。今回の『少年の日の思い出』でも、そうなってしまうおそれがありました。

　そこで今回は、ディベートの注意点として、「文章を根拠に話す」「本文から離れてしまわないように」ということを確認しました。その結果、立論、反対尋問、最終弁論、アフター・ディベートとしての自分の考えの記述を通して、常に教科書本文に基づいた意見の交換がなされていました。

　ややもすると、『少年の日の思い出』は道徳的な価値観に基づいた討論になってしまいがちです。エーミールは悪いといった固定的な印象から抜け出せないで終わってしまうことも予想されます。

（2）二項対立から多値・多様な読みへ

　『少年の日の思い出』のような優れた定番教材を、黙って読み、授業者の一問一答式の問いかけに沿って、ノートやワークシートに答えを書き込むだけの授業にしてしまっては、せっかくの教材の価値を生かすことはできません。

　二値的な対立論題をもってして文学教材を読み解かせることに抵抗を覚える方は少なくはないでしょう。しかし、私たちが文学作品を読み解く際に、無意識のうちに、いわゆる二項対立的な構造を活用して読んでいる場合が多くはないでしょうか。

　二値的な観点を切り口として、読みを深める過程において、生徒たちは様々な学級内他者の読みに出合い、やがて二値を乗り越え、多値・多様な読みを生み出すようになっていきます。その過程に、ディベート・マッチは存在しています。

（3）国語科に求められる授業

　一斉形態による文学教材の読解学習では、授業者が提示した学習課題や発問

により授業が進んでいきます。自分の考えを基に、ペアやグループ、そして全体での交流がなされることがあります。このグループや全体での交流は、どのくらいうまくいっているのでしょうか。なかなか深まりが見られないことはないでしょうか。

このグループや全体での交流の代わりに、ディベートをもってきてはどうでしょうか。生徒は受動的ではなく能動的に、かつ主体的に活動するようになります。きっと、本文の読み取りに抜けが出るのではないかと危惧する方もいらっしゃるでしょう。ところが、本文に基づいたディベートでは、生徒は実に丁寧に本文を読んでいきます。そこから自分たちの論の根拠を求めます。

国語科に求められている授業を3点にまとめると、以下のようになります。

○ 生徒が主体的に活動できるような多様で柔軟な学習形態による授業
○ それぞれが自分の考えや立場を言語によって伝え合う場をもつ授業
○ 音声言語活動と文字言語活動とを関連づけた総合的授業

これら3つの条件を満たす授業とはどのようなものなのでしょうか。一斉形態による授業においても、様々な工夫を行うことによって、ある程度はこうした条件を満足することも可能でしょう。しかし、言語による伝え合いを考慮すると、ディベートやパネル・ディスカッションなどによる討論が有効であることが分かります。

ディベートは、読むこと、話すこと、聞くこと、話し合うこと、書くことの総合学習であることが最も重要な点です。これは、文学教材を読み深める授業においても有効だと言えます。

１２　授業ディベートのよさ

（１）授業ディベートの弱点を克服する

一般的なディベートとは違い、教室で行う授業ディベートでは、事前の準備段階で授業者が肯定側、否定側双方に介入し、議論がかみ合うようにもっていくことは、ある程度可能です。ディベートそのものの勝敗よりも、テーマを通した学びがより深まることに主眼を置いています。ディベート後の一人一人の

意見文作成が重要だと考えています。目的としてのディベートと方法としての
ディベートの区別の問題です。ディベートを教えるのではなくディベートで教
えるのです。

　今回実践した『故郷』における読解学習のためのディベートでは、事前学習
での介入はほとんどしませんでした。その結果、議論のすれ違いなどが起き、
深まりという点では不十分でした。今後、文学教材での読み取りにディベート
を用いる際には、授業ディベートのよさを生かして、議論がかみ合うように手
を入れるようにしていきたいと思います。

（2）ディベートは論理的思考を鍛える討論

　ディベートは討論の後に、肯定側、否定側のどちらが勝ったかを決めます。
この勝敗を決めるところが、思考を促進させます。勝とうとすれば、全体と部
分、抽象と具体、一般と特殊の間を往復する思考が活発になります。いわゆる
論理的思考です。我々日本人は、この論理的思考が苦手です。だから討論もで
きません。したがって、ディベートを学校の授業に導入すべきなのです。論理
的思考にもとづく討論の学習としてディベートは最適です。

　本来のディベートでは勝つことが目的になります。討論の意義は、相互の批
判にもとづきながら、お互いが協力して真理を究明することにあります。教室
で行う授業ディベートでは、勝敗だけでなく、討論の目的である真理の究明が
おろそかにされることはありません。

（3）授業ディベートの効用

　読解学習の手段としてディベートを取り入れることにより得られた成果を
ディベートの効用として以下に列挙します。

　　○　問題意識をもつようになる。

　　○　自分の意見をもつようになる。

　　○　情報を選択し、整理する能力が身に付く。

　　○　論理的にものを考えるようになる。

　　○　相手（他人）の立場に立って考えることができるようになる。

　　○　幅の広いものの見方・考え方をするようになる。

○　他者の発言を注意深く聞くようになる。

○　話す能力が向上する。

○　相手の発言にすばやく対応する能力が身に付く。

○　主体的な行動力が身に付く。

○　協調性を養うことができる。

（4）ディベートは授業を活性化させる起爆剤

　ディベートは生徒の意欲を引き出し、国語科の授業を活性化させる起爆剤としての可能性をもっています。万能とは言い難いとはいえ、強力な武器であることに間違いはありません。

１３　ゲーム形式で思考力アップ

（1）新聞社の取材

　授業にディベートを取り入れ、その実践内容を大学の学会で発表したことがありました。そこに新聞社の記者が取材に来ていました。数日後、その記者から連絡がありました。ディベートの国語の授業を取材させてほしいとのことでした。あの当時は、学校でディベートが行われることは、まだまだ珍しかったのです。新聞記事の内容は、以下の通りです。

（2）ゲーム形式で思考力アップ　国語の授業にディベート導入

　福島市鎌田の市立北信中学校（大草栄治校長、生徒数９３０人）では、１年生の国語の授業にゲーム形式で討論を進める「ディベート」を取り入れ、生徒が論理的に考えて意見を発表したり話を聞いたりするのに役立てている。

　ディベートはアメリカの学校を中心に発展した討論の形式で、一つのテーマについてグループで、「肯定派」「否定派」に分かれて議論し、見学者が判定員として「筋道は通っているか」「質問、応答は分かりやすいか」などを採点、得点で「勝ち負け」を判定する。わが国では最近になって小学校や中学校で取り入れられるようになってきている。

　同校でディベートを実践しているのは、１年生の国語担当の高澤正男教諭（３０）。昨年、３年生のクラスで実験的に行い、生徒が論理的に考え、意見を

発表する姿に効果を確信し、今年の９月から１年生の国語の授業に取り入れ始めた。

（３）購買部設置問題では否定派に軍配上がる

今月１８日、１年６組の５時間目のクラスで行われたディベートのテーマは「購買部は必要か」。同校には２年前まで「購買部」があったが、利用者減や担当教諭の負担増を理由に廃止されていた。

まず両派が自分たちの考えを「立論」として３分間で陳述、１分間の「作戦タイム」ののちに討論に入った。

討論では「文房具を忘れたときに校内で買える」（肯定派）、「お金を持ってくるので『恐喝』の原因になる」（否定派）、「学校が決めたノートは遠くの文房具店にしかない」（肯定派）、「休みを利用して買い置きすればよい」（否定派）と、間髪を入れない白熱した議論が展開。

中には「購買部担当の先生が働き過ぎで労働基準法違反になる」（否定派）という指摘も。

判定員の判定は２６対３で否定派に軍配が上がった。高澤教諭が「否定派の最終弁論が説得力があったね」と論評、討論が終了した。

高澤教諭は「ディベートを始めてから、今まで人前では話せなかった生徒が日常的に話せるようになったり、論理を組み立てるために協力できることを生徒が分かってきた」と、ディベートの成果を説明する。「話す力を鍛えることができるので、これからも授業に取り入れていきたい」と意欲満々だ。

しかし下調べや答弁書の準備などに時間がかかったり、相手をやり込めることに終始してしまったりと、「万能とは言えず、課題も多い」という。

福大教育学部の高野保夫教授（国語科教育）は「国際化の中で、物おじせずに考えを述べられるよう指導は必要」と話し、「表現力、思考力を高めるという点から、中学でもどんどん取り入れていくべきだ」と話している。

１４　福島・討論授業

（１）テレビ局の取材

新聞社がディベートの授業を取材し、それが記事として新聞に掲載されまし

た。すると、しばらくして今度は、テレビ局から連絡がありました。ディベートの授業をニュースで放映したいとのことでした。ディベートの映像が流れるため、ディベートの様子がよくわかり、その醍醐味の一端を紹介することができます。以下のものは、事前にテレビ局から送られてきたものです。

（２）東西南北　～福島・討論授業～

　福島県内のニュースや話題をお伝えする「ふくしま東西南北」きょうは福島局の加藤記者です。

（アナ）きょうはどんな話題ですか

（記者）福島市内の中学校で行われている「ディベート」という討論形式の授業についてお伝えします。

（Ｖ）　ディベートはアメリカを中心に普及している授業方法です。あるテーマについて肯定派と否定派に分かれて論議し、別の生徒たちが判定します。

　　　この授業を行っているのは、福島市立北信中学校で１年生の国語を担当している高澤正男先生です。高澤先生は去年３年生の授業で初めてこのディベートを少し試みました。その結果、生徒の話す力が引き出せたため今年度この２学期から本格的に実践しています。

　　　この日は「通学シューズを学校指定にするべきか」がテーマでした。２人の生徒が司会を務めます。肯定側と否定側、それぞれ４人ずつがチームになって意見を発表します。そして２８人の生徒が判定します。

　　　まず肯定・否定双方が、３分間ずつ「立論」つまり自分の主張の根拠を述べ、それがいかに正しいかを証明します。

（ＳＥ）これが終わりますと双方が２分間以内で「最終弁論」を行って判定を待ちます。判定はどちらの意見が筋道が通っていたか、言葉はハッキリしていたかなどの基準で、１０の項目について採点され評価されます。

　　　結局この日は２４対４で否定側に軍配が上がりました。自分の足に合った靴、個性の尊重という立場で通学シューズを学校指定にするべきではない、という意見が支持されました。

（インタビュー／生徒・先生）中学校では昨年度から学習指導要領が変わって思考力・判断力・表現力を高める教育を重視しています。現場では様々

な試みが始まっています。このディベートもその一つで、県教育委員会
では表現力などを高める有効な手法の一つとみて注目しています。

第7章

ディベートを理解するために　～理論編～

1　授業にディベートを

（1）知識探求型の授業への転換

　国際社会に生きる日本人を育成するためには、学校教育において、自己を主張するコミュニケーションの意義と方法を教えなければなりません。しかし、現実はどうでしょうか。子どもたちにコミュニケーション能力は身についているのでしょうか。

　国語の授業などで、討論の授業を試みた人は多いと思います。しかし、どのくらいうまくいっているでしょうか。うまくいかずに、討論の授業をやめてしまった人はいないでしょうか。どうも盛り上がりに欠ける。よく話す子どもと黙ってしまう子どもが生じてしまう。意見が出されても、単発で尻切れとんぼで終わってしまう。このような悩みをもった人は多いのではないでしょうか。

　ディベートにより討論の授業ができても、それだけで終わってしまい、教科の内容を学習するためにはなっていないのではないか。こういった疑問もあるでしょう。これは、目的としてのディベートと方法としてのディベートの区別の問題です。つまり、ディベートを教えるか、ディベートで教えるかの問題です。

　授業にディベートを導入することは、単に討論の方法としてディベートを使うということではありません。知識伝達型の授業から知識探求型の授業への転換を図るということです。国語の時間に探求型の授業を仕組もうとすると、学習課題や発問がその成否を握ることになります。教材分析や教材研究の成果が問われるということです。これは、なかなか容易ではないハードルです。まずは、ディベートを授業に取り入れることで、授業の活性化を図り、探求型を目指してはどうでしょうか。

（2）ディベートの定義

　一般的な討論とディベートとの違いは何でしょうか。ディベートとは、一定のルールに基づいて行う討論のゲームです。ディベートは討論の一つです。普通の討論との大きな違いは、ゲームとしての討論だという点です。これがディベートの特徴でもあります。

　ディベートがゲームとして成立するためには一定のルールが必要です。以下のようなルールです。

　○　論題を決める。
　○　形式的に肯定側・否定側の２つの立場を決める。
　○　立論・反対尋問・最終弁論の３つの要素が必要である。
　○　勝ち負けの評価をする。
　○　時間を決める。

　他の討論との決定的な違いは、形式的立場のルールと勝敗のルールがあることです。この２つのルールがなければ、ディベートとは言えません。この２つのルールが、討論を活発にするための重要な条件になります。

２　形式的立場のルール

（1）「人」と「論」の区別

　形式的立場とは、自分の立場とは関係なく、肯定、否定のどちらかの立場に立つということです。このルールによって、「人」と「論」を区別することができます。誰が意見を言うかより、どんな意見が出されるかが問題になります。

　この区別が、とても大きな威力を発揮します。それは、我々日本人の討論では、「論」より「人」が強調されがちだからです。何を言ったかよりも、誰が言ったかに関心がもたれるからです。そのため、人間関係が問題となります。「こんなことを言ったら笑われないか」「こんな反対意見を言ったら、あの人を傷つけるのではないか」という心配が前面に出てしまいます。論理よりも心理に関心がもたれるからです。

　ディベートでは、実際に自分はどう考えるかに関係なく、形式的にどちらか

の立場に立つことが求められます。普通の討論では、自分がどう考えるかが問題にされます。誰が何を言ったかが問題になるのです。それに対しディベートでは、何が言われたかという事柄に焦点がいくわけです。

（2）言葉を返す

　我々日本人は、言葉を返すこと自体をわるいと考える精神的風土で生活しているのではないでしょうか。「お言葉を返すようですが」というフレーズもあります。言葉を返すことそのものをわるいと考えて、相手が言っていることがよく分からなくても、相手が言っていることに納得できなくても、何も聞き返さないという状況があるのではないでしょうか。

　「知に働けば角が立つ。情に棹させば流される。意地を通せば窮屈だ。とかく人の世は住みにくい。」夏目漱石の『草枕』の冒頭の部分です。現在もまだまだ住みにくい状況は変わりません。それは、日本社会が「知に働けば角が立つ」社会だからです。言葉を返すことをよくないとみなす社会だからです。

　これは、我々日本人の話し合いが、自分とは異なる他者に自分の考えを伝え、相手の考えを変えるという性格ではないからです。相手の考えとの相違をできるだけ隠し、あいまいなままにしておきたい心理が強く働くからです。特定の誰かに向かって話すのではなく、自分の考えを相手のいないところで話す独白的な性格が強いものだからです。

　日本社会は、同一性を原理とする社会です。相手と自分の差異をできるだけ露わにしないことを前提にした社会です。このような社会で討論をしても、お互いにパンチを出さないでもたれ合っている状態が多くなります。

　意見を言う人の人格と意見内容としての論が区別されません。論を批判することがその人の人格の批判とみなされがちです。だから、他者の意見を批判できません。後に尾を引くと考えてしまうからです。

　したがって、「人」と「論」が区別できるようになればいいのです。意見を言う人と、その意見の内容を区別する形式をつくればいいのです。誰が意見を言ったかよりも、どんな意見が出されたかが重要な形式をつくればいいわけです。そうすれば、安心して思ったことが言えるようになるのではないでしょうか。

　そのような形式こそがディベートです。ディベートは「人」と「論」を区別

できない日本人にとって、きわめて適切な討論形式と言えます。

3　勝敗のルール

（1）デジタル思考とアナログ思考

　一般に人間の思考は、デジタルとアナログの２種類の情報処理と考えることができます。夏目漱石の言う「知に働く」はデジタル思考であり、「情に掉さす」はアナログ思考と言えます。教育界は特にアナログ性の強い社会です。それは技術が軽視されがちなことでわかります。技術は、デジタル思考の典型的な産物です。

　国語の授業における音読で考えてみます。ある教材文を音読させます。誰に読ませるのか、そのための指名の方法にはどのようなものがあるのでしょうか。多くの教師はいくつかの方法を使って指名しているでしょう。しかし、その方法を自覚的に組み合わせて使っているでしょうか。何となく自分の知っている方法を、そのときそのときで使い分けているにすぎないのではないでしょうか。

　これらの方法を言語によって情報化し、分類するのがデジタル思考です。その結果、生み出されるものが技術です。デジタル思考は、ある目的に基づいて列挙された要素を分類する思考です。

　例えば、①教材文を一文ずつ、②大きな声で正確に、③ある一列の人に、④範読の後に音読させる。このようなデジタル思考を鍛える条件が勝敗のルールです。このルールが、討論を支えるデジタル思考を可能にします。討論に勝とうという意識がデジタル思考を生み出します。

　攻撃してくる相手から自分たちの論を守り、相手の論を攻撃することによって勝つためには、あらゆる論点を挙げ、論点相互の関係を明確なものにしなければなりません。攻撃と防御をシステム化して図に表したものが、いわゆるフローチャートです。思考の論理図です。

（2）真剣勝負でデジタル思考を鍛える

　デジタル思考をどのようにして鍛えればいいのでしょうか。討論の中で鍛えられるのは明らかです。しかし、その討論は、デジタル思考によって生み出されます。これでは悪循環に陥ります。これを打開するためには、どのような討

論が最もデジタル思考を必要とするのかを考えなければなりません。それは、相手に勝とうとするときです。黙っていれば倒されるような場合です。自らパンチを出して攻撃するか、相手のパンチを防御する技術を必要とするときです。言わば真剣勝負のときです。

　このような勝ち負けを決める真剣勝負の討論こそがディベートです。ディベートは、討論の後に肯定側・否定側のどちらが勝ったかを決めます。この勝敗を決めるところが、デジタル思考を要請するのです。勝とうとすれば、全体と部分、抽象と具体、一般と特殊の間を往復運動する思考が活発にならざるを得ないからです。

（3）論理的思考とディベート

　我々日本人は、論理的思考が苦手です。だから討論ができません。デジタル思考は、論理的思考の基礎にあたります。多くの教師は、討論の授業に憧れを抱いているのではないでしょうか。ところが、思ったような討論は生まれません。学級づくりや授業における発問・指示にいたるまで、あらゆる努力をしても、なかなか討論は生まれません。その原因の一つが、日本人の性格や気質なのかもしれません。したがって、学校の授業にディベートを取り入れ、デジタル思考を鍛え、論理的思考ができるようにしなければなりません。

4　ディベートとディスカッション

（1）ディベートとディスカッションの違い

　ディベートの特徴を浮き彫りにするために、ディスカッションとの違いについて考えてみます。

　ディスカッションでは、最終的に意見が一致することを理想としています。一方、ディベートでは意見の対立を前提とし、争点がわかりやすい議論を展開することを理想としています。

　議論を行うという行為は、ディベートでもディスカッションでも見られます。議論という行為の目的が、ディベートの場合は、第三者を説得することであるのに対して、ディスカッションの場合は、当事者間での合意であるというような違いがあります。

ディスカッションにおける議論は、情報を共有することや意見の合意を形成するということを暗黙の目標としているために、論がつくされず、お互いのメンツをつぶさないように配慮をする場合が多いように思います。最終的に誰かが妥協しているというのが現実ではないでしょうか。

　では、逆に意見をぶつけ合えばよいかというと、そうとも言えません。議論することには生産的な意味合いがあるという意識を参加者がもっていないと、単なる論争になってしまい、感情的なしこりだけが残るということが多くなります。

　それに比べて、ディベートの場合は、意見を対立させることを前提としているだけに、感情的にならずにすみます。考えが全く違うディベートの相手を説得しようとは試みないからです。なまじ考えを変えてもらえるかもしれないという期待感をもって議論するのではなく、相手の意見は変わるわけではないが、ディベートにおける議論のやりとりを聞いている人たちには、自分の考えの正しさを理解してもらいたいという発想でディベートを行えば、感情的になることを抑えることができます。ことディベートにおいては論理的な説得が第一義です。よって冷静な話し方を理想としています。

（2）ディベートはシミュレーション

　「わが社は年俸制を導入すべきである」というような新しい政策やシステムを提案する論題の場合、ディベートはシミュレーションだと考えるとよいかもしれません。論題に対する答えがYESだとしたら、どのような議論を構築できるか。NOだとしたら、どのような議論が構築されるかというように考えます。

　つまり、あなたはどっちの立場ですかというような結論そのものではなく、結論に到達するまでの根拠を問題としています。もともと教育ディベートで取り上げる論題には、肯定と否定、どちらの立場の議論、論拠資料も存在するものを選びます。また、宗教的な信条を問うようなものは論題として取り上げることはありません。

　論題に対して肯定・否定の両方の立場から準備し、議論をすることにより、複眼的な思考が身につき、物事を大乗的にとらえることができるようになります。会議などでの意見のやりとりにおいては、どのような提案にも反対意見があって当然という気持ちをもち、相反する意見を尊重し、耳を傾けることがで

きるようになります。

5　授業ディベートの教育的意味

授業ディベートの特徴

　授業で行うディベートには、様々な特徴があります。ディスカッションと比べると、ディベートは窮屈に感じる人がいるかもしれません。しかし、その特徴にはそれぞれ教育的な意味があります。

1）論題が決まっている

　例えば、ディスカッションのテーマが「日本における児童英語教育について」とします。ディベートの論題を「日本は小学校から英語を教科として教えるべきである」とします。この2つを比べてみます。ディベートの論題のほうが議論すべき土俵がより明確に、しかも狭く設定されています。これにより、議論の効率性が高まります。

　パネル・ディスカッションなどでは、その場の討論の流れに関係なく、事前に用意してきた意見を述べるだけの人がいます。その結果、意見がかみ合わなくなります。あるいは、話が大きく広がりすぎて収拾がつかなくなります。

　ディベートの場合は、限られた時間の中で、この政策を導入したらどうなるのかということに絞って論じます。論題を採択することによって生じるメリットとデメリットに焦点を当てながら論じることになります。論題は、短い時間で効率よく議論するために必要なものです。

2）立場が決まっている

　ディベートは最初から立場が決まっており、その最中にその立場を変えることはできません。白黒の議論だけでなく灰色の部分もあると思うこともあるかもしれません。しかし、二分法で考えることによって、論理的思考を鍛えることができるようになります。立場を決めているのは、意見を論理的に構築させるための教育上のしかけなのだと言えます。

　ディベートでは、ディベーターがとる肯定か否定かという立場そのものよりも、なぜ肯定、否定という結論に至るのかという理由や根拠あるいはプロセス

を重要視しています。ディベートは、シミュレーションであると考えればよいでしょう。肯定側に立った場合にはこういう議論、否定側に立った場合にはこういう議論ができるといった気持ちで議論するわけです。

3）話す時間に制限がある

時間が決まっているのは、だらだらとした議論展開を排し、問題の核心を捉えた議論をさせるためです。時間内に収めるために、余計な言葉をそぎ落とすことが必要になります。

4）話す順序が決まっている

ディベートでは、話をする順序が決まっています。質疑応答のとき以外は、ひとりの人が話し、他の人は聞いています。話す順番が決まっているのは、参加者に公平な時間を与え、議論の効率性を高めるために有効です。物静かな人もちゃんと話ができる時間を与えられるので、無理に声を荒げて話をする必要はありません。

5）根拠を重要視する

ディベートでは、根拠となる証拠資料などを使って自分の考えが正しいということを証明することが期待されています。証明の質の違いが勝敗を分けます。なぜなら、ディベートにおいては議論の質を重要視するからです。議論は直観に基づいた個人的な考えだけでは説得力をもちません。その根拠となる理由付けや証拠資料を提示することによって、自分の考えが正しいことを証明しなくてはなりません。したがって、ディベートの準備段階では、的確な情報を収集し、ディベートで使えるように整理することが繰り返し行われます。

6　ディベートが良い聞き手を育てる

（1）授業ディベートの捉え方

授業ディベートを簡潔に説明すると、以下のようになります。

　　○　論題の是非を問うシミュレーションである。

　　○　相手の話をしっかり聞いたうえで、鵜呑みにしない判断力を向上させる

ための訓練である。

　○　説得力を向上させるためのコミュニケーション訓練である。

　論題が正しいかどうか、暫定的な立場をとって検証するという意味でシミュレーションです。そして、相手の話をしっかり聞いて、そのうえで鵜呑みにせずに批判的・批評的に聞く態度とスキルを向上させる訓練です。

　コミュニケーション能力、特に説得力のある話し方を身につけるために、人前でいろいろな形式の話し方、例えば準備したスピーチを読む、即興でスピーチを行う、質疑応答を行うなどを経験させる訓練です。

（2）ディベートというコミュニケーション行為

　会議などでは、幸いなことに冒頭において参加者が一人一人どのような考えをもっているかを表明する必要はありません。そのため、まずは発言を控え、まわりの空気を察することから始める人が多いのではないでしょうか。それどころか、会議の最中、ずっとだまっていても問題にならないことが多いのが現実です。

　しかし、対立点をはっきりとさせた議論をしないと、なあなあになってしまい、分析は深まらないし、多面的な視点を取り入れた分析ができないという問題点が生じます。また、対立を避けようとばかりしていると、それまでの発想の域にとどまってしまいます。

　ディベートでは対立を避けることは許されないばかりか、対立を情緒的に処理することすら許されません。最初から立場を決められ、その立場で一貫した議論をしなくてはなりません。したがって、当然ながら対立を乗り越えようとします。その際に新たな発想が生まれます。これが、ディベートのおもしろさ、生産的な要素の一つです。

（3）ディベートで思考能力が向上する

　ディベートをすることで、思考・発想能力およびコミュニケーション能力が向上すると考えられています。コミュニケーションの基本は、人の話をしっかりと聞いて、相手の考えを受け止めるということです。ディベートでは、人の話をちゃんと聞けない人は通用しません。また、自分の意見をわかりやすく話すことが要求されます。

（4）良い聞き手になるために

　ディベート教育の第一の目的は、良い聞き手になることです。話し手の議論がどのような価値観にもとづいているのか、どのような論理の流れになっているのか、話し手の主張はどのような根拠・資料に裏付けられているのか、といったことを正確に聞き取ることを主眼とするべきです。クリティカル・シンキング（批判的・批評的思考）をもとにしたクリティカル・リスニングという、話し手の考えを鵜呑みにしない聞き方です。

　自信ありげに堂々と話している、専門的な知識がありそうに話している、言葉を巧みに使って話している、といった印象で話し手を評価するのではなく、クリティカルな発想で考えながら聞くことによって、論理的、合理的に判断を下す習慣がつくようになります。

　聞くことを重視しないと、ディベートが単なる感情の発散の場に終わってしまう可能性もあります。相手のアラを探して言い込めるという発想や態度では、建設的なコミュニケーション活動にはつながりません。よいコミュニケーターになるためには、まず良いリスナーになることです。

　ディベートでは、他人の意見を冷静に読み取ることが基本となります。実際、ディベートに参加することで、知らず知らずのうちに論理を追う聞き方を実践することになります。

7　国語科におけるディベート

（1）ディベートで教える

　ディベートの指導には、まず、ディベートそのものを教えるものがあります。ディベートを教えるというものです。もう一つは、ディベートを使って指導するものです。ディベートで教えるというものです。

　国語科においては、どちらの指導も可能です。しかし、目指したいのは、生徒の主体的な思考を促すための補助手段としてのディベートではないでしょうか。説明的文章教材の読みを深めたり、発展的な思考を進めたりする場合がそれに当たります。あるいは、文学教材の読解や鑑賞を深めるなどの利用法もあります。

　ディベートをあまり大げさに考えずに、これを指導法の一つとして、引き出

しの一つとして手の内に入れてしまうことが重要です。そうすれば、国語科の授業も変化に富んだ、活性化されたものになるでしょう。

（2）総合学習としてのディベート

　ディベートというと討論の一形態であり、一般的には、討論そのものを指すでしょう。これは、狭義のディベートです。もう一つには、広義のディベートがあります。それは、次のプロセスの総称であり、討論場面だけを指すのではないということです。

> ① 論題（テーマ）の決定
> ② 資料、データ、情報の収集と分析
> ③ 論理の構築
> ④ ディベート・マッチ（討論）
> ⑤ 意見文等の作成

　①から⑤には、読む、話す、聞く、書く、調べる、話し合うなどの活動が入ります。そして、そこには、考える活動が一貫して流れています。まさに、国語科における総合学習と言えるものです。

（3）ディベートは知的格闘技

　ディベートは、言葉のボクシングであり、知的格闘技と言われます。したがって、上記④のディベート・マッチに至るまでの①から③が、ディベート・マッチに勝るとも劣らないほど重要なものとなります。これは、ボクシングのトレーニングに当たります。

　また、⑤の意見文等作成では、ディベートでの立場を離れて文章を書くことで、思考の広がりや深まりを得ることができます。ここでは、①から④に秘められた大きな教育力が発揮されることになります。

　ディベートの核心は、かみ合った議論です。それを可能にするのが、①から③のプロセスです。国語科においては、ディベートを教える指導を土台として、そこからディベートで教える指導へと進めていければと考えます。

8 ディベートは万能ではない

ディベートを行う上でのハードル

　ディベートでは、生徒が自分たちで資料を集めて論理をつくろうとします。意見を主張しようとします。そこには、生き生きとした表情があります。ディベートによって、生徒たちが学習の主役となり、討論が成立するようになってきました。

　しかし、ディベートは万能ではありません。特に、2つの立場に分かれて討論させることの功罪は検証しなければなりません。実際にディベートを行おうとすると、以下のように、いくつものハードルがあることも事実です。

1）指導者自身が未経験で実践に及び腰であること

　教師は、自分が未経験のことにはなかなか踏み切れません。実施方法、指導過程、評価等に確信がもてないことを行うには、思い切りが必要です。ついついまわりの様子見となってしまいがちです。

2）ディベートは相手を言い負かす理屈上手を育てるという誤解があること

　勝つために相手を論破する、言いくるめる、やっつけるのがディベートだという誤った先入観が一部の教師にあります。さらに、ディベートは、和を大切にする日本の土壌に合わず、根付くはずがないといった誤解もあります。

3）テーマが現実から遊離したものになりがちで討論結果が問題解決につながらないこと

　ディベートは、基本的に二元論に立っています。是か非か、AかBかという相拮抗したテーマ設定が難しく、現実の複雑な要素を捨象したものになりがちです。一方で、現実問題の解決にはつながらないことが多いようです。

4）全員の生徒が体験するには時間数がかかること

　授業時数が限られる中、学級の生徒全員にディベートを経験させるには時間がかかります。1回のディベートでは、ディベーターが各チーム4人として計8名が直接参加できるにすぎず、全員に経験させるには4時間程度が必要とな

ります。年間を通して、全員の生徒に数回のディベートを経験させるのは厳しい状況です。

5）ディベーターと他の生徒との意識差が大きいこと

ディベーターでない生徒は、司会や判定員として参加します。指導者は、判定用紙を準備して記入させるなど、間接的にでも討論に参加させようと工夫します。しかし、実際のところ、ディベーターとそれ以外の生徒との意識の落差が大きいのが現状です。

国語の教科書にディベートが載っていたときには、自らはディベート未経験の教員でも、授業で取り組まざるを得ない状況になっていました。しかし、現在では必ず載っているわけではありません。これもディベートが下火になっている要因なのかもしれません。

様々なハードルはありますが、ディベートを行う大きな目的は、論理的なものの考え方や聞く力・話す力などを身につけさせることにあります。万能ではないとはいえ、ディベートを実施する価値は十分にあります。

第8章

ディベートを超える「パネル・ディベート」

1 パネル・ディベートを提案する

（1）ディベートから2つの立場を外す

　ディベートの魅力の一つは、相対する2つの立場に分かれることです。この二値的考え方は、議論をわかりやすくし、それぞれのチームの闘争心を呼び起こします。しかし、話し合いは多値的考え方を前提としています。したがって、ディベートでは、現実問題の解決に際しての力とはなりにくい側面があります。

　思い切って、この相対する2つの立場の枠を外すとどうなるでしょうか。抽象化された是か非かという2つの立場にこだわらず、もっと多くの3～5の立場を設けることで、設定された立場はより具体的、現実的になります。議論は現実に根ざしたものとなり、その結果、生徒にとっては取り組みやすくなります。

　また、副次的な産物ではありますが、1回の討議に参加する人数も多くなり、全員を参加させるのに2時間程度で終えることができます。これにより、参加者間の意識差もかなり埋めることができます。

（2）ディベートを超える新しい討論形態

　ディベートに基盤を置きつつパネル・ディスカッションの特長を取り入れたパネル・ディベートというものがあります。これならば、2つの立場にこだわらずに、多面的に問題を検討し、フロアからの参加も得て活発に議論を展開することができます。パネル・ディベートこそ、ディベートを超える新しい討論形態と言えるかもしれません。

（3）パネル・ディスカッションの形式を取り入れる

　パネル・ディスカッションは、異なる立場の代表数名が、各自の専門的知識や情報、意見を述べ合い、聴衆も交えて討論する方法です。このうち、異なる

立場の代表数名が聴衆も交えて討論することをディベートに持ち込み、それを改良したのが、パネル・ディベートです。

（4）ロールプレイングでその人になりきる

パネル・ディベートでは、立場が3〜5と増えるのに伴い、具体的な立場（人物・役割）を与えることになります。それぞれの立場からロールプレイングをさせることで、討論が格段に具体的・現実的となります。現実に存在する人を思い浮かべて、それに一体化するようになります。

（5）パネル・ディベートの進め方と特長

パネル・ディベートは、ディベートを基盤として、パネル・ディスカッションの方法とロールプレイングの要素を一部取り入れたものです。進め方は、次のようになります。

1）一つのテーマについて、3〜5の立場（チーム）に分かれる。

2）チームのメンバーはチーム内協議を行い、与えられたテーマについて意見を統一しておく。

3）2）に基づいて、代表者1名または2名が立論と代表者討議を行う。

4）他のメンバーは、全体討議の場で討論に参加する。

5）審判は、どのチームの討論がすぐれていたかを判定する。

また、パネル・ディベートは、次の特長をもっています。

① いくつもの立場を設定し、様々な立場・視点から問題を捉えて論争する。

② ロールプレイング的要素を取り入れて立場を設定するため、中学生でも論の組み立てや討論がしやすい。

③ 全体討議の時間をもち、そのときにはフロアも討論に参加する。

（6）パネル・ディベートで育てる力

パネル・ディベートで育てる力は、基本的にディベートと変わるところはありません。論理的思考力や討論する力などを育て伸ばすことは、パネル・ディベートでも同様に可能です。加えて、パネル・ディベートの最大の魅力は、現実問題に対応する力を育てることです。

2 「世界に軍事力は必要か」

（1）ローマ日本人学校におけるパネル・ディベート

　以前、ローマ日本人学校に赴任する前に、国語の授業でパネル・ディベートを取り入れたことがありました。その反省をもとに、ローマ日本人学校でも実践することにしました。

　パネル・ディスカッションの利点とディベートの利点を組み合わせます。言い換えれば、それぞれの欠点を補うためにパネル・ディベートを行いました。生徒には、以下のように説明しました。

　○ パネル・ディスカッションとは

> 　あるテーマについて、代表者（パネリスト）が聴衆（フロア）を前に自由に意見を発表し合い、聴衆からの質問によって、パネリスト同士やフロアも巻き込んで討論をするような話し合いを言う。

　○ ディベートとは

> 　一つのテーマをめぐって、相対する２つの立場に分かれて、一定のルールに従って討論し、最後に勝敗が判定されるものである。

　○ パネル・ディベートとは

> 　一つのテーマを設定し、複数の立場（班）に分かれて、それぞれの立場、視点から問題をとらえて論争し、最後に審判団が討論の優劣を決めるものである。

　パネル・ディベートは４チームで行えるので、一度に多くの生徒がディベーターを体験できるという利点があります。まだまだ自分の意見を発表するという点では不十分な中学１年生でも、チームで作業を行うため、安心して取り組むことができます。

ディベートに比べると、盛り上がりに欠けることがあります。時間が短いとチーム数が多い分、たくさんの意見を出させることができません。しかし、パネル・ディスカッションの前段階の指導法として有効であり、チームとしての調べ学習にも効果的です。

（2）パネル・ディベートのテーマと４つの立場

テーマは、生徒から出された「世界に軍事力は必要か」にしました。日本国内では、なかなか出てこないテーマかもしれません。このテーマが出てきた背景には、当時の世界情勢があったと思います。２００１年９月１１日に起こったアメリカ同時多発テロをはじめとして、現在でもそうですが、世界情勢が不安定なときでした。ヨーロッパのイタリアにいると、中学生でもそのことをひしひしと感じていたのだと思います。

パネル・ディベートの班となる立場は、次の４つとなりました。

```
A　国際連合（不必要）　　B　軍事機関（必要）
C　国の指導者（必要）　　D　国民（不必要）
```

今回は、中学１年生がパネル・ディベートを行い、中学３年生と教員が審判団を務めました。中学３年生は、すでに国語の授業においてディベートを経験しています。パネル・ディベートに参加するのは、今回が初めてでした。

（3）パネル・ディベート授業計画

今回の「世界に軍事力は必要か」というテーマでのパネル・ディベートの授業は、以下のような計画で進めました。

```
〈第１時〉　①　説明　　②　模擬パネル・ディベート
〈第２時〉　③　テーマ決定　　④　班分け　　⑤　立場決定
　　　　　　⑥　代表者・司会者の決定
〈第３時〉　⑦　班の意見のまとめ　　⑧　調べ学習（資料収集・整理）
〈第４時〉　⑧　調べ学習（資料収集・整理）
〈第５時〉　⑧　調べ学習（資料収集・整理）　　⑨　立論作成
```

〈第6時〉　⑨　立論作成

〈第7時〉　⑩　パネル・資料の作成　　⑪　質問の準備

〈第8時〉　⑩　パネル・資料の作成　　⑪　質問の準備

〈第9時〉　⑫　パネル・ディベート・マッチ

〈第10時〉⑬　アフター・パネル・ディベート（意見文作成）

（4）パネル・ディベート・マッチの流れ

本番のパネル・ディベート・マッチは、以下のように進めました。

（1）立論　　A → D班　　　　2分×4＝8分　パネリスト1による意見・
　　　　　　　　　　　　　　　　　　　　　立場の発表

（2）パネリスト討議　　　　　　　　　8分　全パネリスト同士の意見・
　　　　　　　　　　　　　　　　　　　　　質問交換

　　　作戦タイム　　　　　　　　　　2分　各班ごとの作戦会議

（3）全体討議　　　　　　　　　　　8分　パネリストと審判団全員に
　　　　　　　　　　　　　　　　　　　　　よる討議

　　　作戦タイム　　　　　　　　　　2分　各班ごとの最終弁論準備

（4）最終弁論　　D → A班　　1分×4＝4分　パネリスト2による発表

（5）判定　　　　　　　　　　　　　3分　判定および判定結果発表

（5）中学3年生（審判団）による講評

　以前から、この中1のパネル・ディベートを楽しみにしていました。私たちは、いつもやる側だから、たまには見てみたいという気持ちもありましたが、やっぱり中1のディベートだからというほうが大きかったような気がします。

　最初にテーマを聞いたときは、はっきり言って「えっ」と思いました。多少の心配はありました。でも、実際は、その心配を見事に裏切ってくれました。雰囲気とかも気迫に満ちていました。鋭い質問をする姿やビシッと答える姿はかっこよかった。やっぱりやってくれる人たちなんだなあと

改めて実感しました。

　さて、内容のほうですが、このテーマは難しかったと思います。「世界に軍事力は必要なのか」それぞれのグループのそれぞれの意見には考えさせられました。一つの物事も自分だけの視点ではなく、違うところから見れば複雑にはなるけれど、問題により近づくことができます。

　私たちには、地球人として解決しなければならない問題がたくさんあります。軍事力もその一つでしょう。勝ち負けに関係なく、難しい、しかし重要なテーマのもとに討論して、自分の考えを深め、立場の違う人たちの意見を聞いて視野を広げる。そこがディベートと呼ばれるもののすばらしいところだと思います。もちろん、これが実際に解決を迫られる問題だったら討論だけでは解決できないでしょう。だからといってやめるわけにはいきません。

　このパネル・ディベートは、将来、役に立つときがくると思います。本当にすばらしかったです。ありがとうございました。さらなる成長を期待しています。

3　ディベートからパネル・ディベートへ

（1）４つの立場によるディベート

　前任校で国語の授業にディベートを取り入れました。その結果、国語の授業が変わり教室が活性化しました。何よりも生徒が変わりました。ディベートの実践を重ねる中で、ディベートのテーマである論題を生徒と考えているときに、立場が２つではなく４つになってしまったことがありました。

　それは、『故郷』の学習でした。ぜひ考えてみたい論題であったため、ディベートとは言えないのかもしれませんが、４つの立場のままディベートを行いました。そのときは、パネル・ディスカッションとディベートを掛け合わせたようで、これもわるくはないと思いました。ただ、盛り上がりや白熱するかという点ではディベートには劣ると感じました。同時に、立場は２つというディベートの限界にも思いが至りました。

（2）ディベートを超えるパネル・ディベートを提案する

　あるとき、『ディベートを超えるパネル・ディベートを提案する』という本に出合いました。食いつくように、本を手にし、読んでみました。すぐに「あれだ」と思いました。そうです。私がたまたま行った４つの立場からのディベートそのものでした。

　すぐに国語の授業に取り入れようと考えました。ちょうど、一斉授業からの脱却を目指し、ジグソー学習を行ったところでした。生徒は、授業が変わることを渇望していました。うまい具合に、パネル・ディベートを行うための下地ができていました。

（3）パネル・ディベートから意見文へ

　生徒に話す力・話し合う力をつけさせると同時に、書く力をつけさせたいと常々考えていました。文章を書く力を向上させるには、いかにして書かせるかだけではなく、いかにして話させ、聞かせ、読ませるかの指導も必要です。そこで、話す・聞く活動と書く活動を関連させ、双方の高まりをねらった実践を行うことにしました。

（4）パネル・ディベートの導入

　論理的な文章を書く力、情報を文章に生かす力を高めるためにはパネル・ディベートが有効です。パネル・ディベートとは、以下のように、パネル・ディスカッションの長所を生かしたディベートのことです。

> 　複数の立場の派を設定し、その派ごとにロールプレイ・シミュレーション的にパネリストとなって、全体が討論に参加する。

　パネリストたちがロールプレイング的に役になりきって討論を行うため、実におもしろく、かつスムーズに多様な立場が存在することに気づけるよさがあります。

　また、ディベートとは違い、より多くの生徒が役割の中に入り込めるため、従来よりも参加しているという雰囲気があり、学習の耐性的な場もしっかりとつくられます。論拠を明確にした討論が、書く意欲をかきたて、書く素材を提

供し、論理を組み立てる方法を学ばせます。

　そうして、書こうとする時がきたときには、書くべき内容がおおむねできあがっています。討論にはそうした学習効果があります。

　さらには、以下のように、立論のための論理の組み立て方、その論理を支える根拠となる情報の整理・活用、つまり情報活用能力を育てることが可能です。

> ① テーマに関する多くの情報を獲得できる。
> ② 情報を選択し、整理する能力が身につく。
> ③ 相手を意識し、説得する力が身につく。
> ④ 自分以外の人の多様な考えを知ることができる。
> ⑤ 自分の考えを整理し、深化できる。

4　パネル・ディベートの授業

（1）パネル・ディベートの授業計画

　国語の授業にパネル・ディベートを取り入れるにあたり、次の4つを学習目標としました。

　1）相手の立場や考えを尊重して論理的に話す。

　2）意見の展開を整理しながら聞き、自分の考えを深める。

　3）話し合いを通して他の見方や考え方を取り入れ、自分の考えを深める。

　4）相手を説得できる根拠のある意見文を書く。

以下のように、全8時間で学習計画を立てました。

> 〈第一次〉2時間
> 　① パネル・ディスカッションとディベートについての説明を聞く。
> 　② ビデオ・ディベート「購買部は必要か」を視聴する。
> 　③ モデル・ディベート「制服は必要か」を行う。
> 　④ 論題を出し合う。
> 　⑤ 第一次意見文を作成する。
> 〈第二次〉4時間
> 　① パネル・ディベートについての説明を聞く。

② 第一次意見文をもとに論題を選定する。

③ パネル・ディベートの準備をする。

④ パネル・ディベートを行う。

〈第三次〉2時間

① 第二次意見文を作成する。

② 相互批正をする。

③ 清書をする。

（2）いかにパネル・ディベートにもっていくか

生徒には、ディベートの経験がありません。パネル・ディスカッションについても、その名前は知っていますが、経験はありません。

そこで、前任校で行ったディベートのビデオを見せることにしました。自分たちと同じ中学生が行っているものなので、ディベートをイメージするには効果的なのではないかと考えました。

次に、台本を読む形でのモデル・ディベートを取り入れることにしました。ディベートを実際にやってみることで、ディベートを理解し、パネル・ディベートへの意欲づけを図るためです。パネル・ディベートは、あくまでもディベートの応用形であり、立場が2つではなく複数になるパターンであることを前提にしました。

（3）パネル・ディベートをもとにした意見文作成

前任校では、ディベートそのものを行うことを主目的としました。今回は、パネル・ディベートにより討論を経験させることも重要ですが、そこから一人一人が自分の考えを深め、それを意見文としてまとめることを学習の最終ゴールとしました。自分の考えを深める手段として、パネル・ディベートを位置づけたわけです。

5　パネル・ディベートの実際

（1）論題選定

1）ディベートの理解と第一次意見文

　生徒にアンケートをとってみたところ、パネル・ディスカッションについては知っていましたが、ディベートについての知識はありませんでした。そこで、まず、「購買部は必要か」という論題で行われたディベートのビデオを見せました。これは、前任校で国語の時間に行ったものです。次に、「制服は必要か」という論題で行われたディベートを台本を読む形で再現しました。

　このようにして、ディベートへの理解を図り、その後、自分たちが取り組む論題を出し合いました。授業者のほうから、いくつか例を出した結果、生徒からたくさんの論題が出されました。その中から、次の２つの観点により、いくつかに絞り込みました。

　① 家族に関わるもの
　② 中学３年生として興味のある社会問題

論題候補

　○ 日本は自衛隊をなくすべきか。
　○ 日本は原子力発電所をなくすべきか。
　○ 中学校は制服をなくすべきか。
　○ ２泊３日で修学旅行に行くとしたらどこがよいか。
　○ 日本は死刑制度をなくすべきか。
　○ 医師は治らない病気を告知するべきか。
　○ 小学校に英語教育を導入するべきか。
　○ 中学校は昼食を弁当にするべきか。
　○ 日本は脳死を人の死とするべきか。

　その後、絞り込まれた論題について自分の考えを明確にするために、第一次意見文を作成しました。以下が、告知問題に対する生徒の第一次意見文です。

　　私は、治らない病気を告知するべきだと思います。その理由は、もし自

分が患者さんだった場合、はっきりと言ってほしいからです。何にも知らされないで、ずっと病院に入っているよりも、残りの短い期間を楽しんで過ごしたほうが、この世に悔いを残さないで死んでいけるでしょう。私は、これらのことから、告知したほうがいいと思いました。

２）パネル・ディベートの論題選定

　今回は、パネル・ディスカッションとディベートのよさを合体させたパネル・ディベートを行うことを生徒に知らせました。そして、第一次意見文を参考にしながら、以下の２つの観点から論題を２つに絞りました。
　○　話し合いが広がっていく可能性をもつ論題
　○　多値的反応が保障され、いろいろな考えが認められる論題

論題１

治らない病気を患者に告知するべきか。

論題２

日本に原子力発電所は必要か。

（２）準備からマッチへ

１）パネル・ディベートの準備

　２つの論題が決まったところで、パネル・ディベートの準備に入りました。まずは、チーム編成です。ロールプレイング的な役になりきれるよう、生徒と話し合って以下のように、それぞれの立場を決めました。一人一人の生徒が、どの立場でパネル・ディベートを行うかは、生徒の希望に任せました。

告知	親戚・家族・本人・医師・友人	原子力	電力会社・一般国民・政府・地域住民

　チームが決まったところで、早速、次のような流れでパネル・ディベートの準備に入りました。

① 根拠とそれを支える情報の収集・選択

　　ⅰ　情報カードを活用する。

　　　　○ 生徒に情報処理活用への意欲をもたせる。

　　　　○ 生徒同士の情報交換を活発にさせることで集団思考の質を高める。

　　　　○ カード作成により自分の考えが生かされるという満足感を与える。

〈情報カード〉　　　論題：告知　　　立場：医師側　　　分類：反対尋問

　患者さんの病気の具合によると思う。ノイローゼ気味の人とか、告知してパニックとかになったら大変だから。でも、しっかりしている人とか、言っても大丈夫そうな人には絶対言うべき。言わなかったら、あとでうらまれそう。

　　ⅱ　情報収集のポイントを示す。

　　　　○ 論題について、辞書、百科事典、専門書などで調べる。

　　　　○ 新聞、雑誌などの関連記事をコピーしておく。

　　　　○ 家族や友人に質問し、そこで得た情報をまとめておく。

② 立論等の論理の組み立て

　　ⅰ　立論の書き方パターンを提示する。

　　　　○ 論理的な作文の「型」を理解させる。

③ 発表資料と原稿メモの作成

　　ⅰ　大きめの付箋紙やカード、ルーズリーフを用意する。

　　ⅱ　図表やグラフなど、一目でわかるものを用意させる。

④ チーム内での練習

　　ⅰ　チーム内で練習（模擬パネル・ディベート）を行わせる。

　準備ができたところで、パネル・ディベート・マッチを行いました。今回は、生徒にとっては初めてということで、次の理由から授業者が司会を務めました。

○ 生徒にとって初めての経験であるため、様々なハプニングが予想される。その際、臨機応変に対応する。

○ 生徒に司会の力をつけさせるために、授業者が優れた司会の手本を示す。

2）パネル・ディベート・マッチ

　告知の論題では、本人をはじめ親戚や家族、医師や友人のそれぞれの立場から意見が述べられました。簡単には結論が出ない難しい問題ですが、生徒は豊富な資料をもとに、それらを裏付けとして論の強化を図っていました。

　原子力の論題では、電力会社や政府の考えと一般市民や地域住民との間に、温度差のようなものが垣間見られました。エネルギー問題と相まって、中学3年生が社会的な視点から物事を考えるにはよいテーマとなりました。

（3）パネル・ディベート後の意見文

　1）第二次意見文の作成

　パネル・ディベートを行った後で、一人一人、2回目の意見文を作成しました。これは、話し合ったことで明らかになったことを意識化させていく学習であり、話し合うことの意味を実感させることにもつながります。

　また、自分の立場に固執するのではなく、いろいろな意見を取り入れ、それを踏まえて自分の考えを深めることができたかどうかを評価することができます。そして、生徒にその変化や深化に気づかせることができれば、討論の効果が生徒の文章に表れたといえます。

　2）生徒同士による相互批正

　第二次意見文が出来上がったところで、相互批正の時間をとりました。生徒による相互批正の評価は、生徒自身が学級集団の中で認められ、自分のよさに気づくことになり、意欲的に書くことにつながります。

　多くの友達の様々な視点からの相互評価は、一人一人の評価観を広く深く多面的にします。ここで大切なことは、友達の作品のよさを認めるという方向での相互評価です。同時に、友達の様々な評価を受け入れようとする姿勢です。

　具体的には、色別に感想カード（緑）、質問カード（赤）、アドバイスカード（黄）の3種類のカードを用意しました。そして、友達にどんなアドバイスをもらい、その後、どんなふうに加除訂正したかを一覧表にまとめた後で清書しました。

〈感想カード〉

　私は告知した方がよいと思う側ですが、やはり本人だったら病名自体を知らせてほしくないです。○○さんの文のおかげで、自分の中の告知に対する意見をまた一つ見つけることができました。

〈質問カード〉

　家族の方々はどうなるのですか。何も知らずに亡くなった本人はまだよいですが、残された家族は、この先どうやって告知しなかったということを背負って生きていかなければならないのですか。

〈アドバイスカード〉

　自分の考え（意見）をもう少し入れると、すばらしい文になると思う。

3）自己評価の記述から

　３月５日（木）

　今日は、立論と最終弁論を考えて下書きし、原稿用紙に書き写した。みんなが分かりやすいようにと考えながら書いたので、時間がかかってしまった。みんなで楽しく協力してできたのでよかった。他のグループの人たちも協力してやっている様子だった。

　３月６日（金）

　今日は、楽しみにしていたディベートをやった。最初のうちは、緊張して、あまり意見をいえなかったけれど、後になってくると、積極的に発言することができた。反対尋問が私たちのグループしかなかったのが残念だった。たくさんあった方が盛り上がったと思う。今回のことから、次は反対尋問をたくさん出し合って、積極的な発言をすることが課題であると思う。

　３月１０日（火）

> 　今日は、第二次意見文の相互批正をした。友達同士で読み合って、その
> 人の考えていることがわかった。楽しくできたのでよかったと思う。早く
> 次をやりたいと思った。

6　パネル・ディベートがもつ力

（1）計画的・継続的な学習

　情報活用能力を育てるために討論を位置付けます。そうすることで、一人一人が自ら必要な情報を手に入れ、相手にわかりやすく伝えようとする態度が育っていきます。そのためには、生徒が興味・関心をもち、なおかつその見方が多面的になされるような論題を設定しなければなりません。

　年に１回や２回の討論を行ったからといって、論理的な思考力が育つものではありません。それは、計画的・継続的な学習により育つものです。そのためには、説明的文章とつなげたりして、年間指導計画にしっかりと位置付けていくことが大切です。

（2）今後の課題

　問題点として、情報収集や分析の力を培うということが、具体的にいつどのように行われているのかが見えにくいということがあります。また、書く学習では、全体的に活動と付けるべき国語科の作文力との関係が曖昧であることが挙げられます。

（3）パネル・ディベートの力

　一度や二度で論理的な文章力が鍛えられるわけではありませんが、今回の実践によって、少なくともその手がかりは見えてきたように思います。学級の大半が作文嫌いだったにも関わらず、抵抗なく意見文を書き進めることができたのは、パネル・ディベートの力によるところが大きいと言えます。

（4）第二次意見文

> 　告知

192

　私は、やはり素直に病名を告知するべきだと思います。理由は２つあります。

　まず一つは、その人が残された時間を有意義に過ごすためです。人それぞれ、やりたかったこと、言いたかったことなど、悔いの残ることはあると思うし、それを果たせないで死んでしまったら、その人がかわいそうだからです。

　二つめは、告知しなくてもいずれ本人には知られてしまうと思うからです。もし知ってしまったら、その人はとても不安な気持ちになると思います。告知しても不安になるとは思いますが、それとは違う不安です。告知されたらその病気とみんなでたたかっているんだという気持ちになってくると思いますが、自分で気付いてしまった場合は、家族や医師に聞くのは怖いし、誰にも言えず、一人で病気とたたかうことになってしまうのではないでしょうか。それはやっぱり、ちがう不安だと思います。

　私は、これらのことにより、医師は患者に病名を告知するべきだと思います。もし自分がそういう立場だったらと考えてみても、やっぱり告知してほしいです。

（5）パネル・ディベートの可能性

　ディベートの教育的効果は認めますが、万能というわけではありません。特に２つの立場に限定されることの功罪は考慮する必要があります。ディベートに基盤を置きつつパネル・ディスカッションの特長を取り入れたパネル・ディベートならばどうでしょう。

　２つの立場にこだわらず、多面的に問題を検討し、フロアからの参加も得て活発に討議を展開するパネル・ディベートこそが、ディベートを超える新しい討議形態になり得るのではないでしょうか。この討議法であれば、立場の設定はより具体的になり、議論は現実に根ざしたものとなります。

　そして、議論は議論で終わらずに、現実の問題にどう対応すべきかについて、深い示唆を与えることになります。

第9章
学び合うための表現学習「群読」

1　古典の授業で行き詰まる

（1）何とかしたい古典の授業

　中学校の教科書を見ると、各学年ともに古典教材が入っています。自分としては古典が嫌いなわけではありませんが、いざ、生徒を前に授業を行うとなると、どうもアイディアが出てきません。自分が受けた中学校の授業、そして古典文法中心だった高校の授業の経験から脱却できない自分がいました。

　古典といえば、やることが決まっており、そこにおもしろさや楽しさはありませんでした。すべてが機械的で、まるでテスト問題に対応するために古典を学習しているかのようでした。本屋さんで古典の参考書を買ってくれば、それでことは足りると思えました。

　「これではいけない」と古典の授業を工夫しようとあがいていましたが、根本的に違っていたように思います。小手先のおもしろさや生徒に活動させるだけの方向へ走ってしまいました。その結果、古典の授業は行き詰まっていきました。

（2）困ったら原点に立ち返る

　生徒にアンケートをとると、古典に対して「むずかしい」「わからない」「おもしろくない」「読みにくい」というイメージを抱いていることがわかります。多くの生徒は古典の授業を好んではいません。その背景には、歴史的仮名遣い、現代語との意味の違い、さらには、古文特有の言い回しや主語の省略などがあります。

　生徒の古典への意識を変えるには、まずは読めることが第一条件です。音読を繰り返し、時間をかければ読めるようになるかもしれません。お決まりの暗唱テストを行えば読めるでしょう。しかし、生徒の意識を変えることができるとは思えません。やはり、プロとしての指導法の工夫が必要です。ただ読む、

音読するのではなく、何のために、どのように読ませるか、という視点が必要だと考えました。

（3）「群読」との出合い

　そんなときでした。救いの神が現れました。「群読」です。具体的には、高橋俊三先生の『音読・朗読・群読の指導』と『群読の授業』という本です。それまで群読の実践は行ったことがありませんでした。むさぼるように読んでみると、明るく、楽しく、生き生きとした学習活動を展開することができ、古典に親しむというねらいに迫ることができるように思えました。

　群読は、国語の総合学習です。文字言語と音声言語を結び、理解学習と表現学習を関連させることができます。群読をするには話し合いが必要になります。そこには価値ある学習が認められます。よい群読を行うには豊かな解釈が前提条件となります。生徒は活発な話し合いを展開し、主張したり実演したりと、教室が活性化します。群読は、古典の学習に適しており、古典に親しませるための有効な方策なのではないかと考えるに至りました。

2　群読は国語の総合学習

（1）群読は楽しい

　群読は楽しいものです。群読を始めると、子どもたちの目が輝いてきます。表情が生き生きとしてきます。個人の朗読にはないハーモニーが生まれます。

　子どもたちの声が小さくはないでしょうか。声が響かず、声が届いてきません。相手に声が届かないのです。この課題を解決する手だてはないものでしょうか。

　群読には、人を巻き込んでいく力があります。学級を前にして、一人では声が出ないという子どもでも、友達と一緒だと、意外と声を張り上げるということがあります。一人で読む朗読はあまり好きではないが、群読は好きだという子どももいます。まずは、声に出すことの抵抗と障害をなくし、音声化を楽しむことが一番です。

（2）群読は国語の総合学習

　群読をするための話し合いには、価値ある学習が認められます。教材のどこをどのように分け、誰が分担するかということは、内容と文体に依ります。よい群読作品をつくるためには、論理的な分析と感覚的な把握の両方、すなわち豊かな解釈が前提となります。

　子どもたちは活発な話し合いを展開します。主張したり実演したり、ときに沈黙し、ときに歓喜し、子どもと教室が共に活性化します。

　群読は、国語の総合学習なのです。文字言語と音声言語を結び、理解学習と表現学習を関連させ、論理と言語感覚を共に働かせます。音声を発することと受けることを同時的に両立させ、ときに身体言語を取り入れた言語の立体的な学習と言えます。

（3）群読の教育的効果

　群読とは、劇作家木下順二氏によれば、「複数の読み手による朗読」です。群読は、あくまでも個の朗読を基本とします。それを前提として、教材の意味的・文体的な必然性から、複数の読み手による読みが効果を上げるだろうと判断された場合に群読を取り入れるようにします。

　群読を国語の授業に取り入れることには、個人による朗読の効果に加えて、次の３つの効果を認めることができます。

> （1）学び合い　　話し合うことによる読みの深まり
> （2）響き合い　　読み合うことによる読みの深まり
> （3）聞き合い　　聞き合うことによる読みの深まり

　子どもたちは、朗読することを通して、文章に対する主体的な目を育てていきます。特に、群読にあっては、互いの声が他を刺激し、波及し合って、好ましい全体の読みをつくり出すことがあります。

　その全体の読みをつくり上げるための話し合いは、教材解釈の紹介のし合い、すなわち学び合いです。それは、互いの読みを聞き合うことによってさらに深まっていきます。

3　群読を取り入れた古典の授業

（1）群読に適した古典教材

　中学2年生の教科書には、古典教材として『平家物語』『枕草子』『徒然草』「漢詩」があります。これらの教材が、朗読や群読に適しているかどうかを判断しなければなりません。群読に適する条件として以下のことが挙げられます。

○　文体に、音声化するに適したリズムやうねりのあるもの

○　複数の人物が登場するもの

○　作品の語り手の視点が移り動くもの

○　内容が思想的であるよりは抒情的であるもの、さらには叙事的であるもの

○　表現が説明的であるよりは描写的であるもの

　これらの条件の多くを備えているものとしては、まず『平家物語』が考えられます。口承文芸としての特質を理解する上でも音声化が必要な作品です。次に適しているのが『枕草子』です。随筆である『徒然草』は、群読よりも朗読に適しています。そして「漢詩」は、その独特のリズムから朗読、群読のどちらにも適していると思われます。

　また、一般的に群読に適しているものとして「詩」が挙げられます。中学2年生では、吉野弘の『夕焼け』という作品があります。これを発展的な教材として扱うことにします。

（2）段階を踏んだ指導計画

　群読は個による朗読を基盤としています。ほとんどの生徒が群読をやった経験がないという実態から、いきなり群読に入るのではなく、まずは、個人の朗読から入ることにします。ここでは、『徒然草』を教材として扱います。

　次に、群読の導入として、『枕草子』「春はあけぼの」を使い、グループ群読を行います。そして、技能面、意欲面ともに高まってきたところで、群読に最も適している『平家物語』「扇の的」をもってくることにします。単元における学習のピークを、「扇の的」の群読にもってこようと考えました。

　さらには、生徒の選択により、「漢詩」を朗読あるいは群読させます。最後には、学習のまとめとして『夕焼け』を使い、もう一度グループ群読を行うことで生徒の変容を見ることにします。

どんな指導法でもそうですが、ねらいと生徒の実態と教材を考慮しなければなりません。まずは群読ありきではありません。群読をやってみましたではいけません。生徒にこんな力をつけさせたい、生徒にこうなってほしいという願いがスタートです。そして、生徒の実態を踏まえます。教材を分析します。朗読がいいのか群読がいいのかを判断します。あるいは、どちらにも適さないこともあり得ます。

この教材は、こんな特徴があって、生徒にこんな力をつけたい、だから群読を取り入れる。このことが明確でないままに実践を進めても、思うような成果は得られません。ねらいと実態あっての指導法です。群読は、その選択肢の一つでしかありません。

4 朗読教材としての『徒然草』

（1）まずは『徒然草』を音読する

古典の学習では、よく音読をします。この音読のさせ方が重要です。以下の流れで『徒然草』を音読していきました。

1）教師の範読

途中で止めて若干の説明を加えながら、まず授業者が範読します。ＣＤなどではなく、授業者が自分の声で範読した方が、止めたり、説明を加えたりと、自在に進めることができます。

2）全員で斉読

次に、全員で斉読をします。斉読のよい点は、みんなで合わせようとするため、自然とゆっくり読むことができる点です。また、間違った読みをしたときには、自分ですぐに気づき、修正することができます。慣れてくれば、一定のスピードでの斉読を目指します。

3）楽しく音読

学習形態を変えながら楽しく音読していくうちに、いつの間にか正しく読めるようになっていることをねらいます。個人、一斉、ペアの音読を取り入れま

す。ペアでは、二人一組で一文ずつ交互に読むようにします。繰り返し読んでいるうちに、ほとんど暗唱してしまうのが理想です。

４）内容理解のための音読

ペアで、古文と現代語訳とを句読点で切りながら交互に音読させます。こうすることで、一通り理解した意味が音声となって入ってくるため、より一層理解度が増すことになります。また、学級を２グループに分けて、同じように読ませます。

（２）『徒然草』の朗読プランと朗読発表会
１）朗読プランの作成

今までの内容理解に基づいて、各自に朗読プランを作らせます。自分はどのように読みたいのか、記号や言葉で書かせます。微音読しながらプランを考えてもかまわないことにします。

２）グループ学習

ここでは、グループを作ることが重要なのではなく、個人がいかに朗読できるかが大切です。そこで、男女混合６～７人からなるグループとします。話し合いや作業には不向きですが、発表活動を優先させることにします。一人一人に朗読プランを発表させ、互いによいところをメモし、自分の朗読に取り入れるようにします。

３）朗読発表会

発表の場は、全体ではなくグループ内とします。まだ人前で朗読することには慣れていないため、緊張の度合いが少ないと思われるグループ内とします。また、全体では時間がかかりますが、グループだと短時間で効率よく進めることができます。発表するだけでなく、互いに相互評価を行います。互いのよいところを認め合えるようにし、次の発表への意欲づけとなるようにします。

（3）『徒然草』朗読プラン

―『徒然草』「神無月のころ」朗読プラン　―私はこんなふうに読もう―

神無月のころ、栗栖野といふ所を過ぎて、ある山里にたづね入ること / はべりしに、
　おちついて　　　　強　　　　　　　　　　　高

はるかなる苔の細道を踏み分けて、心細く住みなしたるいほりあり。木の葉にうづ
高　　　　　　　　　　　　　　　高　　　おちついて　　　おとす

もるるかけひのしづくならでは、つゆ / おとなふものなし。閼伽棚に菊・紅葉など

折り散らしたる、さすがに住む人のあればなるべし。
　　　　　　　　　　　　　　　高

かくてもあられけるよ、とあはれに見るほどに、かなたの庭に、大きなる柑子の
高　　　　　　　　　　　　　　　　　　　　　　高　　　　　　　強

木の、枝もたわわになりたるが / まはりをきびしく囲ひたりしこそ、少しことさめて、
　　　　　　　　　　　　　　　切　　　強　　だんだんおとす

この木 / なからましかば、と覚えしか。
　　　　　　　　ゆっくり

> 　高低や強弱に気をつけて、心を込めて一文一文主張すべきところに、特にアクセントをつけて読みたい。「この木なからましかば」は残念そうに読む。

【朗読のポイント】
（1）筆者（兼好法師）になりきって、いかにも筆者が語っているかのように読む。
（2）筆者の心情が聞き手にも伝わるように読む。
（3）朗読は、演じることである。
（4）抑揚⇒声の調子を強めたり、弱めたり、高くしたり、低くしたりすることに気をつける。
（5）緩急⇒遅いこととはやいことに気をつける。

（6）間のとり方に気をつける。

5　『枕草子』で群読を行う

（1）『枕草子』「春はあけぼの」を群読の導入教材として位置づける

　『徒然草』を使った朗読の学習をもとに、以下の流れで『枕草子』の学習を進めました。

1）音読練習の工夫

　途中で止めて若干の説明を加えながら、まず授業者が範読します。その後、各自が自分のペースで音読の練習をします。次に全員で斉読を行います。『徒然草』でも同じように行いましたが、今回はグループ群読につなげるために、教科書を持って声を黒板にぶつけるようにして、大きな声を出すよう指示をしました。また、学級を2つに分けて、一文ずつ交互に読ませることで、群読へとつながるようにしました。

2）作者と時代と文種

　『徒然草』と同じ随筆であることから、『徒然草』との比較という観点から、作者と成立時代について学習していきました。男女の作者の違い、平安と鎌倉の違い、さらには紫式部との比較を通して清少納言について学習していきました。

3）作品の内容理解

　内容理解が伴わなければ朗読も群読もできません。そこで、いかに内容を理解していくかが重要となります。教科書の脚注や資料集を見ながら、学習プリントに読み方や意味を書き込んでいく形で内容理解を進めました。「をかし」や「あはれ」などの重要古語については、学習プリントにその解説を載せて理解しやすいように工夫しました。

　また、この作品のすばらしさを外国人に紹介するとしたら、どんな点を強調するかについて書く欄を設けることで、内容理解の度合いを見るようにしました。強調する点はグループ群読へとつなげるようにします。さらには、補充問

題により、理解した内容の定着を図りました。

4）絵画による情景把握

「春はあけぼの」には四季の情景が描かれています。これを、簡単な絵で表現することで作品の内容を理解し、それぞれの情景を思い浮かべることができたかを判断する手だての一つとしました。内容を理解し、情景が浮かばなければ絵にすることはできません。

自己評価カードも活用し、作者の言っていることがわかったか、情景を思い浮かべることができたか、それぞれについて確認できるようにしました。確かな内容理解が、グループ群読につながり、群読を支えるものになると考えました。

（2）個人台本からグループ台本へ

1）群読個人台本の作成

今までの読み取りをもとに、各自がどのように「春はあけぼの」を群読したいのか、ワークシートに記号や言葉を書き込む形で個人台本を作成しました。この個人台本がしっかりできていないと、グループでの話し合いがうまくいかないと考えました。

2）群読グループ台本の作成

グループは、『徒然草』のときと同様に、修学旅行の班を使いました。話し合いには3人から4人が適しています。今回は、6人から7人のグループのため、話し合いに参加できない生徒が出てくることが予想されます。そこで、その解決策として、机を円形に並べて活動させました。こうすることで、互いの距離が均等になり、顔を見合わせることができます。

各自の個人台本をもとに話し合い、グループ台本を作っていくようにしました。その際、実際に声を出して群読し、修正を加えながら仕上げていくようにしました。

（3）『枕草子』グループ群読

『枕草子』「春はあけぼの」グループ群読の発表

1）発表方法

順番に６つのグループが発表しました。発表のグループ以外の生徒には、よかったところやアドバイスなどをメモしながら聞くよう指示しました。この相互評価が、次の群読への意欲づけになるものと考えました。

2）ワークシートの工夫

個人台本、グループ台本、相互評価と、すべてが一枚に収まるようにしました。個人台本とグループ台本は、上段に個人、下段にグループと上下に並べて書けるようにし、見やすくしました。また、群読の分担を自由に書き込めるような形のものも準備しました。

〈相互評価から〉

（１班）
　　男女がペアで言うところが合っていた。チームワークがいいのではないのかなと思った。
（２班）
　　春のところを女子だけで読んだのがよかった。間のとり方が上手だった。
（３班）
　　声がきれいに合っていてよかった。分担もよくできていた。「三つ四つ、二つ三つなど」が上手だった。
（４班）
　　一人で言うところが多かったので、もう少し複数でもいいと思った。
（５班）
　　声が大きいところと小さいところがあった。強弱をつけてあったようでよかった。声の量がすごく出ていた。
（６班）
　　複数で言うところがよく合っていた。強調したいところをのばしてあって工夫されていてよかった。

3）自己評価カードの工夫

　個人台本を作ることができたか、グループで協力して台本をつくり、練習することができたか、それぞれ確認できるようにしました。また、本時の目標であるグループ群読がどの程度できたのか、把握できるようにしました。

〈自己評価カードから〉

　私たちの班は、「グループ台本」をつくるのに、とても時間がかかってしまい、練習ができるのか、この台本通りに読めるのか、とても心配だった。しかし、やってみると、みんな上手で発表もうまくいったと思っている。

　群読では、班で協力すると楽しいし、ああなるほどというような意見もあるのでよいと思った。他の班の人たちの発表がすごくうまかった。

（4）「春はあけぼの」グループ群読
『枕草子』「春はあけぼの」グループ群読台本

㊍はあけぼの。やうやう白くなりゆく山ぎは、すこしあかりて紫だちたる雲の
　全　女1　　強　　　　　　　　　　　　　　　　　　　　　　　　男1　　　　自分（女）

ほそくたなびきたる。
　　　　　　　　　　弱

㊎は夜。月のころはさらなり。㋰みもなお、蛍の多く飛びちがひたる。また
　全 男2　男3　　　　　　　　　　　全　　　　　自分　　　　　　　　　　男2・女1

ただ一つ二つなど、ほのかにうち光りて行くもをかし。雨など降るもをかし。
　男3　　　　　　　男2　　　　　　　　　　　　強　　　　　男1　　　　　　弱

㊙は夕暮れ。夕日のさして山の端いと近うなりたるに、鳥の寝どころへ行くとて、
　全　自分　　女1　　　　　　　　　　　　　　　　　　　　　　男1

三つ四つ、二つ三つなど、㋫びいそぐさへあはれなり。まいて雁などのつらねたるが、
自分 男3　自分 男2　　　　　　全　　　　　　ゆっくり　　　　　自分

204

いと小さく見ゆるはいとをかし。㈰入りはてて、風の音、虫の音など、はたいふべき
　　女1　　　　　　　　　強　　　　全　男1　　　女1　　　　　　　男3・女2

にあらず。
　　弱

　㊥はつとめて。雪の降りたるはいふべきにもあらず、霜のいと白きも、またさらで
　全　男3　　　　　男2　　　　　ゆっくり　　　　　男1　　　　　　自分

も／いと寒きに、㊋など急ぎおこして、炭もて渡るも／いと／つきづきし。㊐になりて、
　　　　　　男　全　　　　　　　女1　　　　　　　ゆっくり　　全

ぬるくゆるびもていけば、㊋桶の火も／白き灰がちになりてわろし。
　女2　　　　　　　　　全　ゆっくり　　　　　　　やや強

それぞれの季節を、どんな質の声で、どんな調子で読んだらよいか
〈春〉あたたかみ　少しやわらかく　静かに終わる
〈夏〉明るいが静かに　ひとりごとのように　静かに終わる
〈秋〉ゆっくりと点や丸のところは間をとる　感情を込めて　静かに終わる
〈冬〉ゆっくりと静かに落ち着いて　最後は少しだけ強め

6　評価を工夫した『平家物語』の群読

（1）単元の構成

　本単元は、1年生の『竹取物語』などの古典入門から発展して、古人の心に触れ、自らの心の問題として考えていく学習をめざしています。そのために取り入れたのが群読です。教材は、古文と漢文の2系統で、古文は随筆として『徒然草』と『枕草子』、物語文学として『平家物語』を、漢文は漢詩を配置してあります。また、群読の教材として、現代詩『夕焼け』を扱います。

（2）教材の概観

　『平家物語』は、文体からみれば和文の要素と漢文訓読体の要素とを融合させた和漢混淆体であり、内容からいえば新しく台頭した武士の力による勢力争いに焦点が当てられた物語です。歴史とのかかわりを直接にもつ軍記物語の常

として、人々の動静を、その言語を通して外側から描き出し、人物の心理のひだに立ち入ることをしません。雄気かつ華麗な表現に、人物の状況や生き方などがリアルに表現されています。

　教材化に当たっては、前書きと口語訳の部分、原文の下に口語訳を付した部分とで構成し、展開を追いながら自然に原文になじむよう配慮しています。

（3）教材の展開と指導の重点

　代表的な軍記物語であることと、独特の声調を備えた名文であることの２点を踏まえて指導していきます。今回扱う「扇の的」は、口承文芸としての特質を理解する上で、何より音声化が必要です。また、朗読指導を行うことで作品の理解がより一層深められる作品です。

　ここでは、作品固有の特色を生かしながら、楽しさを味わう指導として、加えて音声言語による表現と理解との相互的な指導を試みるために、群読を指導の中心に据えます。また、読解・鑑賞などの活動を適切に組み合わせること、さらに、社会科との関連、視聴覚教材の活用など、側面からの援助を工夫すること、などの点に留意していきます。その際、細部の分析や第二義的な問題に深入りせずに焦点を絞り、原文の魅力を満喫し、古典に親しむことを中心に指導を進めていきます。

（4）評価の工夫

　○　座席表の活用

　　座席表のコピーをもって授業に臨み、授業中、各個人について気づいたことを各個人の枠にメモしていきます。授業中、生徒たちがノート整理をするようなちょっとした時間に書き込んでいきます。

　○　群読台本の活用

　　実際に群読した音声表現を評価すると同時に、その意図や計画を評価するために、群読台本を使います。これにより、表現技術の拙さ故に実際の群読には表れなかった陰の意図や計画をも評価することができます。

　○　相互評価の活用

　　評価は、点数つけ、ランクづけのために行うのではないため、○×をつけたり点数をつけたりすることは避けます。記述式にし、具体的に気づい

たことを記入するようにします。これならば、回収されてきた評価表を見て、本人は自己の群読を改善する具体的な方法を得ることができます。

（5）評価の活用

座席表に書き込んだメモは、機会をとらえて、本人にその内容を知らせて、次の機会への具体的なアドバイスと意欲づけとします。

また、学習前と学習後の自己の変容を本人に知らせる場を設けて、自己の伸びを認識させます。相互評価の結果は、「学習の足跡」として、本人に書かせる場を設けます。これにより、自分がまわりに認められたという満足感と次への意欲をもつことができます。

（6）群読実践計画

1）学習者と教材

平家物語の内容は、有名であり知っている生徒もいます。また、源平合戦については、社会科で学習しており、多少の予備知識はもっています。ただし、個々の人物や人間関係となると、その知識は非常にあやふやです。

原文に対しては、言葉への抵抗があり、読み誤る生徒もいます。ところが、内容の理解に伴って意外と早く慣れ、上手に音読することや群読をすることに意欲を示します。

2）主な学習活動

内容理解を確かなものにするために、まず、時代背景について学習します。おおまかな源平合戦に関する歴史はもちろんのこと、特に「扇の的」の舞台である屋島の合戦については、資料や図を使って学習するようにします。

幸い、それぞれの合戦には有名な逸話があり、それらを紹介する形で、楽しく、おもしろく学習できるようにします。地理的な知識もないとわかりにくいので、詳しい地図などが載っている資料集も活用します。

おおまかな源平の合戦の歴史について学習した後、「扇の的」の舞台である屋島の合戦について、いくつかの資料を使って説明します。その場の状況がわからなければ、内容を理解することは難しいので、平家軍の配置や義経のとった作戦などについて、地図で説明しながら理解できるようにします。ここでの

学習が未消化に終わると、後の群読もうまくいかなくなると考えました。

　次に、口語訳と原文とを対応させて、内容を理解していきます。その際、ペア学習として、口語訳と原文との交互読みを取り入れます。また、作品への興味・関心を高めるために、補助教材である平曲のＣＤを聞きます。群読への意欲づけとしては、同じく補助教材である群読のＣＤを聞くことにします。

　『平家物語』の特徴として、『徒然草』や『枕草子』と違って物語であること、それも「軍記物語」といわれるものであること、琵琶法師と呼ばれる盲目の僧侶が、平曲といわれる独特の語り口調で世に広めたものであることなどを説明します。

　そして、学級全体で群読を行います。どのように読んでいくのか、全体で話し合います。読み分けから読み担いを行います。その結果を、一人一人群読台本として書き込んでいきます。その台本をもとに、群読を行い、ビデオに録画し、ＣＤに録音します。

　最後には、学習のまとめとして、自己評価、相互評価、教師の観察記録の結果などを本人に知らせる場を設定します。

３）学習意欲喚起のための工夫

　授業の終末時に、必ずその時間の学習を振り返る自己評価を取り入れます。また、授業中に、教師からの適切な助言、励ましなどの支援を行います。相互評価による具体的な記述も有効です。これらは、学習目標への意識を高め、承認や反省の機会を与え、学習活動を活発にし、学習意欲喚起のために効果的に働くものと思われます。

４）学習指導の目標

　○　『平家物語』に関心をもち、古典に親しむことができる。

　○　読み取った内容、人物の心情などを踏まえて群読することができる。

　○　人物の心情、時代背景を理解することができる。

（7）学級群読の検討

１）群読とは何か

「群読」とは何かをまず全体で確認しました。板書事項は以下になります。

> 複数の読み手による朗読 "合唱朗読"

　そして、一人一人の朗読が大切であること、複数で読む必要があるところだけを複数で読むことを確認しました。

２）群で読む

　群で読むところとその読み担いの仕方を考えました。その際の発問は以下の通りです。

> 　複数どころか、群で、大勢で読んだほうがいいところがあります。それはどこでしょう。

　平家と源氏の軍勢であることを生徒はすぐに理解しました。そこで、次の質問をしました。

> 　平家と源氏をどのように読んだらいいと思いますか。

　平家軍を女子が、源氏軍を男子が読めばいいという意見が出されました。その理由を聞いてみたところ、以下のようなものが出されました。

平家軍	・弱い ・負けている ・舟に乗っているのは女性 　（女房） ・平家は貴族文化	源氏軍	・強い ・勝っている ・平家軍に挑む ・与一は男 ・武士は荒々しい

　群で読む練習をしました。読む前に確認したことは、その場の状況と読む姿勢です。姿勢については、背筋を伸ばして腹から声を出すよう指示しました。全体で確認したことは次の通りです。

・戦場という緊迫した場面	・激しい北風
・身の引き締まる思い	・与一は命をかけている

3）個で読む

　個で読む人物を考え、読み担う部分を決めました。みんなで話し合った結果、
与一が男子で、語り手は女子に任せることになりました。男女の声の対比が効
果的であると考えました。与一と語り手が朗読する上で注意させたことは、次
の通りです。

〈与一〉	〈語り手〉
・与一に関する地の文も読む	・両軍の声を引き出すように読む
・神仏がある場所を決めてそこに声をぶつける	・その場の状況を想像して、その中に自分を入れる
・地の文から祈るように読む	・切れないようにうねりをもたせて読む
・会話の中で最も大切な部分を強調するように読む	・語尾が下がらないように読む
・「あの扇」「この矢」それぞれ身振りを入れて読む	・武士らしく堂々と読む
・祈るような動作をイメージする	

（8）学級群読台本作成

1）群読をしながら考える

　今までの学習を踏まえて、第1段落を群読してみました。源平両軍を教室の
左右に分け、向かい合って立つようにしました。与一と語り手は、教室の前面
に立ちました。与一は、源氏軍の側に立ちます。源平それぞれの大将を決めて、
軍の中心に位置するようにしました。

　源平両軍には、次のことを指導しました。

○ 敵の大将を声で射倒すように、鋭い声をぶつける。

○ 自軍の中で、自分が最も強いという意識で、手柄を立てる気持ちで声

を出す。

○　半歩前進しながら群読をする。

対句になっている部分を確認し、扇の役を立てるかどうか検討しました。その結果、扇が中心となっており、題にまでなっていることから立てることになりました。対句という文体上の特徴から、一緒に舟役も立てることにしました。舟役は後に風役、鏑矢役と替わることを確認しました。

扇役は平家軍のものなので女子に、それに対して、舟、風、鏑矢役は男子に任せることになりました。

一度、最後まで通して群読をやってみました。個人個人の役割の確認と修正箇所を探すためです。

２）群読台本の作成

今までの話し合いと練習を踏まえて、各自の群読台本を作成しました。今までの学習の記録としての意味もあります。次時が群読を完成させる時間であり本番なので、生徒はみんな真剣に取り組んでいました。

３）学級群読の完成

発声練習も兼ねて全体で練習をしました。よりいいものを作り上げるために、修正すべき点について話し合いました。次に、ビデオで録画することを予告してリハーサルを行いました。今までの個人朗読やグループ群読の際にもビデオで録画していたため、生徒はある程度慣れてはいましたが、今回は特別だという緊張感を抱かせることで、全員を物語の状況に入れることをねらいました。

４）録画撮り

撮り直しはしないことを告げて、本番の群読を行いました。教室中に緊張感がみなぎり、みんな真剣に取り組んでいました。緊張感をもって真剣に取り組むからこそ終わった後に、成就感や満足感を味わうことができると考えました。

５）自己評価カードの工夫

今回の実践の山場として、『平家物語』「扇の的」の群読を行ったので、自己

評価カードも学習のまとめとなるものを入れました。特に、群読に対しての成就感や満足感の度合いを測れるようにしました。

　また、今回の実践の大きな目的として、古典に親しませることがあります。朗読から群読、さらには、ごく自然に暗唱できることが望ましい形だと考えていたため、どの程度暗唱できそうなのかという点についても確認できるようにしました。

　事後調査として、生徒の変容調査も同時に行いました。事前調査と同様に古典に対する好感度、古典に対するイメージを記述させました。

（9）『平家物語』「扇の的」群読台本
── 【語り手】【与一】 ──
群読台本【語り手】

　㋭ろは二月十八日の酉の刻ばかりのことなるに、をりふし北風激しく<u>て</u>、磯打つ
　　はっきり　　　　　　　大きく　　　　　　　　　　　　　　　　次につなげる感じ

波も <u>高</u>かりけり。　　　一息で読む
　　　大きく

いづれもいづれも晴れならずといふことぞなき。
平家軍と源氏軍のどちらも見て

〔全体的なポイント〕

○　戦場という緊迫した場面
○　激しい北風が吹く身のひきしまる場面
○　命懸けの与一
◎　呼吸が楽なようにシートを片手で持つ
◎　背筋を伸ばして声を張る（腹から声を出す）
※　ブツ切れにならないようにうねりを持たせて
※　両軍の声を引き出すように
※　戦場、厳しい自然状況を想像し、その中に自分を入れる
※　武士らしい身振りをイメージして

群読台本【与一】

与一目をふさいで、

「南無八幡大菩薩、我が国の神明、日光の権現、宇都宮、那須の湯泉大明神、
　　　　　　　　　重く、静かに、ゆっくりと

願はくは、あの扇の真ん中射させてたばせたまへ。これを射損ずるものならば、
　　　　　　　　　強調（盛り上げ）

弓切り折り自害して、人に二度面を向かふべからず。いま一度本国へ迎へんと
　　　　　静かに

おぼしめさば、この矢はづさせたまふな。」
　　　　　　　　強調（盛り上げ）

と心のうちに祈念して、目を見開いたれば、
　　　　　　　　　　　強く

　〔読み方の工夫〕

○ 神仏のいる場所を具体的に定めてそこに声をあてる。
○ 地の文からすでに祈り始める。
○ 会話の中の大事な表現を盛り上げるように読む。
○ 「あの扇」「この矢」それぞれの場所に目を当てて読む。
○ 祈る姿勢をイメージして心の中で動作する。

──【義盛】【扇・舟・風・かぶら】【男】──

群読台本【義盛】

伊勢三郎義盛、与一が後ろへ歩ませ寄って、「御定ぞ、つかまつれ。」と言ひければ、
やや強く　　　　　そうっと　ためる感じで　　　力強く　　　　普通に

　〔読み方の工夫〕

○ とにかくはっきり言う。
○ うねりをつける。

群読台本【扇・舟・風・かぶら】

（舟）舟は、<u>揺り上げ揺りすゑ漂へば</u>、（扇）扇もくしに定まらず<u>ひらめいたり</u>。
       切らずに　なめらかに　 つなげて　はっきり上げ調子

（風）<u>風も少し吹き弱り</u>、（扇）扇も<u>射よげにぞなつたりける</u>。
      音量を下げて　落ち着いて　 下がらないように力強く

（かぶら）小兵といふぢやう、十二束三伏、<u>弓は強し</u>、
                               強く

（かぶら）浦響くほど長鳴りして、<u>あやまたず扇の要ぎは一寸ばかりおいて</u>、
                         強調

    <u>ひいふつとぞ射切つたる</u>。
     ゆっくり　　　力強く

（かぶら）<u>かぶらは海へ入りければ</u>、（扇）扇は空へぞ上がりける。
         ゆっくり　　　　　　間

（扇）しばしは虚空にひらめきけるが、春風に一もみ二もみもまれて、海へ

    <u>さつとぞ散つたりける</u>。
     強弱をつけて

（かぶら）よっぴいて、<u>しや頸の骨をひやうふつと射て</u>、舟底へさかさまに<u>射倒す</u>。
               力強く　 力強く

〔読み方の工夫〕

- ○ 扇が話の中心、題名にもなっている。
- ○ 舟はうねりの感じを出すように。

群読台本【男】

   あまりのおもしろさに、<u>感に堪へざるにやとおぼしくて</u>、舟のうちより、<u>年五十</u>
  なめらかに　 うれしそうに　 満足そうに

ばかりなる男の、黒革をどしの鎧着て、白柄の長刀持つたるが、扇立てたりける所

　　弱いおじいさん

に立つて舞ひしめたり。

　　　　平家は貴族

群読台本【平家軍】【源氏軍】

沖には平家、舟を一面に並べて見物す。

　　強く　　　　　　　やや強く

陸には源氏、くつばみを並べてこれを見る。

　　強く　　　　　　やや強く

〔読み方の工夫〕

○ 戦場という緊迫した場面。激しい北風が吹く、身の引きしまる場面。
○ 命懸けの与一。
○ 戦場という場面なので、それに合うような力強い声で読めるようにする。
○ 平家軍は源氏軍にまけないように半歩前へ出る。源氏軍の大将に向かって大きな声で。
○ 扇をかざして舟に乗っていたのは女房。平家は貴族文化。弱い軍隊。戦に負けている。
○ 源氏軍は、荒々しい性格を声で表せるように。平家軍にまけない大きな声で。平家軍の大将に向かって力強く。半歩前へ出る。
○ 敵の大将を矢で射る代わりに声で張り倒す気持ちで鋭い声をぶつける。自軍の中で自分が最も強いという意識で、手柄を立てる気持ちで突っ走る。
○ 呼吸が楽なようにシートを片手で持つ。背筋を伸ばして声を張る。腹から声を出す。

沖には平家、ふなばたをたたいて感じたり、　　　「おお、すごい」と驚いている感じで

　　強く　　　　　　やや強く

215

陸には源氏、えびらをたたいてどよめきけり。　　　「よくやった」とほめている感じで
平家軍よりも強く　　　　　強く

平家の方には音もせず、源氏の方にはまたえびらをたたいてどよめきけり。
　　少しおさえめ　　　　　　　「よくやった」という感じで

「あ、射たり。」と言ふ人もあり、また、「情けなし。」と言ふ者もあり。
源氏軍大将賛成派（源氏軍の半数程度）　　　　　低い声で　源氏軍大将否定派（平家軍、源氏軍の半数）

（１０）『平家物語』「扇の的」群読自己評価

群読のテープを聞いて

○　私たちがやったのと全然ちがい、一人で読んでいるところも迫力が
　あった。
○　力強く、その感じがよく出ていたと思う。その場のことが目に浮かん
　でくるようだ。

平曲のテープを聞いて

○　出だしを聞いただけでイライラしてきた。なぜ、こんなものがはやっ
　たのだろうと思ったが、これも文化の違いなのだと思うと、何だかおか
　しくなってしまった。
○　想像していたものとはだいぶ違い、一言一言がとても長かった。もう
　少し、力強くうたっているのかと思った。でも、それなりの感じが出て
　いた。

授業の感想より

○　今までは、クラスの人たちの読み方を聞いて「ここはどう読んだ方が
　いいのかな」と考えていたが、プロの人たちのものを聞いたら、人のま
　ねなんかではなく、個性を大切にしなければならないなと感じた。
○　群読のテープと平曲のテープでは、まったく違うが、どちらもその場
　の感じがそれぞれ違った感じで出ていた。

「扇の的」をみんなで群読して

○「語り手」という重大な役を私がやったということに驚いている。
○「与一」などの個人の役をやった人（私以外）は、さすがとしか言いようがなかった。
○「平家軍」「源氏軍」とも、見事に合っていてすばらしかった。
○ みんなが一つにならないと、ここまでのものはでき上がらなかったと思う。
○ 思ってもみなかったみんなのよさがそれぞれ出ていて、とてもすばらしいものだと感じることができた。

今、現在、あなたが「古典」に対してもっているイメージは

○ むずかしいだけではなく、ある面ではおもしろいもの。古典ならではの言葉で表現され、その表現がその場にふさわしいものであると思った。
○ おもしろいものだと思う。前のむずかしいというイメージがなくなった。
○ 今回、古典を学習して古典が好きになった。はじめから「むずかしい」と思わず学習すると楽しく分かりやすくできた。

7　「漢詩」の群読

（1）漢文学習の導入と漢文の基礎知識

　中学2年生になってはじめての漢文学習のため、1年生のときに学習した内容について簡単に振り返りをしました。漢詩の形式と構成、押韻などの漢詩のきまり、漢文の読み方について説明していきました。特に、漢文の読み方のうち、返り点については、問題を出しながら楽しく学習できるようにしました。

（2）漢詩の内容理解と音読練習

　教師が範読した後、教科書に載っている内容をもとに、それぞれの詩の意味を理解する学習を行いました。教科書を読んだだけでは、詩に描かれている情景が思い浮かばない生徒もいます。そこで、説明を加えながら進めていきまし

た。

　音読では、書き下し文を大きな声で読むように指示しました。一つの作品が短いため、形態の工夫はせずに、各自の音読を主に行いました。ただし、どの作品も一斉に読む活動は取り入れました。

（3）朗読・群読の発表

　グループ編成では、まず一人一人好きな作品を選ばせ、選んだ者同士でグループをつくるようにしました。群読ではなく朗読を希望する生徒には、一人で朗読をさせるようにしました。好きな作品を選ぶ基準は、各個人に任せました。

　朗読・群読台本の作成では、選んだ作品をどのように群読するのか、グループで話し合わせ、台本をつくっていきました。古文と違い非常に短いため、強弱をはっきりさせることと、それぞれの句の切れ目を確認するようアドバイスをしました。

　朗読・群読の発表では、各グループ、各個人ごとに発表していきました。練習時間は決して多くはありませんでしたが、今までの学習の成果と作品そのものが短いおかげで時間内にすべて発表することができました。

　自己評価カードでは、群読についての評価をするとともに、漢文の基礎知識についても、どのくらい定着したのか把握できるようにしました。

（4）漢詩を群読（朗読）した生徒の感想

　漢詩なんていうから群読するのはとても難しいだろうと思っていたけれど、実際読むのは書き下し文だから意外に簡単だった。また、どこを強く読むかなどを考えていると、何だか作者の気持ちがわかったような気がした。

　「扇の的」などの古典では、感情を分かりやすく表現できるのだが、漢詩だとどこを強くしたり弱くしたりなどが、はっきり決められなかった。群読によってみんなとのチームワークも良くなるし、他の人の良いところを見つけることができるから群読は本当にすばらしいと思う。これからも

> みんなで群読をしたいと思っている。

8　『夕焼け』の群読

（1）音読練習と個人台本作成

　音読練習では、群読につなげるために、まず個々の読みを確実なものにしたいと考えました。そのために、着席したままの微音読を1回、起立しての音読を3回行うよう指示しました。しっかりとした発音により、朗読することへの自信をもたせ、読み慣れることを目的としました。机間指導により、姿勢や発声などについて個別にアドバイスをしていきました。

　内容理解では、音読練習が終わった時点で、語句の意味を簡単に解説しました。その後、いくつかの発問をし、内容の理解を図りました。

> 大きく分かれるところはどこか。また、どうしてか。話し手は誰か。

　この2つについて、全体で話し合いました。情景をある程度つかみ、登場人物を確認することがねらいでした。また、話し手の視点の移動と背景にも気づかせたいと考えました。

　個人台本作成では、教科書本文の初めの9行を使い、読み分かち、読み担いをするとしたらどうなるかを全体で話し合いました。ここでは、教師主導で1行ごとに誰が読むのがふさわしいのかを検討させました。内容に応じてどのように読み分けるか、どのようにして人物を担わせるか、割り当てをさせました。同時に、群で読んだらいいと思われる部分も検討させました。その後、一度生徒に実際に読ませてみました。大いに賞賛し、意欲づけを図りました。

　以上の要領により、台本を個人で作ることを指示しました。さらに、ワークシートの最後にある質問について自分の考えを書くことも指示しました。質問は以下の内容です。この質問を各自の考えを深めるきっかけにしようと意図しました。

> 娘は、なぜ3回目に席を立たなかったのか。

（2）自己評価カードの工夫

　自己評価カードでは、作品を読めるようになったかと個人台本を作ることができたかを確認できるようにしました。また、詩に対する好感度や作品を読んだ感想も記述式で書けるようにしました。

　詩の中で一番好きになった。それは、その辺にある日常生活の中で心打たれる部分をしみじみと書いてあるからである。

　こういうことはよくあることだと思った。読んでいるとせつなくなってくる詩だ。

（3）グループ台本作成と練習

　個人台本をもとに、グループで読み方を検討させました。グループは以前『枕草子』で行ったときと同じように男女混合６人から７人の修学旅行の班をそのまま使いました。話し合いがスムーズに進むように机を円形にして行いました。実際に、みんなで声を出しながら台本を作っていくよう指示しました。

　グループ台本ができたグループから練習をさせました。練習をしていく中で台本の修正が必要になった場合には修正してもかまわないことを全体で確認しました。練習場所は、教室以外にも他の学級の迷惑にならない範囲で廊下やフロアなどを使用しました。

（4）グループ群読発表会

　グループごとに順番に発表していきました。その際、グループで工夫した点を代表者が説明してから始めるようにしました。発表していない生徒は、相互評価カードに書き込みながら聞くようにしました。聞いている生徒に相互評価カードを準備し、記入させることで、より「聞き合い」の効果を高めようと意図しました。記入する項目は、以下の通りです。

　○ 発表するグループの工夫点を聞き取ってメモする欄
　○ 工夫点を実行することができたか
　○ 声の大きさ

○　強弱・緩急・間・抑揚
○　感想

（5）学習のまとめとしての自己評価

　学習のまとめとして、前時と本時の2時間について自己評価ができるように
しました。また、1時間目の質問について、もう一度各自の考えを書かせまし
た。群読の練習から発表までの活動を通して、どの程度内容を読み取っている
のかを把握しようと考えました。さらには、グループ群読のまとめとして、そ
の感想も記述式で書けるようにしました。

娘はなぜ3回目に席を立たなかったのか

　　1回目、2回目までは勇気を出せたけれど3回目にはもう勇気を出すこ
とができなかった。1回目のとしよりは礼を言わなかったけれど、2回目
のとしよりが礼を言ったため、はずかしさが増してきて、もう席を立つこ
とができなかった。

　　本当は、この娘は席を立ちたかったが「冷たさ」とか「関係ない」とい
うようなまわりの雰囲気が娘をいたたまれなくしたから。この娘は、人の
いたみがよく分かり、やさしい心を持っている。

9　朗読・群読の教育的効果

〜学び合い〜

（1）分読法を話し合うことによる読みの深まり

　群読は必然的に分読を伴います。分読の作業は、話し合い活動によります。
それは、教材解釈の紹介のし合い、説得のし合いであり、すなわち子どもたち
の「学び合い」です。
　群読への導入の授業では別ですが、グループごとに群読する場合には、その
グループに分読が任せられるべきです。教師の押しつけやお仕着せであっては

なりません。

　例えば、作品のどこをどのように区切るか。男声にするか、女声にするか。静かに読むべきか、寂しく読むべきか。一人で読むべきか、二人で読むべきか。男声を重ねるか、男声と女声との混声にするか。全員ではどこを読むか。これらはすべて作品の文脈の解釈によります。群読の前提となる分読を決めるための話し合いは、すなわち、子どもたちそれぞれの作品解釈の紹介のし合いであり自己のプランへの説得のし合いです。子どもたちは、ここで他者の読みに出合うことになります。

　ただし、その話し合いを活発に、しかも有意義に行わせるためには、適切な指導法がとられなければならないのはもちろんのことです。話し合いに入る前に、各自がまずは自分の分読を考えておくことがその最低条件です。話し合いに入るや、子どもたちは自説を主張し、級友の論に耳を傾け、一人で唇読し、ときに群読を試行し、主体的で積極的な学習活動を展開していきます。それは、互いの学び合いであると言えます。

　これを数人のグループごとに行い、それぞれの競演の形をとって学級発表会をもてば、さらにグループ間の学び合いが行われます。子どもたちは、発表会後に他のグループの優れた分読法を採用し、自分たちの群読をよりよきものにしようとします。

　授業時数の関係から。すべてのグループに作品全体の群読を発表させられないことが多く、そのグループの好む場面を取り上げて発表する場合であっても同様です。他のグループと取り上げる場面は違っても、分読の手法は学び取ることができます。これは、他のグループの作品解釈を取り入れて、作品のとらえ方を深めていくことになります。

　子どもたちは、筋道の通った納得のいく分読法をしていきます。とはいっても分読法というものが確立されているわけではありません。それだからこそ、かえって、子どもたちの自由な発想を育むという教育的価値が認められるのです。

（2）学び合い成立の条件
1）個のプランを作る時間を保証する
　群読への導入授業は、教師主導の授業にならざるを得ません。子どもたちに

群読とは何か、どうすることかを、手取り足取り教えてやらなければなりません。しかし、次の作品からは、グループごとに、子どもたち自身の力で協働学習によって進めていくことができます。

　その際、教材をグループごとに配布し、すぐに相談を始めさせたとしたら、その話し合いは活発なものにはなりません。一人一人に自分の群読プランをしっかり作る時間を設けてあげることが大切です。設けてさえすれば、個のプランを持ちさえすれば、侃々諤々の議論になります。時には決着のつかないこともあります。その時には、どちらかのプランでやればいいでしょう。

　この話し合いこそ、見方によっては、国語教育に群読を採り入れることの第一の意義だと考えることができます。根拠と意見のはっきりした話し合いになるのです。

2）作品の内容と文体による分読を確認する

　群読をするためには、文脈を分読しなければなりません。文脈のどこからどこまでをひとまとまりにするか、その部分を誰が読み担うかという問題は、専ら作品の内容と文体の特徴によって決まります。子どもたちは、読解や分析を通して、それらを決定していきます。

　子どもたちには、ややもすると、平等に分担しようとする意識が働くようです。その意識は、作品の解釈を歪め、群読の効果を低下させます。大部分は一人で読み、ほんの一部を群で読むという作品もあります。また、ほんの一声しか出さない子どもが出る場合もあります。数回の群読を経て年間を通して平等になればいいでしょう。平等に読もうというのが群読ではありません。読み分かちと読み担いは、専ら作品の特徴によります。

～響き合い～

（1）読み合い、せめぎ合うことによる読みの高まり

　群読のための作品は、古典だけに限られるものではありません。現代口語の文章であっても可能な作品はあります。ただ、『平家物語』のような語り物の枠をはずして、そのための教材を広く求めるとなると、教材発掘は容易ではないと言えます。どのような作品が群読に適するかは、吟味されなければなりま

せん。

　群読に適した作品で子どもたちが群読をするとき、子どもたち相互の影響によって好ましい高揚が起こることがあります。一人の子どもが優れた読みをすると、それに触発されて、次に読む者が声を張り、さらにそれが影響を与えて、グループ全体に緊張が高まり、皆の声が響き合い、共鳴し合うという現象が見られることがあります。子どもたち自身が群読の妙味に驚くほどです。

　個による朗読では、読み手と読み手とは連続しません。だから、一人の読みが他に影響するとはいっても、少しの時間を経過した後ということになり、高揚した気分が断ち切られてしまいがちです。

　ところが群読では、一人の読みを他が受けて、または、その上に重ねて読むため、影響は即時的で直接的です。群読に拙い子どもたちの読み合いではあっても、時として、まさに響き合うのです。子どもたちの「響き合い」は、プロの群読に比べれば、その起こる回数もはるかに少なく、レベルも低いものではあります。しかし、子どもたちの感動としてとらえられているという事実は、それ相応の価値が認められるということを物語っています。「響き合い」を求めるためには、自己を捨てて協力するのではなく、互いに「せめぎ合う」ことが必要となります。

（2）響き合い成立の条件
1）せめぎ合うこと

　合唱に比べて、群読ははるかに素朴で原初的な音声化です。一斉にそろえて美しい声を出すことに腐心しないほうがよいのです。文章がもっているリズムに合わせて、一人一人が読み進めていけばよいのです。合わせようとしなくても、遂には合ってしまうものです。かえって、せめぎ合うつもりのほうがよいのだと思います。文章のリズムを強調し合ったほうがよいのです。合わせようとすると、声が萎縮してしまいます。響き合い成立のためには、常に気合いを入れて読むことです。

2）互いの位置と声を届ける（当てる）所とを確認すること

　数人が教室の前に立って読むとき、特に子どもの場合は、あまり近寄って並ばせると透る声を出そうとしないことがあります。1メートル、できれば1・

５メートル以上離して立たせるとよいでしょう。自立した凛とした声を発する
ようになります。

　そうして群読をするわけですが、声を届ける（当てる）目標を決めさせると
よいでしょう。教室後ろの黒板のある一点とか、左から右に移動させつつとか、
読む部分の内容に応じて、情景や聞き手を具体的にイメージさせるのです。目
の前に舞台を描いて、そこに語りかけるのだと言ってもよいでしょう。

～聞き合い～

（1）他者の読みに触れ合うことによる読みの広まり

"読む"と"聞く"とが渾然一体となるのが群読です。ここに聞くことの真髄
があります。聞くことは受動ではありません。次の表現への準備であり、その
ための沈黙であり、緊張です。聞くことが疎かにされがちな今日、級友の声に
真剣に耳を傾ける瞬間は貴重です。

　日常的に、しかも長い期間にわたり一緒にいたはずの子どもたち同士でも、
群読をすることによって級友の声を新鮮なものとして聞き、級友の声の存在を
新しく認識することがあります。「○○さんの声が響いておりすばらしかった」
などの感想を漏らすことがあります。

　同時に、自分の予想しなかった読みに出合い、作品解釈に新しい視点を得る
こともあります。「そんな読みがあったのか」と、自分の世界を開かれる思い
をする子どもが現れます。これが、群読における「聞き合い」です。この聞き
合いの姿を大事にしたいものです。

（2）聞き合い成立の条件

○　全員が全編を読むこと

　群読をすると、互いの声をよく聞き合うようになります。聞き合うというの
は、発表をしているグループ内でも、また、発表をするグループと聴取するグ
ループのグループ間でもということです。したがって、指導上の留意点は、そ
れほど要しないのですが、一つだけ挙げるとすれば、全員が全編を読むことに
なります。

　自分が読み担う部分だけを読むのではありません。全編を読むのです。そし

て、自分の読み担う箇所にきたら、自然に声になって外に出るようにするのです。全編にわたって緊張を漲らせるということです。

（3）読み分かちと読み担い
1）読み分かち——どこで区切るかの問題
① 内容に関するもの
　場面転換（段落の改行）、登場人物の交替、作者の視点・語り手の位相の変化
② 表現に関するもの
　漸増的に盛り上がる部分、部分的な強調部、対句的表現・並立表現、リズム

2）読み担い——誰が読むかの問題
① 読み手の数に関するもの
　単声・・・一人の登場人物の台詞、話の筋を語る部分、静かな情景描写、固定的な役割
　複声・・・集団を示す部分、漸増的に盛り上がる部分、強調部（クライマックスの部分）
② 読み手の声の質（性別）に関するもの
　男声・・・盛り上がる部分、強調部、男性的な感じの文脈
　女声・・・静かな情景描写、静かな筋を語る部分、女性的な感じの文脈
　混声・・・強調部、ある効果を生み出そうとする場合

～意欲の向上～

朗読・群読に対する意欲の向上

《生徒の自己評価カードから》
○ 自分の朗読プランを立てて読めて、グループでやってきて、みんながどのように工夫しているのかが見られてよかった。
○ 班の人の発表や代表の発表を聞いて、個人ごとに特徴が出ていておも

しろかった。

○ 古典の朗読は昨年もやったけれど、今年はまた一段とうまくいったと思う。いろいろな人の発表を聞いて、「こういう読み方もあるのか」と思った。

○ 隣の人とペアになってやって、まちがいや読み方など教え合って、けっこうよくできたと思う。みんなでやったときもペースにのってできてよかったと思う。けっこう「古典」を好きになりそうだ。

○ 歴史的仮名遣いがよくわかり、すらすら読めるようになった。これをきっかけに古典を読みたい。

○ 一応読めるようになったが、まだ少しつまずいているので、完全に読めるように家でも読もうと思う。読めるようになったら少しおもしろくなってきた。

○ 「枕草子」の古文の意味がよくわかった。そして、古典に対しての自分の気持ちが変わったと思う。

○ 群読のグループ台本では、きちんと話し合ってつくることができた。でも、本番では反省する点がいくつかあったので、今後、この反省を生かしたい。とても楽しく学習することができた。

○ 群読をすると「枕草子」の文もわかりやすい。みんなで話し合えて楽しい。もう少し声を出して発表したかった。

○ 語り手や与一などの役をやっている人の読み方が参考になった。またやってみたいと思う。

○ みんなで群読をして、何だか「扇の的」の雰囲気がつかめた気がした。最後の方では、以前テープで聞いた大人の人たちほど上手ではないけれど、うまくできたのでよかった。

○ 自分の役になりきり、今、群読をしたことが本物みたいでおもしろかった。

○ 一人で読むと、あまり雰囲気がつかめないが、大勢で読むと、戦場の雰囲気がわかるような気がする。

○ 自分で群読台本をつくって読んでみて、自分の表現の仕方とみんなの表現の仕方が、それぞれ違っており勉強になった。

《教師の観察結果から》

○ 朗読、グループ群読、学級群読と、人数が増えていくにつれて、迫力が増してくる。あたかも、それに比例するように生徒の意欲も向上してきたように感じる。

○ 古典を苦手としている生徒でも、音読練習を工夫したり、歴史的仮名遣いが読めるようになったりすると、俄然学習意欲が増し、楽しく、おもしろくなってくるようである。

～成就感・満足感～

朗読・群読に対する成就感・満足感『徒然草』

《生徒の自己評価カードから》

【『徒然草』音読練習の段階】

○ 徒然草を読んでみて、やっぱり古典はむずかしいと思った。読み方がわからなかったところは、みんなで読んだときにわかったのでよかった。

○ 二人組での音読やA・Bに分かれての音読では、自分の間違いを見つけられたのでよかった。しかし、あまりスムーズには音読できなかった。作品の意味は全然わからなかった。

○ 通して読むのは初めてで、しどろもどろになってしまい、思うようには読めなかった。やはり、古典はむずかしいと思った。

○ 読めるようにはなったが、まだおもしろいとは感じなかった。

○ 読み方が分からないところなど全員で読んでみて覚えることができた。むずかしい文章なので、意味などきちんと分かるようにすることが大切だと思った。

【『徒然草』内容理解の段階】

○ 昨日の授業では、この作品を読んでいて何を言っているのか全然わからなかったが、今日意味を確認して訳した文で読んだので、筆者がどんなことを言いたかったのかがわかった。音読も昨日よりはスムーズに読めた。

○ 徒然草の２つの作品の話の内容と兼好法師の一番言いたかったことが

よくわかり、前の授業よりも、すらすら間違わないで読めるようになったのでよかった。

○ 普通の文と意味の文を交互にペアで読んでいくのが分かりやすかった。

○ 意味を調べながらやっていったので、すごくおもしろかった。

○ むずかしい古典も少しずつ意味を調べ話の内容がわかると、おもしろいものだと思った。

○ 意味がわかって読みやすくなった。前の授業よりは、いろいろわかってやる気が出てきた。

○ 意味を理解し、さらに読めるようになったので、今日の授業には満足している。

【『徒然草』朗読学習後の段階】

○ 他の人の朗読プランを見て比べて、自分のプランがどうなのかが分かった。約1時間の授業の中で、計画を立てて発表までいったのですごいと思った。

○ 他の人がどんなふうな工夫をしたのかが分かり、「ああ、こういうやり方・読み方もあるんだなあ」ということを発見した。今日の授業で話の内容が前より理解できたと思う。

○ グループでやる勉強があったのでよかった。

○ 強弱をもっとはっきりするように気をつけ、間をおけるようにしたい。

○ 自分ではきちんと朗読できたか分からないけれど自分なりによくできたと思う。

○ 緊張したが、けっこう思っていたよりも楽しかった。

○ 発表なんてはずかしいと思っていたが、楽しくやれた。みんな強弱のつけ方がうまいのですごいと思った。

朗読・群読に対する成就感・満足感 『枕草子』

《生徒の自己評価カードから》

【『枕草子』音読練習の段階】

○ 枕草子は、ところどころ切れるところがあり、読むのがむずかしかった。意味もよくわからない。

○ 徒然草より間をとるところが多かったので読みにくかった。

○ まだ、しっかり読めないので満足していない。

○ 古典は苦手なほうだが枕草子をけっこう読めるようになった。

○ 思ったよりスラスラ読めたので自分でも驚いた。次は、どのあたりが女性の書いたものなのかを知りたい。

【『枕草子』内容理解の段階】

○ 頭の中にイメージを思い浮かべることができた。それを絵に表すのはむずかしかったが、いったん描き始めると思い通りに描けた。清少納言が「をかし」と言っている意味が分かったような気がした。

○ 目を閉じて聞くと情景が思い浮かんでくる。清少納言はこれをきれいだと言っているが、僕もきれいだと思う。

○ 絵に描いてみると、清少納言の言っていることがよくわかる。四季の変化がすばらしくきれいで感動させられる。

○「冬」の情景がいまいち思い浮かばなくて苦労したけれど、絵を描くのは好きなので楽しかった。また、ただ読んで頭の中に思い描くのよりも自分で絵に表してみるほうが、いっそうその季節の想像が広がっていくのだなあと思った。

【『枕草子』群読学習後の段階】

○ 群読すると、枕草子の文もわかりやすい。みんなで話し合えて楽しい。

○ なかなかグループ台本を作ることができなかったが、グループで協力して群読することができたのでよかった。先生に一番よかったと言われてとても嬉しかったし練習を生かして発表することができてとても満足だった。

○ 群読のグループ台本では、きちんと話し合ってつくることができた。でも、本番では反省する点がいくつかあったので、今後、この反省を生かしたい。とても楽しく学習することができた。

○ 自分の読むところはまちがえずにできたのでよかった。台本を作るときに自分の意見を取り入れてもらえた。

○ グループ学習だったので、話し合いができ楽しい授業だった。

○ 今回の授業は、グループなどでみんなで話し合い協力して台本を作ったりして、とてもおもしろかったし、だんだんやっていくうちに話の内

容などもよくわかった。

朗読・群読に対する成就感・満足感『平家物語』

《生徒の自己評価カードから》

【『平家物語』音読練習の段階】

○ 平曲がとてもおもしろかった。普段は聞けないようなものを聞けてよかった。

○ プロの群読や平曲を聞けてよかった。この前よりも話がわかるようになってよかった。

○ 平曲はゆっくりした歌い方なので、独特なものが感じられた。山場のところは激しく歌っているのがわかった。

○ 扇の的の話の内容がよく分かり、プロの群読が聞けてよかったと思う。

○ みんなで読んだりしておもしろかった。テープを聞いたことがよかった。

○ 前よりはうまく読めるようになったと思う。テープで聞いたようには読めないけれど、もっと感情を込めて読めるようにしたい。

【『平家物語』内容理解の段階】

○ 前の時間に源平合戦のことをいろいろと説明してから授業に入ったので、おもしろいし楽しかった。

○ おおよその内容は分かった。でも、まだ読めないので読めるようにし、情景を思い浮かべられるようにしたい。そうすると、よりいっそう読みやすい。

○ 源氏と平家の合戦の歴史がおもしろかったので、「平家物語」の古典は好きになりそうだ。

○ 歴史はあまり好きではないけれど、話を聞いているとおもしろくなってきた。これを機会に社会の成績も上がらないだろうか。

○ 歴史で一度かるく習っていたけれど、楽しくわかりやすい授業だったのでためになった。

【『平家物語』群読学習後の段階】

○ 一人で読むより、この話は群読の方がいいなと思った。それはみんな

で読むと迫力が出るからだ。

○　一人一人がしっかり声を出していて、とてもよい群読ができたと思う。

○　みんなで一団となってやった群読はすばらしかった。練習もみんなと
　頑張ってやって楽しかった。

○　今まで群読というと４〜６人くらいでしかやったことがなく、３８人
　で群読をするというのは初めてだったので、とてもおもしろかった。

○　みんな自分の役になりきっていて、楽しかったしよかった。

○　群読した中で自分の役割を果たすことができてよかったと思う。また、
　与一や義盛など一人で読んだ人がとても上手で、その状況が目に浮かん
　でくるような感じがした。

○　みんなで群読してなんか「扇の的」の雰囲気がつかめた気がした。最
　後の方では前にテープで聞いた大人の人たちほど上手ではないけれどう
　まくできたのでよかった。

《教師の観察結果から》

○　古典の場合、どの作品の学習でも初期の音読練習の段階では、授業に
　対する満足度は低い。なぜなら、思うようには読めないからである。こ
　れは裏を返せば、うまく読めるようになりたいという意欲の表出とも考
　えられる。同じ音読練習の段階でも、『徒然草』『枕草子』『平家物語』と
　学習が進むにつれて、満足度は上がる。着実に読む力がついてきて、歴
　史的仮名遣いにも慣れてくるためであろう。様々な形で読む練習をし、
　その結果読めるようになり、楽しくおもしろい授業であれば、成就感や
　満足感を得やすいことがわかった。

〜話し合い〜

　朗読・群読に関わるグループ学習の中で、各自の考えをもとにした話し合い
が成立したか

《生徒の自己評価カードから》

○「扇の的」などの古文では、感情を分かりやすく表現できるのだが、漢

詩だと、どこを強くしたり弱くしたりなどがはっきりと決められなかった。群読によってみんなとのチームワークもよくなるし、他の人のよい所を見つけることができるから群読は本当にすばらしいと思う。これからもみんなで群読をしたいと思っている。

○　群読のグループ台本では、きちんと話し合ってつくることができた。でも、本番では反省する点がいくつかあったので、今後この反省を生かしたい。とても楽しく学習することができた。

○　今回の授業は、グループなどでみんなで話し合い協力して台本をつくったりして、とてもおもしろかったし、だんだんやっていくうちに話の内容などもよくわかった。

○　群読では、班で協力すると楽しいし、ああなるほどというような意見もあるので、よいと思った。他の班の人たちの発表がすごくうまかった。

○　グループで協力して台本をつくり、練習し、発表することができた。群読はちょっと速く読みすぎたかもしれない。

○　群読すると枕草子の文もわかりやすい。みんなで話し合えて楽しい。もう少し声を出して発表したかった。

○　グループ学習だったので話し合いができ、楽しい授業だった。

○　1時間で作戦を立てて群読したが、はじめは少ない時間だからきれいにまとまるのは無理かなと思った。しかし、終わりにはけっこうきれいにまとまったのでよかった。

○　みんなと楽しく読めてうれしかった。ハキハキということができたのでよかった。

○　みんなで読んでいると、一文一文の感情に気をつけることができ、作者の気持ちを読み取れた。また、その文にあわせてどの人が読むのが適切か考えることもできた。

○　グループで部分で部分で強調するところなどを調整できた。しかし、発表のとき、下を向いて読んでしまったのであまりよくなかった。

○　練習のときよりうまくできたし、話し合いのときもみんなで協力してできたのでよかった。

○　グループの人たちと話し合って、自分の考えを言えたのでよかった。できあがりもよかった。

○ ・人で読むより分担してやって、みんなで読んだほうが楽しいしわかいやすい。

○ やっぱり読むときには、一人一人の個性がでる。この部分の気持ちの入れ方なども勉強になり、とてもおもしろかった。

○ 最初は２、３人のほうがいいと言っていたけれど、やってみると実際は６人ぐらいのほうが大きさを調節したりできるので、６人ぐらいのほうがよかった。

○ みんなで群読して、人々の個性が出せたと思う。

《生徒の自己評価結果から》

○ 話し合い成立の鍵を握っている「個人台本」についての取組を見てみると、『枕草子』では約８割、『夕焼け』では９割以上の生徒が、おおむね作成することができたと答えている。このことが活発な話し合いの下地になっていると考えられる。その裏付けとして『夕焼け』の学習では９割以上の生徒がグループの話し合いの中で自分の考えを言えたと答えている。

○ 話し合いの結果であり記録でもある「グループ台本」の作成状況を見てみると、『枕草子』では１０割、『夕焼け』でも１０割、つまり全員の生徒が台本はできあがったと答えている。集計結果から判断して、グループ学習において、各自の考えをもとにした話し合いは成立していたと考えられる。

～認め合い～

朗読・群読において互いのよさを認め合う姿が見られたか

《生徒の自己評価カードから》

【『徒然草』の学習において】

○ 他の人は、けっこううまく読んでいたので私もそれを見習いたい。

○ 自分以外の人の読み方を聞いて、自分との違いがわかったのでよかった。

○　班の人の発表や代表の発表を聞いて、個人ごとに特徴が出ていておも
　しろかった。

○　グループでやってみて、みんながどのように工夫しているかが見られ
　てよかった。

○　いろいろな人の発表を聞いて「こういう読み方もあるのかあ」と思っ
　た。

○　みんなの発表を聞いて、よいところを吸収することができたのでよ
　かった。

○　とてもうまい人の朗読が聞けて、とても参考になった。

○　友達の朗読を聞いて、声の調子、強弱などのつけ方がわかった。

○　班ごとだったので、みんなが工夫している点などいろいろ参考になっ
　た。

○　他の人の朗読プランを見て、比べて、自分のプランがどうなのかがわ
　かった。

○　他の人がどんなふうな工夫をしたのかがわかり、「ああこういうやり方、
　読み方もあるんだなあ」ということを発見した。

【『枕草子』の学習において】

○　班で協力すると楽しいし、「ああなるほど」というような意見もあるの
　でよいと思った。

○　他の班もうまく発表していた。私たちの班とちがって男女いっしょの
　ところもあったので、私たちもそうすればよかったと思った。

○　他のグループの人たちも群読のやり方を工夫して、声の大きさもちょ
　うどよかった。みんなの発表を聞いてよかった。

○　他のグループのよいところをまねしたり聞き取ったりすることができ
　たのでよかった。

【『平家物語』の学習において】

○　与一や義盛など、一人で読んだ人がとても上手で、その状況が目に浮
　かんでくるような感じがした。

○　みんな自分の役になりきっていて楽しかった。

○　一人一人がしっかり声を出していて、とてもよい群読ができたと思う。

○　みんな声があっていたし、上手にできたのでよかったと思う。

○ みんなとても大きい声を出して群読をやっていてよいと思った。

○ いろんな読み方をする人（うまい人）がいて、聞いていておもしろかった。読み方についても勉強になった。

○ 個人で読んだ人は、それぞれの個性が出て、源氏、平家は力強く読めてすごくよかったと思う。

○ 思ってもみなかったみんなのよさがそれぞれ出ていて、とてもすばらしいものだと感激した。

○ とても上手な人がいたので、びっくりした。

○ 語り手や与一などの役をやっている人の読み方が参考になった。また、やってみたいと思う。

○ 自分で群読台本をつくって、読んでみて、自分の表現の仕方とみんなの表現の仕方がそれぞれ違っていて勉強になった。

○ みんなが一つにならないと、ここまでのものは出来上がらなかったと思う。

【「漢詩」の学習において】

○ 群読といっても他の班と聞き比べて思ったことは、どこをどう読むかですごく違ってくることがわかった。

○ 群読によってみんなとのチームワークもよくなるし、他の人のよいところを見つけることができるから群読は本当にすばらしいと思う。これからもみんなで群読したいと思っている。

【『夕焼け』の学習において】

○ グループでやることができたので、他の人の意見を参考にしてやることができてよかった。

○ 前にやった群読よりも、みんなうまくなったと思う。

群読の国語教育的意義

1）複数の読み手による朗読

「群読」を提唱した木下順二氏の言葉を借りれば、群読とは「複数の読み手による朗読」です。この定義の中には、2つの重要な鍵があります。一つは、群読があくまでも個による朗読を基盤にしたものであるということです。もう一つは、複数の読み手が必然的に求められる作品や箇所を複数で読むというこ

とです。

2）個による朗読の国語教育的意義

① 子どもたちが容易に作品世界にひたることができる。
② 黙読で得るよりも原初的で根元的な感動が得られる。
③ 内容理解だけでなく、叙述表現に対する目も開かれる。
④ 日本語のもつ美しい響きを感じ取ることができる。
⑤ 人の言にじっと耳を傾ける、聞く姿勢ができる。
⑥ 教師と子どもが一体化し、一つの世界を共有することができる。
⑦ 感動のある授業、楽しい授業をつくることができる。

『群読の授業』高橋俊三著　明治図書　１９９０

3）群読の３つの教育的効果

《学び合い》

　群読をするためには、文脈をどこで読み分かつか、その部分を誰（と誰）が読み担うかを決めるための話し合いが必要となります。その決定は、作品の内容と文体の必然性によってなされることになります。そのため、その話し合いは、当然、作品（教材）解釈の紹介のし合い、説得のし合いとなります。子どもたちは、この話し合いをとおして、他者の読みに触れ、自身の読みを深めていきます。そこから、「学び合い」が生まれます。

《響き合い》

　群読には、人を巻き込む力があります。学級を前にして、一人では朗読をすることができないような子どもが、グループの朗読では、予想以上に響く声を出しているということがあります。また、群読には、一人の朗読では発揮し得ない効果を醸し出すということがあります。声と声とが共鳴し合うのです。いずれも「響き合い」の効果です。

《聞き合い》

　群読をするとき、子どもたちは、級友の声に耳を傾けます。真剣に聞き

ます。聞き人ります。演じ手同士がそうするだけではありません。他のグ
ループの発表をも傾聴します。そこには、「聞き合い」の姿があります。

朗読・群読の有効性

1）段階を踏んだ指導計画

　教科書の配列通りに『平家物語』から単元の学習に入り、群読を行うことも
可能でした。しかし、その後の『枕草子』と『徒然草』はどうなるのでしょう
か。仮に、群読をやったとします。『平家物語』には、達成感や成就感、満足
感においてとてもかなわないと思われます。朗読であっても同様です。古典に
対する生徒の実態を考慮したとき、やはり学習意欲を第一に考えるべきでしょ
う。だとすれば、個人朗読、グループ群読、学級群読と、一歩、一歩段階を踏
んでいったほうが、より効果的に生徒の関心や意欲を引き出せるのではないで
しょうか。

　段階を踏んだ指導計画を作成し、実践してきたところ、受動的な取組が多
かった生徒の様子に変化が見られ、以前よりも活発に意欲的に学習に参加する
ようになってきました。その結果、学習に対する成就感や満足感を味わうよう
になり、それが次のステップへと結びついていきました。また、集団の中で自
分の意見を主張したり、互いに認め合ったりして、主体的に授業に参加する姿
を見ることができました。

2）学習に適した作品の選定と配列

　『徒然草』『枕草子』『平家物語』の３つの作品と、朗読や群読との相性はよ
かったと考えられます。そのせいか、生徒の学習意欲を喚起し、楽しくわかり
やすい授業を展開することができました。また、朗読や群読といった指導法に
は、自ずと発表という最終目標に位置づけられる活動が付随してくるために、
生徒の学習意欲を高め、持続することが可能となりました。

3）自己の変容を認識させる評価方法の工夫

　授業の中に、意図的、計画的に自己評価と相互評価を取り入れてきました。
様々な効果が考えられますが、その最たるものが表現力の向上です。自分はで
きるようになった、うまくできたなどと、自己の変容を自分自身で確かめられ

る点がポイントです。自分のがんばりや伸びを認めようという姿勢や互いの
よさを認め合い、ともに伸びようという態度が養われてきました。そのための
自己評価であり相互評価です。表現力は、一朝一夕につくものではありません。
まず必要なのは、表現への関心や意欲です。

4）朗読・群読を取り入れた成果

○　発音・発声が的確にできるようになり、話すことの向上につながる。

○　自分がいかに表現するかという主体的な目で文章を見るようになる。

○　細かな表現に目がとどき、それを記憶する度合いが強くなる。

○　音声化することで、心の解放につながり、学級が活性化する。

○　分析よりも総合、理解よりも感得と、作品を丸ごと把握するようにな
　る。

○　群読には、生徒の意欲を引き出し、国語科の授業、生徒と教室を活性
　化させる指導法としての確かな効力がある。

10　朗読・群読に適した教材

（1）朗読に適した教材として

　今回の実践では、古典教材のうち『徒然草』「神無月のころ」を朗読のため
の教材として選びました。『徒然草』だから朗読を取り入れたというよりは、
他教材との比較において朗読に適しているものは、という観点から選んだもの
です。

　しだがって、朗読に最適だとは考えてはいません。なぜなら文種が随筆だか
らです。ただし、一人の生徒が読むにはちょうどいい分量です。また、随筆と
いってもストーリーがあり、作者の言いたいことが明白で分かりやすいため、
大きな声で読むという学習目標には適していると考えられます。音読でもかま
いませんが、群読につなげることを考えると、やはり朗読にしてよかったと考
えます。

（2）群読に適した教材として

　グループ群読の導入として、今回は『枕草子』「春はあけぼの」を選びました。この作品には音声化するのに適したリズムがあります。よく暗唱される教材でもあります。また、内容が思想的ではなく叙情的です。表現が説明的であるよりは描写的です。そこから、その場の情景を思い描くことができる作品となっています。

　ただし、群読といっても３０人から４０人でやるべき作品ではありません。心情の変化や情景の変化が激しいわけではなく、特に声量を必要とする部分もありません。したがって、６人から７人で群読をするのが適当だと思われます。

　今回群読のために取り上げた『夕焼け』は詩です。詩は、もともとその叙事的、叙情的な内容から群読には向いていると言われています。

　『夕焼け』はどうでしょうか。この詩の構成は、大きく２つに分けられます。前半部は電車の車内の叙事的な内容、後半部は電車を降りてからの話し手の思いを述べた叙情的な内容です。使用する語句はくり返しの表現が多く、内容の上でもリズムの上でも盛り上がりを際立たせています。また、表現技法として倒置法や漸層法も使用されています。したがって、声を積み重ね、響かせるのに適していると言えます。

　話し手である僕、娘、若者、３人のとしより、車内の乗客といった目が設定され、さらに後半部では、僕は電車を降りたとあるように、娘に向いていた目は電車の外へ移動していきます。これらの要素から群読に適していると考えました。

　群読は、劇作家の木下順二氏が『平家物語』を原文のまま現代人に伝えるにはどうしたらよいかと考えているところから生み出された朗読の一手法です。したがって、古典から群読に入るのは理にかなっています。中でも『平家物語』は最適です。

　できれば、一人で読むところや群で読むところが出てくる場面を選びたいところですが、その点「扇の的」は最適であると言えます。また、個人朗読、グループ群読と積み上げてきた学習の総決算として、あるいは学級が一つになり、全員でつくり上げる感動的な授業をめざすというねらいから考えても適しているのではないでしょうか。

（3）群読教材としての条件

　群読は、一斉音読とは基本的に異なる読みです。内容と文体という観点から文脈を分析し、必然的に生まれる群によるコーラスと、個によるソロと、時にグループによるいわばアンサンブルとを織り交ぜて行う朗読です。したがって、必然的にソロとアンサンブルとコーラスとを生み出す作品（教材）でなければなりません。

　そのために、まず、音声化に堪えうる作品を見極めなければなりません。現代および近代文学には、音声化には向かない作品もあります。さらに群読となると、そしてまた、子どもによる群読となると、教材にする作品は厳選する必要があります。

　群読のために適した教材とはどのようなものなのでしょうか。一言で言えば、読み分かちと読み担いの条件のすべてを網羅する文章ということになります。しかし、そのような文章は、現実にはあり得ません。また、ある条件を欠いた文章でも十分に群読に適しているという文章もあります。

（4）読み分かちと読み担いの条件

　1）文体に音声化するに適したリズムやうねりのあるもの
　　群読への導入に際しては、明白なリズムやうねりがあるものがよい。
　2）複数の人物が登場するもの
　　群衆の登場するものはなおよい。また、複数の人物が同一の主語となり、その言動が同一の述語となって同時的に描かれているものはなおよい。
　3）作品の語り手の視点が移り動くもの
　　視点の対象の移動や視点となる人物や位置の移動の状況がはっきりととらえられるもの。
　4）内容が思想的であるよりは、叙情的であるもの。さらには、叙事的であるもの
　　簡素な表現であり、リズムのある叙事詩が適している。
　5）表現が説明的であるよりは、描写的であるもの

ただし、群読に適した教材が、この５つの条件を満足するものである必要はありません。この中で、多くの性格を備えているものが選ばれるということになります。個々の学級の群読に適した作品（文章）とは、その学級を担当する教師が探し出し、それが結果的に適合したとき最もよい教材となります。

　また、ある作品（文章）が群読に適しているかどうかを子どもたち自身が判定することも、群読の学習が進んだ段階では可能になります。子どもたちがそうした鑑識眼を備えること、文章を識別する目を養うことも、群読の大切な学習目標となります。

（5）群読に適した作品（中学校）例

1）群読への導入
　「かっぱ」谷川俊太郎　　「夕日がせなかをおしてくる」阪田寛夫
　「河童と蛙」草野心平　　「那須与一（扇の的)」『平家物語』より
2）対の読み
　「かぼちゃのつるが」原田直友　　「山の歓喜」河井酔茗
　「朝のリレー」谷川俊太郎
3）群の読み
　「勝手なコーラス」草野心平　　「生きる」谷川俊太郎
　「コレガ人間ナノデス」原民喜
4）祈りと主張の読み
　「われは草なり」高見順　　「永遠のみどり」原民喜
　「生ましめんかな」栗原貞子
5）古典の群読
　「那須与一（扇の的)」『平家物語』より
　「春はあけぼの」清少納言『枕草子』より
　「平泉」松尾芭蕉『奥の細道』より

１１　群読の実践史

（１）大村はま先生による「平家物語の授業」

　昭和４９年の群読の実践例があります。大村はま先生による「平家物語の授業」です。その授業を回想して、大村先生は、次のように述べています。

　何度も繰り返して読む。ひたすらに読む、読むに読む授業の働きを確かめえたように思いました。

　とにかく、「群読」には、大勢で読むことによる表現の新しいものが加わっているとかいうふうな意味があると思うのです。

　それがただ大勢で読む読みというふうに解されて、このごろよく「斉読」のことを「群読」というふうにいわれているような気がいたします。それで私は、山本さんに悪いような気がするのです。

「古典に親しむ授業のために」『総合教育技術』小学館　１９８２・１１

　木下順二氏によると、群読は、山本安英の会による"『平家物語』による群読－知盛－"（１９６８年初演）において、「日本古典の原典による朗読はどこまで可能か」という難題の解決策として取り入れられた朗読法でした。原文が持つエネルギーをそのまま聴衆に届かせたいという発想から生み出されたのです。

（２）群読の多様化

　その後、昭和５０年代半ばから、群読実践は数多く発表されていきます。家本芳郎氏、伊藤経子氏、葛岡雄治氏、高橋俊三氏などの手により単行本等が世に出ています。特に高橋俊三著『群読の授業』（明治図書　１９９０）には、群読の理論と実践がまとめられています。この高橋氏の理論と実践は先駆的なものであり、現在、国語科教育において群読が取り入れられるようになったのは、氏の功績によるところが大きいと言えます。

　平成元年度版学習指導要領において、音声言語教育の重視が強調され、「群読」も指導方法として明記されると、一層多くの実践が発表されるようになりました。

しかし、一度に大勢の人数を消化できる便利な方法として行事などに利用されている実践も見られます。その一方で、主体的に子どもたちが群読に取り組み、生き生きと授業に参加する様子も見られます。

現在では、群読の多様な教育的効果を見抜いた教師を中心として、工夫を重ねながら多様な実践が行われているのではないでしょうか。しかし、音声言語が前面に出ていたときと比べれば、下火になっていることは否定できません。

今後は、音読の重要性が再認識されるようになり、音読や朗読、そして群読がまた新たな形で広く実践されるようになることを期待します。群読には、子どもたちと教室を活性化させる力があります。

１２　群読の指導目的

（１）群読と読解

読解を終えてからの群読か、読解しつつの群読かといった議論があるとします。このことに意味はありません。群読をすることは、すなわち読解をすることです。表現するためには理解が必要です。理解が深まれば表現も高まります。また、表現する目で作品を見ることで見えないものまで見えてきます。最初から群読をする構えで、文章に当たるのが自然です。

群読をするためには、必然的に分読が必要となります。文脈のどこで区切るか、区切った部分を誰が読むか。読み分かちと読み担いは、作品の内容と文脈を分析することによって決定されます。それは作品の解釈そのものです。作品の解釈を土台にしたイメージ化が群読をつくります。

一人で読むか、二人で読むか、グループで読むか、群で読むか、男声か、女声か、混声か、高い声か、柔らかい声か、強くか、弱くか、遠くに響かせるか、周囲に散らすか。これらは、作品のイメージ化そのものです。作品の理解でもあり表現でもあります。

また、群読では、解釈と音声化とが相乗的な効果となって互いを刺激します。さらに、群読では、理解活動と表現活動とが、子どもたち相互の協働学習によってなされます。教師中心の一斉授業ではない、子どもたちの主体的な学習が成立します。群読の学習では、個のプランをつくる時間を保証することが特に大切となります。

（2）群読と発声

　発音・発声ではなく発声・発音です。群読にとって発声は大切です。群読そのものが発声です。群読のための発声・発音の練習は、国語の授業の中では必要ありません。群読の練習をしながら発声の練習もするという心構えでいいのです。伸び伸びした姿勢で、腹の底から声を発することです。体が解放されていなければ、透る声、響く声は出ません。姿勢と息の継ぎ方と声を当てる目標とに注意をして、群読をしながら発声訓練をすればよいのです。

（3）群読と表現活動

　子どもたちにとって大切なのは、自己を表現することです。群読はその一つにしかすぎません。教師が群読を勧めたからといって、学級の全員が群読を好きになるとは限りません。中には、やはり群読は苦手だという子どもがいて当然です。そのはうが自然です。群読の押しつけは避けたいところです。

　要は、群読を好まぬ子どもが、他の自己表現の術を持っているか否かが問題です。その子どもが、絵でも、ピアノでも、水泳でも、自己のエネルギーを外に発散させる一つ以上の方法を持っていたとしたら、教師はそれで満足すべきです。

　国語の教師の立場からすれば、それらの中でも国語に関する表現方法を好きだとする子どもがいればうれしいでしょう。さらに、国語の中でも話すことや朗読や群読を好きだとする子どもが現れれば、なおのことうれしいというだけのことです。

　群読を指導する目的の一つは、子どもたちに自己表現の喜びを味わわせ、表現することに対する関心や意欲、主体的な態度を育てることにあります。

１３　群読の指導と評価

（1）群読のもつ力

　読解には、必ず何か新しい発見があります。群読によって、教室は生き生きとよみがえり、子どもたちの表現力も見違えるほど豊かになっていきます。群読には、子どもたちと教室を活性化させる力があります。

　国語の授業を担当する者として、もし、群読を体験したことがないとしたら、

本などで様々な知識を得るだけで満足することなく、4、5人が集まって実際に声を出してみるとよいでしょう。自分の耳と体で群読の手応えを感じたとき、おそらくその魅力に気づくはずです。

　なぜなら、声を合わせ、群読の一員となったとき、一人では感じることのできない読みの迫力に度肝を抜かれ、人間の声のすばらしさを感じ取ることができるからです。グループで読みの工夫をすればするほど、作品のもつよさ、言葉の重み、リズムの快さに魅せられることでしょう。

（2）群読の指導と評価

　何を群読の教材とするか、ここにすでに一つのポイントがあります。群読の効果は、あるところはソロで、あるところは群で、その力強さが声の響きに表れるからです。美しさと力強さを追究するにふさわしい教材を選んでいくこと自体が、すでに群読の指導となります。教師と子どもとの協働作業によって教材の選定がなされるとき、その学級の特色の表れた群読が生まれていきます。

　その作品をどこで区切るか、誰がどこを読むのかという読み分かちと読み担いが大切な指導の要素となります。

《読み分かち》

　読み分かちの作業をすることが、作品の理解に結びつきます。読解の授業などと言わなくても子どもたち一人一人が個人の力に応じて、どこで読み分けられるのか、文脈に沿って作品の展開に即して内容を吟味し、イメージ化しながら考えていきます。

　したがって、読み分かちの原案づくりは、個の読みを深め、言葉の力を培うものであると言えます。読み分かちは、場面転換したとき、登場人物が交替したとき、作者の視点・語り手の位相が変化したときにできます。また、表現の面では、盛り上がりや強調のある部分、対句的表現・並立表現がある場合にできます。

《読み担い》

　誰が読むかを決めることは、群読グループの一人一人の個性を生かしていくことになります。最初は、機械的に割り振りをしても、実際に声を出すことで、

その役割をどんどん変更していく柔軟性が必要です。

　読み担いをすることで、かなり緊張する子どもが出ます。しかし、ここで群読の楽しさや工夫の面白さ、新しい感覚で作品を創り上げていく喜びを実感させるために、ぜひともプラス面の評価を行いたいものです。

　どのように読み担うとよいかについては、試行錯誤しながら行うのもよいのですが、あらかじめ、次の2点については指導しておいた方がよいでしょう。

① 読み手の数は何人にするとよいか。一人か、二人か、三人か、グループ全員か。その表現効果を考える。

② 男声がよいか、女声がよいか、混声がよいか、声の質を考える。

　いずれも作品の内容を考え、分担を決めていきます。一人で勝手に決めることができない分読作業は、子どもたちの話し合いを余儀なくさせるものであり、対話の苦手な子どもにとって、自然にグループで話をしていくチャンスともなります。

　出来上がった群読プランをもとに、いよいよ発表となります。発表を次の学習に生かすためにも、ぜひ相互評価をさせたいところです。他のグループの読みのどこがよかったのか。どこが自分たちと違った工夫をしているのか。よい点を発見するという目と耳を駆使させるようにします。個々の読みが全体として調和し、響き合いが生まれているかを中心に聞かせたいものです。

第10章
誰一人取り残さない「ジグソー学習」

1　ジグソー学習の利点

　ジグソー学習には、どんな利点があるのでしょうか。ジグソー学習の考案者である社会心理学者のエリオット・アロンソンらの研究によると、以下の7点にまとめることができます。

　① 生徒が互いを好きになる

　ジグソー学習を始めた頃に比べて、ジグソーグループの仲間や、さらには、学級のグループ外の他の仲間までもが、より好ましく思えるようになります。学級の仲間に対して相互に好意をもたせる学習だと言えます。

　② 学校が好きになる

　ジグソー学習を行うと、学校に対する好意度が持続します。ジグソー学習が学校での興味を持続させるのです。

　③ 自尊心が高まる

　ジグソー学習を行うと、大きく自尊心を高めることができます。単に教えられるだけではなく、教えることに参加をした生徒は、自分が重要な存在であるということを知り、自分の価値を高めることができます。

　④ 競争的な感情が減少する

　協働して学習を進めるジグソー学習では、競争意識は低下します。

　⑤ 他の生徒から学ぶことができるということを信じる

　ジグソー学習における教える、教えられるという経験を通して、他の生徒から学ぶことができるという考えが強まると考えられます。

　⑥ 学力が向上する

　学力が低い生徒だけでなく、学力の高い生徒も学力が向上します。学力の低い生徒は、学力の高い生徒から利益を得ます。一方、学力の高い生徒も、教えるということを通して、自己の学力を向上させることができます。

⑦　相手の立場に立って考えることができる

　ジグソー学習の基礎には、共感性があります。他人の立場に立って物事を考えることができるようになります。

　上記の利点以外にも、教師中心で教えられる学習に比べて、学習の総生産性の向上、学習者の主体性の向上、学習者の学習に対する責任感の向上、コミュニケーション力の向上、リーダーの成長、学習者自身の個性の伸長などが考えられます。

　アメリカ生まれのジグソー学習ですが、アメリカよりもむしろ日本の方がなじみやすいかもしれません。アメリカに比べると、日本の方が、みんなで協力することを大切にする文化が存在します。また、日本のどの学校にも、協力の理念は取り入れられているからです。

　教師主導の講義型の授業や一斉画一型の授業から少しでも抜け出したいという願いがある方には、ぜひジグソー学習をお勧めします。

2　ジグソー学習との出合い

（1）授業に行くことができない困難な状況

　３０代前半で、それまでの大規模校から、さらに生徒数の多い大規模校へと転勤となりました。前任校に勤務した６年間で、ディベートや群読をはじめ様々な指導法を知り、次の学校でもと意欲に満ちていた頃でした。

　しかし、現実は厳しいものでした。新たな学校では、本人の意思などおかまいなしに、生徒指導主事を拝命しました。国語の担当時数は、それまでの半分近くになりました。これでは申し訳ないという気持ちになるほどでした。

　すぐに持ち時数が極端に少ない理由がわかりました。授業に行けないのです。休み時間ごとに何かが起こり現場に急行します。授業開始のチャイムに合わせて教室に入るという当たり前のことができないのです。

　そんなことが続き、これではいけないと考えました。生徒に「先生が来ないときには、国語の教科書を音読していてください」と指示しました。もちろん、音読の重要性について説明しました。しばらく様子を見ると、意外と生徒は音読をしてくれていたのです。生徒は、学習したいのです。きちんと授業をやり

たいのです。

このとき、一筋の光明が差した思いがしました。そして、何とかしなければという思いが自分の中にわいてきました。とはいえ、いつも心の中で「ごめんね。遅くなって」と生徒に詫びながら教室に入っていました。

夏休みになりました。現状を打開する突破口はないかと思案に暮れました。とてもとても群読などうまくいく気がしませんでした。ディベートも難しそうでした。学校が落ち着かないと、授業は一斉形態の講義形式になりがちです。生徒を活動させることを躊躇してしまい、悪循環に陥ります。

（2）ジグソー学習との出合い

何か手はないかとずっと考えていました。すると、あるとき月刊の教育誌を読んでいると、「ジグソー学習」という文字が目に飛び込んできました。それまで聞いたことがありませんでした。読んでみて「これだ」と思いました。

私は、一斉形態からの脱却を考えていました。まずは、生徒に活動させたい、グループ形態を取り入れたいと思っていました。生徒が、そういった授業を渇望しているように感じていたのです。そのためには、グループになるための絶対的な理由が必要です。形だけグループになってもうまくいかないことは経験上わかっています。学習課題や発問が優れていればいいのでしょうが、あの頃の私には、そんな自信はありませんでした。

（3）ジグソー学習の誕生

私のそんな悩みを、ジグソー学習ならば解決してくれるのではないかと思ったのです。１９７８年、米国で『The Jigsaw Classroom』（ジグソー学級）という本が刊行されました。著者は、社会心理学者のエリオット・アロンソン教授らです。日本とは違い、米国では、多くの民族、人種がともに生活しており、それゆえに、学校生活に人種間の問題が深刻な影響を与えていました。

学級の中では、人種的な緊張に加えて、学力の競争が激しく、子どもが個人としてお互いに好意をもちあい、尊敬し合うような状態ではなかったのです。「人種によらず、何とかすべての子どもたちが、学習活動に積極的に参加し、学力や人格を高める効果的な学習はないだろうか」とアロンソン教授は真剣に悩み、考えました。

その末に考え出したのがジグソー学習です。子どもたちの学習集団を競争から協同する集団へ変える必要があるとし、協同する学習集団を意図的に作り出すことを考えました。協同とは、同じ目標を達成するために、一緒に協力し合うことです。協同する学習集団の中では、子どもたちは、競争相手ではなく、お互いに頼りになり得る者として、認め合い高め合う存在となります。

3　古典指導でのジグソー学習の試み

（1）グループ学習の問題点

それまでも、意図的、計画的にグループ形態を取り入れ、調べ学習や発表学習を行ってきました。その結果、それなりに成果が上がり、生徒も授業者も、ある程度の満足感や充実感を感得することができました。

しかし、一方では、次のような問題点が残されてきました。

○ 調べ学習を行うと意欲的でない生徒が出てきてしまう。
○ 発表学習を行うと、発表の二度手間、発表の一方通行、役割分担の偏りなどの問題点が出てくる。
○ 友達と協力して進めるはずのグループ学習において学習効率がよくない。

そこで、従来の問題点を克服し、どの生徒も意欲的に取り組めるジグソー学習を取り入れることにしました。また、説明する学習活動として、ワークショップ方式を発表学習に導入することにしました。

（2）古典学習への導入

上記の問題点を克服し、自ら調べ、まとめ、発表する活動として、また、互いに学び合い、教え合う学習として、ジグソー学習を取り入れることにしました。この方式によって、協働学習と仲間による教え合い学習を組み合わせ、調べ学習を行う際の個人差に対応し、意欲的に調べ学習を進めることをねらいました。

また、発表学習における問題点を克服し、生徒一人一人を生かすことで、主

体的に発表活動に取り組ませることをねらい、ワークショップ方式を取り入れることにしました。

　今回は、生徒の興味・関心が決して高くはない古典の学習に、これらの学習方法を導入し、生徒の興味・関心の変化を確かめようと考えました。教材としては、生徒の郷土への興味・関心を高め、調べ学習にも適した『おくのほそ道』で試みることにしました。

（3）ジグソー学習の利点

　調べは一生懸命なのですが、どうも資料や文章を写すだけ、グループで調べるときには、友達の後ろについているだけといった意欲的ではない生徒がいます。また、学習に対する満足感をどの生徒にもというのはなかなか容易なことではありません。どうしても調べ学習の個人差が出てしまいがちです。

　少しでもこの問題を解消するために、個人ではなくグループで意欲の低い生徒を助けようとすることが多くなります。しかし、実際には人に頼ってしまい、満足感を得るまでには至らないことがあります。

　ジグソー学習を取り入れると、一人一人が学習に対して責任をもち、「自分がいなければ、調べなければ、報告しなければ」という存在感を味わうことができ、その結果どの生徒も意欲的に学習することができるようになります。

（4）ワークショップ方式の利点

　従来の発表学習では、模造紙や画用紙などに調査結果と称した、どこかの文献やネットの情報などの書き写しを個人やグループが多数の聞き手に向かい、一方的に話すといった形態が多かったのではないでしょうか。

　この問題点として、まず発表の二度手間が挙げられます。調べたことをノートやワークシートにまとめ、さらに模造紙や画用紙などに書き写すという作業を行います。生徒は全く同じ内容をくり返し見るようになります。

　２点めは、発表が一方通行になりがちなことです。発表を聞く側は、一度に多くの情報を与えられます。このため、発表する側に比べて、発表する内容に関して知識・理解の定着は低くならざるを得なくなります。この上に質問の時間を設けても、その質問が初歩的であったりするのは当然のことです。

　３点めは、役割分担の偏りです。一人、二人の生徒が、模造紙や画用紙など

に書き込み、その間に、わるく言えばあそぶ生徒が出てきてしまいます。

　これらの問題点を克服する発表方法がワークショップ方式です。この方式の利点は 2 つあります。1 つめは、発表を小規模な場で行うため、相手にわかりやすく伝えるという基礎的な力をつけることができることです。2 つめは、発表にかかる二度手間を省き、グループの構成員が内容を確かめることができることです。

4　『おくのほそ道』ジグソー学習

（1）学習計画《第 1 次・第 2 次》

《第 1 次（2 時間）》

　　1）『おくのほそ道』の概要を知る

　　○ 『おくのほそ道』の冒頭部分の音読と解釈

　　○ 芭蕉の“旅への思い”についての話し合い

《第 2 次（2 時間）》

　　2）学習コースと学習方法について知る

　　○ 学習コースについての説明

A　白河	D　福島 1 - 信夫の里	G　平泉
B　須賀川	E　福島 2 - 医王寺	H　『おくのほそ道』行程
C　二本松	F　福島 3 - 飯坂	I　松尾芭蕉

　　○ 学習方法についての説明

　　　① 今までの学習方法の問題点

　　　② ジグソー学習の方法と利点

　　　③ ジグソー学習の流れ

ア 学級成員を 9 名ずつの 4 グループに分ける。　【ジグソーセッション】 イ 各グループから 1 名ずつ集まり 9 つのグループをつくる。 　　　　　　　　　　　　　　　【カウンターパートセッション】

（一人一人がジグソーパズルで言えば1ピースにあたる）

ウ　9つのグループがそれぞれAからIの中から1つずつの学習コースを
　　分担し調べ学習を進める。　　　　　【カウンターパートセッション】

エ　調べた成果をワークショップを開催して発表する。

オ　その後もとのグループに戻る。一人一人がそれぞれ異なった学習コー
　　スについて学習しているため、相互に報告し合い、質問したり話し合っ
　　たりして教え合い学習を行う。この学習により、すべての学習コースに
　　ついて学習することになる。　　　　　　　【ジグソーセッション】

（一人一人、すなわち1ピースの報告がきちんとなされて、はじめてパ
ズルが完成することになる）

3）発表方法について理解し、グループと学習コースを決める

　○　発表方法についての説明

　　①　今までの発表方法の問題点

　　②　ワークショップ方式の方法と利点

　　③　ワークショップ方式の流れ

ア　カウンターパートセッション（4人グループ）での学習成果（発表資
　　料）をグループごとに教室内のエリアに展示する。ここには、生徒の
　　ノートやワークシート、原典となる資料がそのまま配置される。

イ　他の生徒は、このエリアを訪れ、そのグループが調べた内容について
　　質問したり説明を受けたりする。質問カードを持ち、それぞれのエリア
　　（ワークショップ）をまわることになる。

ウ　グループの中で、説明をしたり質問を受け付けたりする店員役の生徒
　　と各ワークショップをまわるお客さん役とに分かれて活動する。役割は
　　途中で交代する。

　○　グループ編成

　○　学習コースの選定

（2）学習計画《第３次・第４次・第５次》

《第３次（４時間)》

　４）学習課題を決める

　○　調べる内容についての話し合い

　○　学習課題の決定

　５）参考資料をもとに、学習課題について調べる

　○　調べ方の話し合いと各自の分担の明確化

　○　調べる上での問題点と調べる方法の再検討

　○　発表ワークショップへ向けた準備

《第４次（２時間)》

　６）発表ワークショップを開催する

　○　発表ワークショップ

　７）互いに報告し合いジグソー学習を行う

　○　グループごとの報告会

《第５次（１時間)》

　８）学習のまとめをし、今回の学習成果について話し合う

　○　事後アンケートへの記入

　　　　　　～ジグソー学習を進める上での用語について～

　ジグソー学習では、ジグソーパズルをイメージし、仲間との学び合いの場をベースとした学習を展開します。この学習において、生徒は「ジグソーグループ」と「カウンターパートグループ」の２つのグループに所属することになります。カウンターパートとは、対等の立場にある相手のことです。

　それぞれのグループの呼び方は、例えば以下のようにしてもかまわないでしょう。

　【ジグソーグループ】

　　元グループ　ホームグループ　学習班

　【カウンターパートグループ】

課題別グループ　エキスパートグループ　追究班　調査班　実験班
　ジグソー学習では、それぞれの仲間と交流しながら課題解決をしていく
ことに特徴があります。生徒には、課題別グループで学習したことを元グ
ループに戻って伝えなければならないという責任が生じます。そのことが、
対話の目的を明確にするというわけです。すなわち、対話の必然性が生ま
れることになります。
　この責任と必然性が重要です。ジグソー学習では、一人一人の生徒が主
役となります。そうならざるを得ない状況がつくられます。ジグソーパズ
ルのピースと同じですから、一つでも欠ければ完成することはありません。

（3）『おくのほそ道』ジグソー学習の実際

1）学習課題についての調べ学習

　どの生徒も、グループの中での自分の分担が明らかになり、目標をもって学
習していました。調べたことをノートなどに意欲的にまとめていく姿がたくさ
ん見られました。友達と相談しながら、あるいは意見を交わしながら楽しく学
習している生徒が多くいました。

　中には、調べ学習を進めていく過程で実際に現地に赴き、資料を集めてきた
り、写真を撮ってきたりして、資料作成に役立てる生徒も出てきました。

2）発表ワークショップの開催

　店員役と質問をするお客さん役の人数のバランス、ならびに質問カードを
使用することを確認してからスタートさせました。開店の雰囲気を出すため
に、お客さん、すなわち各ワークショップをまわって質問をする役の生徒には、
いったん廊下に出てもらい、鐘を鳴らしてから入室してもらいました。予想以
上にどの生徒も活発に動いており呼び込みまで始める生徒も出てくるくらいで
した。

　説明と質問も予想以上に活発で、明らかに時間が足りなくなってしまいまし
た。中には、やや資料不足と思われるグループもありましたが、説明でそれを
補っていました。もう少し時間を確保できれば、さらに効果が上がったものと
思われます。

3）ジグソー学習による報告会

　この学習では、9人グループを4つ作り、それぞれ机を□の形にして報告会を行いました。どのグループも最後まで集中して互いの報告を聴き合い、ワークシートに書き込んだり、質問をしたりしていました。

　どの生徒も自分の責任を果たすべく意欲的に生き生きと取り組んでいました。しかし、学習の満足度としては十分ではありませんでした。これは、まず時間が足りなかったこと、次に意欲的に取り組みはしましたが、自分の報告に満足はしていないことが、その要因として考えられます。報告会の前に、時間を設定して報告の練習をさせたり、4人グループでの打合せなどをさせれば、もう少し満足できる学習になったことと思われます。

4）意欲的な活動に伴う内容の充実度

　生徒が意欲的に活動したとしても、内容が伴っていなければ充実した学習とは言えません。今回のジグソー学習では、友達に自分が調べたことを報告しなければならないという責任があるためか、ノートなどにわかりやすくまとめる姿が見られました。

　自分のためだけではなく、人に伝えるためにはどのようにまとめればよいのかという視点が生まれ、今までよりもまとめ方は格段によくなったようでした。相手意識の重要性を再確認することができました。

　今回は、『おくのほそ道』の行程の中でも、福島県特に福島市に関わる部分を数多く学習コースとして設定しました。そのためか、興味・関心をもって話を聞いたり、資料を見たりする姿が見られました。松尾芭蕉が福島県を通ったことは知っていても、詳しいことは知らなかったところに、今回の学習により、一気に知識や情報が増え、郷土への理解が進み、古典学習への意欲も高まったようでした。

（4）『おくのほそ道』の学習でやってみたいこと

　『おくのほそ道』の学習に入る前に、授業への要望として、どのように進めていきたいと考えているか、やってみたいことはどんなことかを生徒に記述してもらいました。それらをジグソー学習を仕組む際の参考としました。

1）芭蕉の旅への思い

□ 芭蕉がどんな気持ちで旅をしながら句をつくっていったのかを勉強したい。

□ 芭蕉は、いったいどういったところを訪れ、何を思ったのかなどを知りたい。

□ 芭蕉は旅をして何を感じたのか。

2）芭蕉の旅の足跡

□ 芭蕉が通った所を日本地図に記したい。

□ 芭蕉が訪れた所や作品を詳しく調べたい。

□ 芭蕉は訪れた所で何をしたのか調べたい。

□ 芭蕉が訪れた所を写真などで見たい。

□ 芭蕉が訪れた所をイメージして絵を描きたい。

□ 『おくのほそ道』で訪れた所を再現したい。

□ 芭蕉が俳句をつくったときの様子を調べたい。

□ 芭蕉が訪れた風景を思い浮かべながら読んでいきたい。

□ どんなコースを通っていったのか調べたい。

3）グループ学習への期待

□ 何人かのグループをつくって、意味を調べたり読み深めたりしたい。

□ グループをつくってまとめて、作品にして先生に提出したい。

□ 松尾芭蕉について、グループで調べたい。

□ 友達と相談しながら楽しく学習したい。

4）授業への期待

□ おもしろく学習したい。

□ 楽しく、詳しく学習したい。

□ いろいろ調べてわかりやすく進めていきたい。

□ 先生の思うように教えてください。

☐ 授業についていきたい。

5）紀行文への憧れ

☐ 旅行に行って日記を書いて、紀行文に一歩近づきたい。
☐ 紀行文を自分で書きたい。
☐ 紀行文というのは、どのようなものなのか理解していきたい。

6）芭蕉と福島との関係

☐ 福島に来たときのことを詳しく勉強したい。
☐ 芭蕉が福島県にどのように関係しているのか知りたい。

7）松尾芭蕉という人物

☐ 芭蕉の俳句をもっと知りたい、味わいたい。
☐ 芭蕉について、いろいろと調べたい。
☐ 芭蕉はなぜ旅をしたのか知りたい。
☐ 芭蕉はどのような旅をしてきたのか。
☐ 芭蕉はどんな人だったのか。
☐ 芭蕉はどんな人生を送ったのか調べたい。
☐ 芭蕉の家庭の様子について知りたい。

8）『おくのほそ道』への興味

☐ 『おくのほそ道』はどのような内容なのか、深く理解していきたい。
☐ 『おくのほそ道』について、もっと詳しく調べてみたい。
☐ 『おくのほそ道』のように、奥の奥までいろんなことを調べてみたい。

9）芭蕉の俳句

☐ 松尾芭蕉の俳句をいくつか覚えたい。
☐ 芭蕉がつくった俳句を年代や場所を追って見てみたい。

□ できるだけたくさんの作品について知りたい。

□ 場所を決めて芭蕉のように俳句をつくってみたい。

１０）古典の学習

□ 昔の言葉を読めるようにし、意味を理解したい。

□ 文語に慣れるようにしたい。

□ 文語の意味をよく理解できるようにしたい。

□ 大事なところをしっかり覚えたい。

□『おくのほそ道』に使われている表現技法を覚えたい。

□ ちゃんと訳したい。

（５）生徒の知的欲求を生かしたい

　生徒が書いてくれたものは、どれも納得のいく内容でした。一般的な授業では、授業者が教えたい内容や扱いたい内容が先にあります。あるいは、決まっています。そのことに対して、生徒に興味・関心をもたせ、いかに意欲を高めていくかが授業者の腕の見せ所でもあります。

　今回は、『おくのほそ道』の学習に入る前に、どんなことをやってみたいかを書いてもらったところ、どれも扱いたくなるようなものばかりでした。生徒の知的欲求には驚かされました。一斉授業ではなく、生徒一人一人が自分のやりたいことを深く追究していくスタイルの授業をやってみたくなるほどでした。その際、必要があれば、同じテーマの生徒同士でグループになるのもいいでしょう。授業者は、アドバイザーを務めればいいでしょう。学習のゴールは、個人ごとのプレゼンです。イメージは、大学生の研究レポートや卒業論文でしょうか。

　今回は、ジグソー学習を取り入れましたが、生徒のすべての要望には応えられてはいません。そこで、学期に一度ずつ、５時間×３回、計１５時間程度でいいので、個人追究型、個人テーマ設定型の授業ができないだろうかと考えさせられました。特に古典学習には合っている、いや求められるスタイルなのではないでしょうか。

（6）『おくのほそ道』の学習を終えて

1）カウンターパートセッション（4人グループ）での学習

　『おくのほそ道』の学習後に、生徒に書いてもらったアンケートには、次のような記述がありました。そこからは、ジグソー学習のよさや利点、今までの学習との違いがよくわかります。

○ いろいろな意見が出て楽しかった。

○ 分担して調べるのでやりやすかった。

○ 一人でやるより作業がはかどったし、けっこう楽しい。

○ 課題を分担して一つのことを一人でやるので責任が感じられた。

○ みんなで分担して協力できてとても楽しかった。

○ 友人同士で調べたので楽しかった。

○ 楽しかったし、行程図を書き終わったとき、一人で学習するよりも喜びが大きかった気がする。

○ みんな一生懸命調べてくれて協力できたのでよかった。

○ 書いているときは、自分たちで調べて書いていたのでとても勉強になった。書き終わったときはとてもうれしかった。

○ 分担して調べることができ効率がよかった。

○ 一人で調べるよりグループで調べたほうが多くのことを知ることができ、相談しながら協力し合えるのでよかった。

○ グループ全員で調べることができた。

○ 自由にグループを決めることができたので作業がやりやすく楽しかった。

○ 資料が多くて一人でやるとまとめるのに時間がかかるし大変だけど、4人だと分担できるしよかった。

○ 自由にグループを決めたからけっこう遠慮なく進められた。

○ それぞれが自分の担当箇所の資料を集めるため、あく人がいないのでいいと思った。

○ 最初のほうはみんなバラバラだったが、後からはみんな自分から学習課題を見つけて進められたし、楽しかった。

○ はじめはなかなかまとまらなかったけれど、課題が見つかったので、

調べているうちにおもしろくなったのでよかった。
○ 一人も調べない人が出ないで楽しく学習できた。
○ 楽しかった。一人一人の責任が重いので「ちゃんとやらなきゃ」と思った。いい経験になった。
○ 気の合う友達同士でグループが組めるので、自分が考えた意見などを遠慮せずに言えてよかった。
○ 積極的に調べることができた。わからなくてもグループの中でだれかが調べてあったのでよかった。
○ グループ全員が協力し合い、活発に多様な意見を出しながら学習できたのでとてもよかった。
○ お互いに調べ合って楽しかったし、理解し合うことができたのでよかった。
○ 意見を出し合いながら協力してまとめたり、資料を探したりできた。
○ 意見が合わないときもあったけれど、4人で分担してできたので能率がよかった。
○ 一人一人がちゃんと自分のやることを見つけられて「やらない」という人がいなかったのでよかった。
○ 自分たちで調べたので、いろいろなことを覚えられた。
○ 一人一人の意見は違うけれど、調べてみんなの意見が一致したりしてまとまってできた。
○ みんなやる気を出して調べていた。
○ ほどよい人数だったので、仕事を分担できてそれぞれ自分の仕事に専念できた。
○ 自分の与えられた仕事を責任をもってやることができたのでよかった。
○ 人数が少ないがやることが多いので、一人一人の活動が充実していたと思う。

2）ジグソーセッション（9人グループ）での学習

　『おくのほそ道』の学習後に、生徒に書いてもらったアンケートには、ジグソーセッションについて次のような記述がありました。そこからは、9人によるジグソーセッションのよさと同時に、調べたことを人に伝える発表の難しさ

やジグソーセッションの今後の課題もわかります。

○ ためになったし、理解しやすかった。

○ 自分で調べた以外のことをたくさん知ることができた。みんなよく調べていたと思う。

○「『おくのほそ道』－福島版－」についてよく知ることができ、そのうえ芭蕉についても知ることができたのでとてもおもしろかった。質問コーナーもよかった。

○ みんなが興味をもってうまく報告できた。

○ どう発表していいのかがよくわからなかった。でも、4人グループで他のグループだった人の発表はよかったと思う。

○ 自分で調べたことを、わかりやすく伝えることができなかった。

○ 見に行けなかったグループの結果が聞けてよかった。わからなかったところも質問できた。

○ 時間が足りなかったが、それぞれの報告はうまくできていた。

○ わからなかったところもあったけれど、自分以外のグループが調べてきたことがよくわかっておもしろかった。

○ ワークショップで聞けなかったところや聞き逃したこともわかってより深められた。

○ まとめた資料を報告者が全員もっているといいと思う。

○ うまくいかないと思っていたけれど、それなりにうまくできた。伝えることはきちんと伝えられたと思う。

○ とてもなんか充実していた。

○ 机を□にしたのが大正解。

○ いろいろなことにわかりやすく答えてくれたのでよかった。

○ みんなおもしろい発表をしていたので楽しかったし、芭蕉についてのいろいろなこともわかった。

○ もう少し時間があればよかった。

○ ワークショップで足りなかったところをつけ足せた。

○ うまくいくか少し心配なところもあったけれど、けっこうよくまとまってできていたのでよかった。

○ 各自一生懸命調べたということを感じた。

○ 発表の仕方がよくなかった。

○ 質問し合って、よりいっそう詳しく知ることができ、よい方法だと思った。

○ 他のグループの人と話すのがよかった。もっと詳しく報告したかった。

○ はじめて知ることもあり、おもしろかった。

○ けっこう詳しく学習できた。

○ 短くわかりやすく報告してくれたので聞き取りやすかった。

○ みんなすごく分かりやすく報告していた。

○ もっと質問してくれればよかった。

○ 一人一人の調べたことをたくさん知ることができたのでよかった。

○ みんながしっかりノートなどに大事な点などを書いてきて、スムーズに報告会ができた。

○ 自分で調べたことをきちんと伝えられた。

○ 必要なところが特にわかったのでよかったと思う。

○ 他のグループの調べたことを短く簡単に知ることができ、自分の調べたことも短くまとめて報告することもできた。

○ それぞれのグループの進め方や学習内容がよくわかった。どれも調べなくてはわからない内容ばかりで勉強になった。

○ 自分が調べた内容について上手に発表することができた。

○ 一人一人違った意見に対する質問をすることができたのでよかった。

○ 少し不足している所もあったが、ある程度のことはわかった。

○ 時間がなくて、質問したりできなかった。

（7）『おくのほそ道』ワークショップ

ワークショップ方式による発表

　『おくのほそ道』ジグソー学習の中に、今回はワークショップ方式による発表学習を組み入れました。学習後に生徒に書いてもらったアンケートには、ワークショップ方式のよさや今までの発表学習との違いなどについて次のような記述がありました。

○ やりやすくてよかった。

○ 一人一人の役割があるのでいいと思う。

○ わかりやすくみんなが楽しんでできるのでいいと思う。

○ だらだらと長く話すよりも短時間で相手にもよく伝わると思う。

○ 新感覚のやりがいのあるものだった。

○ みんなが発表に加わるので、さぼる人などがいなくてとてもよかった。自分がわからないところを質問でき、それに丁寧に答えてくれるのでとても関心がわく。

○「店員とお客」というのがよかった。全員が何かをしているというのが今までと全然違った。

○ 全員が参加できてとてもよかった。自分たちで質問して解決できるところがよかった。

○ 人前で発表するわけではないため緊張せずにできるので、こちらの方が楽しくできる。

○ 今までは人前で話すのが苦手という人が多くて、質問できなかった人が多かったが、多数の人が質問していたし、それに答える人も答えやすくてよかった。

○ 短時間で全部の内容を知ることができるからとてもいいと思う。

○ 資料のわかりやすさや一人一人の理解が必要になってくると思う。説明がかたくるしくならずに、質問も気軽にできるところがよい。

○ わかりやすいと思う。なぜなら、勉強しているという感じがあまりせず、知りたいことだけ質問できるからだ。

○「自分が調べたいもの」を追究できたからよかった。

○ やったことがないので不安だったが、やっているうちに楽しくなった。

○ 一つのことを中心に調べたりするのでとてもやりやすかったし、楽しかった。

○ 今までの発表方法だと全員の前で発表しなくてはならなくて恥ずかしいので言いたいことがきちんと言えなかったりしたけれど、この方法だと落ち着いて発表できた。

○ 今までのはやる人とやらない人がはっきりしていたが、ワークショッ

プでは、やらない人が出現しなかったところがよかった。

○ わからないところがよく理解できる。

○ いろいろな情報が簡単にわかった。積極的にできた。

○ 自分の知りたいことがすぐにまとまってかえってくるので、とても勉強になった。

○ 少人数ずつだから話しやすいし、質問しやすい。

○ みんながちゃんとやらなければならないことから、この発表方法はやり続けていきたい。

○ とてもおもしろい。ぜひまたやってみたい。

○ わかりやすく覚えられた。

○ 今までより勉強になったし、わかりやすかった。

○ ひまな人がいなくなるし、客になっているときも知りたいことを調べられるので、今までよりはすごくいい方法だと思う。

○ 本格的でやる気が出たのでまたやってみたい。

○ 自分の調べたいことがそのグループのためになることだったので、やりがいがあった。

○ 最初はうまくいくかどうか不安だったけれど、実際にやってみると意外におもしろくて思ったよりも能率がよくて情報が多いのでよかった。

○ ただ授業で習うよりわかりやすかった。

○ とても頭の中に残りやすく、みんながどのように調べたか見たことによってわかりやすかったのでよかった。

○ 必ず違うグループに行くので、抜けたりわからなかったということがない。実際にグループで調べたことを自分で見ることができたのでよかった。グループごとに分担されているのでわかりやすかった。

○ 自分自身が必ず調べたりしなくてはならないので、しっかり活動できてよかったと思う。

5　次なるジグソー学習へ

（1）次にジグソー学習をやるとしたら

　学習後の生徒アンケートに、「今度ジグソー学習をやるとしたら、どんなことを改良すればよいか」という質問を入れました。その結果、以下の記述がありました。

○　もう少し時間をかけてやったほうがよい。

○　決められた時間の中で、自分のやるべきことを終え、みんなでジグソー学習のメンバーを変えながらできたらいいと思う。

○　自分の調べた所はよく分かるけれど、他の人が調べた所が少ししかわからない。

○　もう少し時間があれば、もっと詳しくできるかもしれない。

○　1回やると覚えるので、何回もやってみるとおもしろいと思う。

○　質問をする時間が足りなかった。

○　ジグソー学習での報告会のとき、後のグループの時間が足りなくならないように、一つのグループの持ち時間を決め、報告内容を整理しておいたほうがいいと思う。

○　参考資料がもっとたくさんあるといい。

○　どうしてもこういうのは時間がかかるから、強制的に時間を設けて宿題にしたらいいと思う。

○　4人グループには、男子ばかりでなく女子を一人か二人入れたほうがもっと細かく調べられたと思う。

○　ジグソー学習での報告会では、誰か司会者を決めると進めやすいと思う。

○　事前に知りたいことなどを各担当の人たちに知らせて、それを調べてもらってからジグソー学習に取り組んだほうがスムーズにわかりやすくなると思う。

○　ジグソー学習をやる前に自分で何を言うか決めたり、まとめたりしないと時間がかかると思った。だから、そういう時間を少しとったほうがいいと思う。

○ 長く時間をかけてやるともっと調べるものに愛が深まると思う。

○ 好きな人同士ではなく、違った意見をもった人たちでグループを組んだほうが、もっと違うことを調べたりするかもしれない。

○ 自分たちで資料をもってくるといいと思う。

○ ジグソー学習での報告会の最初と中間くらいにちょっとしたアドバイスがほしい。

○ ジグソー学習での報告会のときに何度も人を入れ替えて発表すれば自分が調べたところだけでなく、他の人が調べた所もわかり、いいと思う。

○ もっともっと詳しく時間をかけてやってみたい。

○ グループを増やして、内容も大きく分けるとよい。

○ 調べることを最低何個以上と決めて調べる。

○ またこのような学習ができたらいいなあと思う。

（2）ワークショップ方式の改良点

また、ワークショップ方式の改良点についても聞いたところ、次の記述がありました。

○ ワークショップを開くまでにちょっと時間がかかりすぎると思うので、もう少し短くして他のワークショップで質問する時間を長くしてほしい。

○ もう1時間ぐらい時間をとって店にも工夫をこらせばもっと盛り上がると思う。

○ ワークショップ方式をグループではなく個人にしたほうがいいかもしれない。

○ ワークショップにもっと時間をください。

○ ワークショップの後にまとめる時間として1時間ほしい。

○ 店員役とお客役とを交換する時間を決めてほしい。

○ ワークショップが訪問販売になるとおもしろいかもしれません。

○ もっといすや机などを増やして客が座れるようにすればいいと思う。

ある生徒のワークシートには、次の記述がありました。

　義経と芭蕉さんの関係がわかった。義仲と芭蕉さんの関係も詳しく知りたいと思った。こういうタイプの授業は初めてだったのでとても楽しかった。わからないことや疑問に思っていたことなどがわかっていくのもとてもおもしろかった。私たちが質問したことについて自分たちが知っている限りのことを教えてくれたこと、おもしろく楽しく答えてくれたことがよかった。

第11章

読解力と表現力を高める「一枚ポートフォリオ」

1　一枚ポートフォリオの理論

（1）一枚ポートフォリオの定義

　「一枚ポートフォリオ」とは、堀哲夫氏が２００２年に開発したもので、教師のねらいとする学習の成果を、学習者が１枚のシートの中に、学習前・中・後の学習履歴として記録し、それを自己評価させる方法を言います。

　学習による変容を学習者自身が具体的内容を通して可視的かつ構造化された形で自覚できるため、その変容から学ぶ意味を感じ取ることができます。また、教師はそれを見て、授業評価に活用することができるという利点があります。

　今までもポートフォリオ評価は行われてきました。一枚ポートフォリオがそれと大きく異なっているのは、学習過程で得られる情報はどんなものでも得ようとするのではなく、あらかじめ必要とする情報に対する回答が１枚のシートの中に求められており、それを書き終えると学習終了時に学習の全体構造が一目で把握できるようになっていることです。

　また、ポートフォリオというと分厚い冊子状のものという既成概念を根底から覆したものです。その背景には、使いこなすことのできない不必要な情報はもたない、得た情報は最大限に活用するという考え方が存在します。

（2）一枚ポートフォリオの効果

〈子どもと教師双方の視点としてねらうもの〉

① 複雑な手続きが必要でなく、簡便で利用しやすい。

② １枚のシートに書かれた学習履歴を利用することによって、これまで見えなかった最も大切なものが、子どもにも教師にも見えてくる。

〈子どもの視点としてねらうもの〉

① 学習の前提としての既有の知識や考えが明確になるため、学習による変容

を確認しやすい。

② 常に学習前と後が確認できるため、学習目標を意識化し、見通しをもって学習を進めることができる。また、自分の予想、考え、履歴などを振り返り、知識や考えを深めることができる。

③ 学習前・中・後の学習履歴を記録するため、自分がどのように学習を進めてきたのかわかりやすい。

④ 具体的内容を通して、1 枚のシートの中で、自分の学習による変容が可視的に確認できるため、学習の意味を自覚したり、学習の効力感を味わうことができる。

〈教師の視点としてねらうもの〉

① 診断的評価として、子どもの既有の知識や考えを把握することができる。

② 学習内容の理解状態を把握するのみならず、教師の育てたい資質・能力、例えば課題意識を明確にする力、自ら学び自ら考える力などを記録することを通して育成することができる。

③ 学習履歴の記録内容をもとにして、次の時間の指導を改善すること、すなわち形成的評価が可能になる。

④ 学習履歴に表れた記述内容を通して、子どもの学習評価および教師の授業評価に役立てることができる。つまり、総括的評価としても有効である。

2　一枚ポートフォリオの作成

（1）一枚ポートフォリオ作成上の留意点

「一枚ポートフォリオ」は、ただ 1 枚の用紙の中に収めれば所期のねらいが達成できるというものではありません。やはり、そこには留意しなければならないことがあります。

1）1 枚のシートに学習過程で得た情報が収まるようにする

一番簡単な形はシートの表面だけを使うものです。それだけではどうしても無理な場合は、表面のみならず裏面を利用するようにします。

２）必要最小限の情報が構造化された形で得られるようにする

　一枚ポートフォリオは、１枚のシートを用いるだけなので、得られる情報が限られています。そこで、すべてが記入されたときに学習内容が一目で全体を見わたすことができる工夫が必要です。一枚ポートフォリオは、普通のノートとは違い、単元の学習が終了すると、全体を構造化した形で目にすることができます。

３）学習前・中・後の学習履歴を通して、学習による変容が明確になるようにする

　一枚ポートフォリオがもつ利点の一つは、同じ基準で学習履歴を振り返ることができることです。その振り返りは、学習者自身が自分の変容を具体的な学習内容を通して、可視的に行うことができるようにするためです。

４）教師が最も望む資質・能力を育成できるように問いかけの文を工夫する

　一枚ポートフォリオは、学習内容の理解の程度を把握するだけでなく、教師が最も重視する資質・能力を育てることもねらっています。そのためには、問いかけの文を工夫する必要があります。それは、教師が何を求めているかによって異なってきます。

５）学習の変容を自覚できるように自己評価の欄を必ず設ける

　一枚ポートフォリオ評価で最も重視することの一つが、シートに記録した内容を振り返り自己評価することです。それは、メタ認知の能力を育成するためです。ただ学習を振り返らせるのではなく、何がどのように変わり、それに対して自分がどう思ったのかなどを、具体的内容を通して可視的に確認できるようになっていることが大切です。

（２）一枚ポートフォリオ利用上の留意点

　一枚ポートフォリオは、ただそれを使って子どもに書かせればよいというものではありません。最大限の効果を上げるためには、それなりの配慮が必要です。

1）計画的に利用する

　1枚という限定があるため、毎時間ごとの内容をすべて収めるのには無理があります。そのため、どの内容が終わったときに書かせるのか、あらかじめ十分に練る必要があります。どの段階で書かせることが最も効果的か、あらかじめ検討する必要性があります。

2）記入する量および時間を最小限にする

　子どもの学習履歴を適切に把握しようとすると、どうしても情報量を多く求めがちになり、その結果、子どもに多くの負担がかかりがちです。そのため、記入する量および時間を最小限におさえる必要があります。たとえどれほど優れた方法であっても、子どもが作成するのに分量が多すぎたり、時間がかかりすぎたりするものは、決して長続きしません。

3）学習者が書いた内容に可能な限り適切なコメントを書くようにする

　コメントは可能な限り短く的確な言葉で書く必要があります。そして、できればその文言が子どもにとって考える要素を含んでいるとさらによいと考えられます。

4）学習者が書いた内容を次の時間の授業構成の見直しに活用する

　教師のねらっていることが書かれていなかったとき、そしてクラスの大半の子どもがそれに該当している場合は、授業計画の見直しが必要です。一枚ポートフォリオは、適切に用いれば、指導に生かす評価を可能にできます。

3　一枚ポートフォリオの活用

（1）どんな授業がしてみたいか

　今、どんな授業がしてみたいか、と問われれば、どのように答えるでしょうか。私は以前、次のように答えたことがあります。

> 生徒が自分の読解力と表現力の高まりを実感できるような授業

言い換えれば、生徒が自己の変容を自覚できるような授業となります。従来から、国語科の授業の中で、読解力を高めることをねらった授業や表現力を高めることを目指した授業は、数限りなく行われてきました。その実践の数は枚挙にいとまがありません。

　しかし、授業を通して、生徒自身が自己の読解力や表現力の高まりをどの程度自覚できていたでしょうか。生徒一人一人が、自己の変容を自覚し、自信をもち、それが次の学習への意欲付けとなっていたでしょうか。

　学習はしていますが、何がどのくらい変わったのか、分かるようになったのか、できるようになったのかが分かりません。授業はしても生徒にどのくらいの力がついたのかが分かりません。このようなことが往々にしてあったのではないでしょうか。

　上記のような状態では、真の国語力がつくのかどうか、国語力が高まるのかどうか、甚だ心許ないと言えます。読解力と表現力とは、国語の学力の中でも、中核を担うものです。この２つなくして、国語の学力は語れません。

（２）一枚ポートフォリオを活用した評価

　これは、堀哲夫氏らによる理科での理論と実践を国語科に応用したものです。「一枚ポートフォリオ」とは、以下のようなものです。

> ① 生徒に学ぶ喜びや学ぶことの大切さを感じ取ってもらうことができるような評価
> ② 生徒が学習過程で記録したものを通して、教師の授業評価を追究できるような評価
> ③ ①と②を生徒が書いた一枚のシートの中で実現可能なようにした評価
> ④ 最小限の情報で最大限の効果を上げようとする評価

　生徒を変えるのは、生徒自身にほかなりません。生徒が学習によって自分自身の変容を実感できるとき、学ぶことの重要性を自覚することができます。

　これまで、授業評価はビデオに録画した内容を分析するなどの方法がとられてきました。こうした方法は、分析に時間がかかります。しかも、一人ではなかなか行うことができません。ところが、この方法であれば、生徒が書いたも

のを通して、授業が適切であったかどうかを判断できます。しかも、簡便です。

　この一枚のシートを「一枚ポートフォリオ」と呼ぶことにします。これを用いて、生徒は自分自身の学習内容を振り返ることにより、学習の意味を感じ取ることができます。授業者は、書かれた内容を通して、授業の適切性を評価し、授業の軌道修正を図っていくという形成的評価が可能となります。

　教育現場は、日々の業務に忙殺されています。手間暇かけてじっくり行うことの大切さは分かりきっていても、実際には時間をかけて評価を行うことが不可能に近い状態が続いています。教育実践において極めて重要な視点の一つは、単純で活用しやすいことです。授業者が最も望む最小限の情報を効率的に得て、それを最大限に活用するということです。この方法であれば、一枚のシートを活用して行うため、情報が多すぎたり、また多彩なものが入りすぎたりすることはありません。

4　一枚ポートフォリオと自己評価

（1）ポートフォリオ評価

　ポートフォリオ評価において、必ずと言っていいほど取り入れられているのが自己評価です。ポートフォリオ評価に限らず、多くの学習場面において自己評価は取り入れられています。それは、この評価が自分自身を見つめ、自己の改善を目指した自分の思考についての思考を深めるメタ認知能力の育成につながっているからです。

　ただ単に学習活動を振り返ることが自己評価ではありません。これまでに行われてきた自己評価には、少なからず問題点が存在していました。しかし、「一枚ポートフォリオ」により、自己評価が抱える問題点を解決することができます。

（2）一枚ポートフォリオの利点

　以下に、自己評価との関連から「一枚ポートフォリオ」の利点を挙げてみます。

　①「一枚ポートフォリオ」は、シートに記入することそれ自体で学習目標

を明確に意識化できる方法です。また、学習履歴を振り返ることにより、学習目標に対する自己評価が可能になります。

② 「一枚ポートフォリオ」は、情意面と認知面の両方から自己評価を行うことができます。

③ 「一枚ポートフォリオ」は、自己の変容を学習履歴により可視的に振り返ることができます。

④ 「一枚ポートフォリオ」は、学習履歴を記録するので、学習の変容を具体的内容により可視的に確認できます。

⑤ 「一枚ポートフォリオ」は、学習履歴を通して自己の変容の適否を自覚できるので、メタ認知能力を育成できます。

⑥ 「一枚ポートフォリオ」は、学習履歴として記録した内容から、学習および授業の結果が明確になるので、以後の授業や学習に生かすことができます。

⑦ 「一枚ポートフォリオ」は、学習の変容が明確になるので、学習の意味を見いだすことができます。

5 一枚ポートフォリオを活用した実践計画

指導計画

（1）対象　　中学３年生

（2）単元名　詩を味わおう『いのちの根』『わたしと小鳥とすずと』

（3）指導目標

① 教材『いのちの根』

○「いのちの根」は、じっと耐えることでふかくなっていくことを文章で表すことができる。

② 教材『わたしと小鳥とすずと』

○「わたし」「小鳥」「すず」は並立の関係にあり、同等の対場であることに気付くことができる。

○「みんな」に着目し、作者が強調している点をもとに、最後の行が意味することを考え、文章に書くことができる。

（4）『わたしと小鳥とすずと』について

① 工夫と仕掛けが見事な作品

　『わたしと小鳥とすずと』が多くの人の感動を呼ぶのはなぜでしょうか。それは、この詩に工夫や仕掛けがあるからです。「わたし」と「小鳥」と「すず」とには、ぱっと見て共通点を見つけ出すことはできません。しかし、何かしらの意味があります。「わたし」は人間の立場から、「小鳥」は人間ではない動物で、人間にはない一種人間があこがれをもっているものの立場です。そして、「すず」は身近にある物で、人の胸を揺さぶるものの立場です。

　このようなことをもとに読んでいきます。そして、いろいろなことに気付いていきます。その過程を大事にしていきます。

② 実感としての「みんなちがって、みんないい。」

　生徒の多くは、この詩を知っています。特に「みんなちがって、みんないい。」に関しては、「互いの個性を認め合うことが大切である」というような表面的で優等生的な読みをしているかもしれません。しかし、「みんなちがって、みんないい。」に着目してみると、「みんな」を反復し、強調しており、「みんな」「みんな」であることがわかります。

　また、「ちがう」は「違う＝悪い、よくない」と考えがちな私たちにとって、少し意外な言葉です。ところが、この詩を読んでいると、すんなりとこの言葉を受け取れてしまいます。そんなこの作品のすごさを実感させることができたら、授業者としては言うことありません。

実践の見通し

　『いのちの根』の読み取りでは、詩の中の「ふかく」を読みのキーワードとして取り上げ、さらに題名に戻って「いのちの根」とは何かを問います。

　『わたしと小鳥とすずと』の学習では、前時の課題「『みんなちがって、みんないい。』とは」を確認し、「みんなちがって、みんないい。」とはどのような意味なのかを問題にし、最後に、この２つの詩の学習を通して、あなたの何がどのように変わったのか、そのことについてあなたはどう思うのかを生徒に尋ねます。

6　一枚ポートフォリオを活用した授業

学習活動・内容と主な働きかけ

1　前時の一枚ポートフォリオの内容を聞く。

　○ 前時に書いた数人の文章を読み上げ、本時では、さらに深く読み取ることを知らせ、学習後の変容への期待感をもたせる。

2　作品を音読する。

　○ 一度音読することで、前時の学習で作り上げた作品に対するイメージを想起させる。

3　学習課題を把握する。

> 「みんなちがって、みんないい。」とは、本当はどのような意味なのか。

　○ 今までの読みでは、まだまだ甘く、浅く、不十分であり、実感を伴っていないことを説明し、学習への動機付けを図る。

4　作者が強調したかったことを確認する。
　　・飛べないもの
　　・速く走れないもの
　　・音がでないもの
　　・うたを知らないもの

　○ 互いの「できる」ものと「できない」ものとを多くの否定表現によって表し、それぞれがもつ欠点を掘り起こし強調していることに気付かせる。そうすることが、最後の2行の読解に生きてくる。

5　課題について自分の考えを書く。

（1）ノートに考えを書く。

（2）発表する。

　○ 想像や空想ではなく、この言葉があるから、こんなふうにわかるといっ

たぐあいに、言葉に基づいて考えさせる。

○「みんな」を反復していることに着目させる。

6　個人の考えをもとに班で練り上げる。

（1）班内で個人の考えを発表する。

（2）班としての考えをまとめる。

　○ 進行役を決めて話し合いを進めさせる。

　○ 自分の考えと照らし合わせながら聞かせる。

7　全体で意見交換をする。

（1）班の代表者が発表する。

（2）意見交換をする。

　○ 希望者がいなければ、進行役の生徒に発表させる。

　○ 授業者がコーディネーターとなり、班の代表者の発表に対して意見を述べていく形で話し合いを進め、生徒が納得するまで練り上げていく。

　○ 発表内容のキーワードを板書しておく。

8　再度自分の考えを一枚ポートフォリオに書く。

　○ なんとなくわかっていたことが、理屈を伴ってわかるようになった記述内容について発表させる。

9　前時の文章と本時の最後に書いた文章とを比較し、気付いたことをノートに書き込む。

　　・変わったこと

　　・深まったこと

　○ 自分の考えの深まりを実感させ、学習に対する成就感・達成感をもたせる。

　○ 深まったことが言葉として文章に出ており、変容が明らかな生徒に発表させる。

一枚ポートフォリオの記述内容

【前時】「みんなちがって、みんないい。」とは

人間、動物、植物など、この世界に属するもの全てに、とってもいいところ、個性や特色があるということだと思う。その個性や特色は、一人一人あるいは一つ一つが微妙に違っており、それらには深い意味があることを尊重した詩である。「世界に一つだけの花」にあるように、「オンリーワン」をずばりうたっている。そのわずかに違った「色」を、お互いに認め合って、これからの世界で共存していこうということを伝えたい詩ではないかと思った。

【本時】「みんなちがって、みんないい。」の本当の意味は

一人一人、あるいは一つ一つにでこぼこがあり、人はそれを個性と呼ぶ。その個性は、その人自身であり、でこぼこがあるからこそ、人は人と協力できたり、発展できたりすると思う。長所や短所がないと、みんな本当にただ同じになってしまい、違う意味で「みんないい」ということになる。その時の「いい」は、完璧でいいという意味になると思う。

でも、完璧に憧れるのは、誰一人そのような人がいないし、ありえないからであって、逆に完璧であったら気味が悪い。比較したくなるけれど、お互いにその能力は比べものにならない。だから、「いい」とうたっている気がする。

その能力などが違うことによって、「人」が「人」と出会えたり、協力できたり、お互いに手をとって生きていけるはず。お互いの評価観は違っていたりするけれど、そのフォローやカバーで共存していけると思う。

だから、「みんなちがって、みんないい。」とは、でこぼこを補い合いながらも、そのでこぼこを大事にし、共存していこうという意味だと思う。他の班の意見を聞いてなるほどって思えることがいっぱいあった。すごくすごく勉強になった。

【事後の変容】この学習を通して、あなたの何がどのように変わりましたか。
　　　　　　　そのことについて、あなたはどう思いますか。

> 　以前までは、詩を読むことは苦手だったし、読んでそこから考えたり、見えない気持ちを読み取ったりという学習は苦手だった。でも、今回の学習を通し、また様々な詩を読んだことによって、自分の詩に対する考え方が少しずつ変わってきたと思う。何回も読んで、読むたびに他に見つけられることはないか、と考えながら読めるようになった。それは、他の人にとって当たり前のことかもしれないが、私にとっては大きいことでとても嬉しい。
>
> 　また、人の意見や考えを聞くことで、その詩に対する視野が広がったし、吸収することも多かったのではないか、と思った。これから入試など、文章の読解に必要なものが、まだ少しだけどついてきている気がする。つけた力は、結果で考えると、やっとアベレージに追いついたくらいだと思うが、自分自身のみで考えると、この学習はすごく勉強になった。もう一度、このような学習を行いたい。

【前時】「みんなちがって、みんないい。」とは

> 　一人一人、長所や短所はあるけれど、それは個性だから人と同じでなくてよいという意味。人それぞれ、さまざまな個性を互いに認め合い、大切にしていこうということが込められていると思う。

【本時】「みんなちがって、みんないい。」の本当の意味は

> 　できること、できないことの差はあって、比較している部分が必ずあると思う。比較して生まれるものもあるけれど、お互いに認め合って生まれる何かのほうが、もっといいものができるのではないかと思う。できることすべてがいいものではなくて、悪いところも大切なことだから、いいところも悪いところも大切にしていけたらいいと言っていると思う。
> 　一人一人違う人間なのだから、比較して、あの人の方が上だとか、劣っ

ているとかは言えない。一人一人特徴があるのだから、それを認め合い、生かしていくことで、もっといい世界になるよと言いかけているのだと思う。

　誰一人として同じ人間なんていないのだから、長所、短所があって当たり前だと思う。それをどうやっていいものにしていくかがとても大切なんだと思う。

【事後の変容】この学習を通して、あなたの何がどのように変わりましたか。そのことについて、あなたはどう思いますか。

　一つの部分だけ見て考えるのではなく、もっと他のことと関連づけて考えられるようになったと思う。文だけを見て、考え出すのではなく、この文は、実はこういうことが言いたいのだなど、深く物事を考えられるようになった。今まで浅くしか読んでいなかったので、作者の気持ちや意味などを考えられるようになり、詩を読むのが楽しくなった。

　深く考えるということは、どんなことについてもとても大切なことだと思う。深く読むと、今までわからなかったことがわかったり、新しい発見があったりして、もっと物事を味わえるようになるので、自分のためになる部分がたくさんできると思う。そして厚みのある人間になれると思う。これからもっと多くの作品を読み、考えて、厚みのある人間になりたいと思う。

【事後の変容】2年間にわたって一枚ポートフォリオを活用した生徒

　ずばり、文章力が去年と比べものにならないくらいにアップしているのではないかと感じた。前よりも詳しく順序立てて文章が書けるようになったのには自分でも驚きで、学習のかいがあったなあと思う。深くつっこんで書くことができるのも、表現の幅が広がったからではないか。上手く表現できずに、もどかしい気持ちになっていたのが、今では言葉がスパーンとすぐ出てくるので、深く書けるし、スピードも上がった気がする。

　やっぱり表現の仕方を工夫することが文章を書くコツではないかと感じ

ている。もっとこのような学習が増えるといいなあと思う。楽しかった。

7　一枚ポートフォリオの分析と有効性

（1）一枚ポートフォリオの記述内容の分析

○ 前時よりも本時のほうが、読み取りが深くなっている。

○ 学習することに、その意義を見いだしている。

○ 学習への達成感・満足感が感じられる。

○ 自分自身の変化に気付いている。

○ 読解力が高まったという自己の変容を自覚できている。

○ 読み取ったこと、自分の思いや考えなどを、書くことを通して表現できるようになってきている。

○ 次の学習への意欲付けが図られている。

○ 班での話し合いや全体での話し合いなどの協働学習に価値を見いだしている。

　このような成果は、「一枚ポートフォリオ」という手法だけによるものではありません。着目すべきキーワードをもとにした読解学習が成立していたからこその成果です。教室中に、自分の思いや考えを表現したいという熱気が充満していたからこそ成し得たことです。

　その一方で、「一枚ポートフォリオ」という手だてを講じていなければ、これほどまでに、生徒自身が自己の変容を自覚できることはなかったのではないでしょうか。たった一枚のシートではありますが、生徒は、その中での自分の変化に気付きながら学習を進めていくことができます。教師も、自分の授業を評価しながら、指導を進めていくことができます。

　生徒の中には、今回の詩の授業で自分が変わったと感じている人もいます。いつも、このような授業を展開できていたなら、国語教師としては幸せなことでしょう。

（2）一枚ポートフォリオの有効性

今回の実践を通して、「一枚ポートフォリオ」の有効性を探ってきましたが、予想以上に成果が上がったと言えます。生徒の記述内容が、そのことを証明しています。今回は、詩の授業において、「一枚ポートフォリオ」を取り入れましたが、この手法には、まだまだ開発の余地があり、発展性も秘められています。

今後は、この手法の有効性をいかに高めていけるかが課題です。そして、どのくらい自己の変容を自覚できる生徒を増やしていけるかが重要です。以下は、「一枚ポートフォリオ」の有効性を裏付ける生徒の文章です。

最初と比べて、考え方が深くなってきていると思う。まとめ方は、けっして上手ではないが、自分の考えをすらすらと書けるようになった。今まで自分には、文章力がないし、自分の考えに自信がもてなかったが、意見や考えをたくさん書いていくにつれて、自分にも「こんな考えが書ける力がついたのか」と感じた。

詩を読む楽しさ、その詩を深く追求する楽しさを知った。

8　一枚ポートフォリオを活用した授業パターン

基本的な授業パターンと指導のポイント

実践の結果をもとに、読むことにおける「一枚ポートフォリオ」を活用した基本的な授業の流れを考えました。それが、以下のものです。

（1）魅力的な導入を工夫する。

ワンパターンの機械的な導入にならないように、学習課題へと直結し、意欲を喚起するような工夫をする。

（2）生徒が主体的に学習課題を把握できるようにする。

生徒が学習への期待感と「やれるかな」という少しの抵抗感をもてるように、提示の仕方と課題の文言を吟味する。

（3）学習範囲を音読する。

様々な音読のバリエーションを使って、課題の解決へ向けて生徒が思考できる契機、土台づくりとなるようにする。

（4）学習課題に対する自分の考えを個人でノートにまとめる。

　絞り込んだキーワードをもとに、発問を吟味し、個人でじっくりと考えさせる。その際、効果的に机間指導を行い、つまずきに対応したり全体の場での意図的指名等につなげたりする。

（5）個人の考えを交流し、班で練り上げる。

　個人で書いた内容を班で発表し合い、互いに意見交換を行う。ここでも、机間指導を行い、意見交換が充実するように働きかける。

（6）全体の場で共有し、更に練り上げる。

　挙手による指名、つぶやき、意図的指名など、教師によるコーディネートを行い、班で出された意見を全体の場で共有し、更に練り上げる。

（7）学習課題に対する自分の考えを「一枚ポートフォリオ」にまとめる。

　学習の結果、深まったり、広まったりした自分の考えをまとめる。机間指導を行い、全体で取り上げたい考えや意見を確認する。

　個人から班、班から全体、そして最後に個人に戻すことで、多くの考えに触れる機会を設け、そこで出た意見をもとに自分の考えをまとめることができます。一枚の紙面にまとめることで、自分の学びの蓄積が可視化され、次の学習意欲へとつながります。読解力と表現力の育成には、このような積み重ねが大切です。

9　一枚ポートフォリオの成果と課題

（1）授業のグランドデザイン

　「一枚ポートフォリオ」を活用していくと、1単位時間の授業において、どんな方法で、どのような力を育てるのかを明確に意識しなければならないという必要に迫られてきます。「一枚ポートフォリオ」を作成することで、育てたい資質・能力、指導計画、評価計画が明確になります。

　また、教師がより深い教材研究を行い、授業を吟味するようになります。さらに、「一枚ポートフォリオ」の評価結果を指導に生かすことができます。

　実践を通して、「一枚ポートフォリオ」は、授業のグランドデザインにもなり得ることが明らかになりました。

（2）段階を踏んだ指導の蓄積

　読解力や表現力を育成するには、発問を絞り、一つのことをじっくりと考え、読み取りと書く、話す、聞くとを関連させた指導を段階を踏んで蓄積していくことが効果的であることがわかりました。自分の考えの深まりを実感させ、自分の意見を述べたり、書いたりする機会の保障と充実が重要です。

（3）国語科における有効性

　小説などの文学的文章における読みの深まりは、生徒にとっては自覚しにくいものです。しかし、作品を読んで考えたことを比較させることで、読みの深まりが実感できることがわかりました。この点で、国語は、一枚ポートフォリオの長所を十分に生かせる教科の一つと言えることも明らかになりました。

（4）客観的な評価

　必ずしも客観的な評価にならない場合があるなどのポートフォリオ評価の短所を補うために、評価規準の検討が必要です。生徒のどのような記述内容から思考の深まりを見取るのか、学習指導要領の指導事項に対応させ、言語活動との関連から適切な評価規準を設定しなければなりません。

（5）書く時間の確保

　一枚ポートフォリオを活用し、生徒の読みが深まっていけばいくほど、記入の時間が長くなり、授業時間内で書く時間を確保するのが難しくなるというジレンマが生じます。生徒の活動時間を保障するために、さらに指導内容を絞り込む必要があります。

（6）読み取ったという実感

　今までの読解学習では、自分がどのくらい読み取ることができたのか、自分に読解力がついたのかなどの実感をもつことができないままでした。その一方で、授業者の方は、学習課題はどうだったのか、発問がどうしたなどの授業検討を行っていました。

　一枚ポートフォリオにより、生徒が自分の読み取りを自覚し、自分に力が付いたことを実感できるようになりました。それが一番の成果と言えます。生徒

は力が付けば付くほど、長い文章を書くようになります。そこには、鉛筆の先
から煙が出るほどの勢いで書く生徒の姿があります。

第12章
実用作文で書く力を高める

1　体験したことを自分の言葉でまとめる

（1）実用作文の指導法

　これからの激しく変化していく社会においては、目的や必要に即して、説明文・記録文・手紙文・感想文・報告文・意見文等々の実用的なジャンルの文章技術が重要になってきます。そこで、国語教師は、子どもたちの無限の可能性を踏まえた上で、既成の概念や方法にとらわれず、２１世紀を生き抜くための教育における実用作文の指導法を開拓しなければなりません。

（2）記録文の実用性

　情報化の時代には、必要な知識・情報を精選し、それらを活用する頻度は当然高くなるはずです。これまでの記録文は、どちらかというと備忘的役割が強かったかもしれません。これからは学習記録、観察記録、研究記録、読書記録、見学記録、生活日記、学習ノート等を、目的や必要に応じて情報活用材として役立てるという機能を強化することが大切です。また、自力で学校外での価値ある体験を精選・構成して記録することなどは、教育活動活性化のためにも有意義なことです。

（3）学習活動例

　学習活動例として、以下のことが考えられます。

① 夏休みに体験したボランティア活動についての記録をまとめる。

② 中学校最大の行事である「修学旅行」の文集を作るために、構成を工夫した記録をまとめる。

③ 体育祭の感動を表現し、記録に残す。

④ 家庭生活あるいは地域における学習活動において獲得した知識や技術

の要点を記録しておく。

⑤　生徒が書いた理科の観察レポートや社会科の調べ学習のレポート、あるいは、音楽の鑑賞文などを教材として学習する。

⑥　学級日誌、学年通信、文集、学校新聞などを教材として学習する。

（4）実践例

体験したことを自分の言葉でまとめる例として前記①を挙げます。

1）書く目的

　　夏休みに体験したことを記録するために書く。

2）書く目標

○　自分の考えがわかるように書く。

○　事実と意見の区別に注意して書く。

○　文脈にふさわしい語句を選び、文章構成を工夫して書く。

○　意欲をもって最後まで書く。

3）書く手順

① 題材を選び、決定する。　　　⑤ 文章の構成を考える。

② 主題を短くまとめる。　　　　⑥ 下書きをする。

③ 仮題を考える。　　　　　　　⑦ 推敲し、清書する。

④ 体験した事実をメモする。　　⑧ 発表する。

4）教師の適切な助言

○　題名や書き出しを工夫する。

○「まず、次に、」などの接続語を適切に使う。

○　小見出しや写真などを使う。

○　結びは、印象的な表現にする。

（5）「書くこと」の重要性

　記録文を書く機会を多く設定し、それを必要に応じて活用するよう支援することが大切です。客観的に記録させるためには、色・形・数量・記号・符号・図解・図式化等の的確な表現を工夫することにも配慮したいものです。

　これらの学習活動を組織するときには、ぜひ上級生の作品やモデル作品を活用するのが効果的です。また、地域や学校、生徒の実態に応じた生きた教材を

開発したいものです。

　今後、「書くこと」の活動が、様々な学習場面で活用されていくことでしょう。討論においてメモや記録を取る、調べたことを書く、観察したことを書くなど、「書くこと」の活動が、ますます重要になってくるのではないでしょうか。

2　瑞々しい感性と豊かな表現力に裏打ちされた文章

（1）豊かな表現力と鋭い感性

　イタリア、ローマ日本人学校で小学5年生から中学3年生までの国語の授業を担当したことがあります。各学年ごとの系統性がわかり、貴重な経験となりました。日本人学校の子どもたちと接していて強く感じたことは、平均滞在年数が3年未満であるにもかかわらず、子どもたちが明らかに変わっていくことです。

　日本人学校に来た当初は、日本国内の子どもたちと変わりません。それが1年もしないうちに変わってくるのです。日本国内の子どもたちとの決定的な違いは表現力が豊かであること、感性が鋭いことです。

　なぜそうなるのでしょうか。その要因を分析してみると、以下のことが挙げられます。

　　　○　体験活動が豊富である。

　　　○　少人数であるがゆえに授業の中で一人一人の個性が生かされる。

　　　○　あらゆる場面で一人一人の役割が保証され、活躍の場がある。

（2）感受性・想像力・創造力

　日本に帰国して、日頃接している中学生から感じたことは、感受性・想像力・創造力の乏しさです。本来ならば、それらが最も旺盛な年齢であるにもかかわらず、その源泉が枯渇しつつあるかのような生徒が多いことです。

　一方、日本人学校の生徒が示す反応は、極めて対照的で、特に詩歌や小説の鑑賞、作文においては、実に豊かで瑞々しい反応や鋭い感性を見せてくれます。また、表現力が豊かです。

（3）生徒がもつ潜在能力

　日本人学校に来る生徒も、最初は日本国内の生徒と変わらないにもかかわらず、わずかな期間で変わってくるということは、日本国内でも工夫次第で生徒を変えることができるのではないでしょうか。もともと生徒は、潜在的に豊かな表現力も鋭い感性も持ち合わせているのではないかと考えるに至りました。

　今までは、指導者が授業の中で、生徒の潜在能力を引き出しきれていなかったのではないでしょうか。あるいは、そういった場を保証してこなかったのではないでしょうか。

（4）ローマ日本人学校の文集から

　　　　　　ローマでの一年間　　　　　　　　　　　　中学部一年
　僕は、日本からこのローマに来て以来、いろいろと変わったこと、成長したことがたくさんある。

　日本の小学校では、１クラス３７人ぐらいいた。その中で、自分がクラスで目立ったり、物事に積極的に挑戦しようと思ったことは、一度もなかったといえるかもしれない。音楽の授業で歌うときや、何か代表を決めるときだって、「こんなに人数がいれば、誰かがやってくれる」という気持ちが必ずあった。しかし、このローマ日本人学校に来てから、その気持ちは少し変わった。

　ローマ日本人学校は、１クラスの人数も少ないし絶対自分が何かやらなくてはいけない場面、人前に出なければいけない場面が必ずあった。だから、ローマに来るにあたってとても不安な気持ちがあった。けれども、最初は「何でも楽そうなやつ」や「いちばん人数が多いところ」などを選んでいけばやっていけると思っていた。しかし、そうはいかなかった。それが分かったのが「宿泊学習」だった。

　初めてのイベントだったし、人数が多い係を選んだ。人数が多くても、やはり一人一人が活躍しなければならなかったし、みんなの前で何かしなければいけなかった。それを乗り越えられた。宿泊学習があったから、積極的になれたと思う。

　積極的になれたのが実際に分かったのが、大きな行事ではなく、国語の

授業の「ディベート」だった。1回目はみんながすごすぎて発言できなかった。結果は自分のチームが勝ったが、あまり喜べなかった。2回目は、勝ちたいというよりも「発言したい」という気持ちがかなり強かった。だから発言できた。

やはり、僕は日本にいるときと何かが変わったと思う。何かとはしっかりとはわからないが、自分は成長した気がする。あのまま日本にいなくてよかったと思うし、本当にローマに来ることができてよかった。

3　ローマ日本人学校の子どもたち

ー意見文ー

洞察力をもとにした表現力

イタリア、ローマ日本人学校の中学2年生が書いた文章を紹介します。国語の授業での討論をもとに書いた意見文です。

　　　地球を救うために　　　　　　　　　　　　中学部二年
　果てしなく広い宇宙。その中で、これっぽちもない『地球』という星に危険がせまっている。私たちのせいで・・・。この地球を救うためにはどうしたらよいのだろうか。
　地球を救うためには、いろいろあるが、まずは地球を救いたいと心から願うことだと思う。世界中の人に聞いてもほとんどの人が地球を救いたいと答えるだろう。普通はそうだ。悪い方向へいくよりは良い方向へいったほうがいい。
　でも、心からそう思っているのだろうか。それはうわべだけじゃないだろうか。心からそう思っているのなら、行動に移せるはずだと思う。
　そういう私も心から地球を救おうと思ったことはないし、行動をしたこともない。気が付けばいつも、一人ぐらい大丈夫だろうとどんどん自然を壊していた。地球を守るにはどうしたらいいのか分からなかったから、考えようともしなかった。人間は、地球がほろびゆく時に初めて自分たちが犯した罪の重大さに気づくだろう。もう遅いのに・・・。今はまだ気づか

ない。今はまだ気づけない。人間が一番大切なものは、自分だから。

　授業の中で、私の考えに対して「行動に移せないのは、まだ人間が便利な生活を望んでいるから。」という意見があった。それには私自身、ギクリとした。私の考えていることもうわべだけだったのだとわかったからだ。

　きっと私の心の奥では、まだまだ便利な暮らしを求めているのだろう。確かにそうだ。新発売のものがあると、すぐにとびついてしまう。きっと人間の欲望というものは終わりがないものだろう。地球最後の日がくるまでは・・・。

　その日が来ないために、人ごとだと思うことはやめようと思う。そして電気の節約、資源の節約などの私たちにできるちょっとしたことからスタートすれば、いずれ大きく変わるだろう。今からではもう手遅れかもしれないけれど。

　自然保護のために、よく木を伐採しなければいいというけれど、木を切ることで生活している人もいる。誰かを犠牲にしなければ、何かを犠牲にしなければ、地球は救えない。これまで地球は、人間の勝手な行動のいいなりになり続けてきた。が、もうそろそろ限界だと思う。今度は私たちが犠牲になる番なのだろうか・・・。

ー学校文集ー

瑞々しい感性と鋭い洞察力、そして豊かな表現力

　イタリア、ローマ日本人学校の中学３年生が書いた文章を紹介します。まもなく日本に戻ることが決まっている生徒が、学校文集に綴ったものです。

　　　　快適な学校生活を送る　　　　　　　　　　　　中学部三年
　快適な学校生活を送るための大きな敵。それはストレスである。これを持っているだけで、普段ちょっとしたことでもイライラしたり、すべてを投げ出したいような気持ちにおそわれる。そうすると、楽しくあるはずの学校生活が曇ったものになってしまうだろう。

　ストレスの撃退法とは何か。この問題に対して自分なりに理解し、出した結論は、ストレスを持たないようにするには、自分の趣味を見つけるこ

とが一番いいということだ。ストレスの発散法がわからない生活ややりた
いことを我慢した生活では、大変窮屈でおもしろみがなくなってしまう。
そうすると、ただでさえ気持ちが不安定な時期に、ますます精神的に追い
込まれる気分になってしまうだろう。

　そもそもストレスの原因は何なのか。例を挙げると、勉強、友達づきあ
い、どこか縛られたような生活等々、気が付いてみると、普段の生活で知
らないうちに自分の中にたまっていくものが多いのではないかと思う。

　勉強だって自分の人生を輝いたものにするには大切なものだ。しかし、
それが原因でストレスがたまっていく人だっているのではないだろうか。
果たして、それだけで満足する人なんかいるのだろうか。勉強だけやって
いて、それだけで人生は何とも美しいものなんだと思える人はいるのだろ
うか。そんな人はいないだろう。

　漫画を読んで、ゲームをして、友達と思い切り遊んで・・・。そのよう
な、ストレスを発散できるものや場所は、ヒトにとってたいへん貴重で、
自分を支えてくれるものとなるだろう。もちろんそのようなものだけしか
やっていなければ、あとで泣きを見るのは自分だと言うことも覚えておい
たほうがいい。友達づきあいだって苦痛になる人もいるだろう。現に自分
がそうだった。時々面倒くさくなったりしたものだ。友達のいやなところ
などしか見えなかった時期もあった。今から考えてみれば、その時点では
もうかなりストレスはたまっていたのかもしれない。

　そんなときは、少しその場所から離れてみるのもいいかもしれない。自
分の考えが割り切れるようになったら、もう一度そこへ戻ればいいだろ
う。そのためには、離れすぎてしまうのもいけないのだが。「この人たち
はこういう人なんだ、自分はこういう人なんだ」ということを理解した上
で、また輪の中へ戻っていくのが一番いいと思う。どっちつかずのままだ
と、あとで後悔するのは自分だ。輪から離れるのは少し怖いかもしれない
が、そのままでは一番悲しい想いをするのは自分なんだということも言え
るのだ。ストレスをもたないためには、こういう強さも必要になるだろう。

　何が良くて何が悪いのか。今はそんなことを言いたいのではなくて、何
か自分の好きなことを見つけてみなさいということだ。「好きなこと」と
いうのは、やるだけで気分が晴れていけるようなものだったり、イライラ

を消していってくれるものだったりとさまざまだ。もちろん、それには
「適度」というものがある。

　ときには、少しはまわりを気にしなければいけないことだってあると思
う。決して自分一人で生活しているのではないということを忘れないでほ
しい。他の人にも自分と同じように好きなことや、やりたいものだってあ
るのだから。難しいことではあるが、人の生き方を尊重することも、この
世界では必要になっていくということも覚えておいた方がいいと思う。そ
うすることで、またストレスはたまってしまうではないかと言われるかも
しれないが、それをも忘れられるような、自分が夢中になれることを、ま
ずは探してみてはどうだろうか。

4　実用的な文章における双方向型指導法

（1）相手意識・目的意識と双方向型指導法

　「書くこと」で重視するのは、相手や目的に応じて効果的な文章を書くこと
のできる能力の育成です。授業においては、誰に対して、どのような目的のも
とに書くのか、ということを十分に意識させなければなりません。

　したがって、年に一、二度、行事や身辺の出来事を感想中心に書かせる作文
指導、読書や見学などの経験を形式的にまとめさせる作文指導には、大きな問
題があると言わざるを得ません。また、生徒のことを、文章を書こうとしない
者にしているとしたら、知的好奇心を喚起するような学習活動や効果的な書く
活動を組織し得なかった指導に問題があったと考えるべきでしょう。

　まずは、新鮮な書くことの面白さに気づかせ、主体的な活動を成立させる指
導法の開発に取り組まなければなりません。ここでは、双方向型の指導法の中
から、手紙と説明に関わる実践を提案していきます。

（2）実用的な文章としての「手紙」

　相手意識をもって手紙や案内文を書くことは、人と人との関わりを学ぶ大切
な機会の一つとなります。心のこもった手紙を書くとき、相手の立場を思いや
る意識が育つでしょう。要を得た案内文を書く学習は、社会において実用的に

役立つ言語能力を育てることにつながります。

　同じ内容を伝える文章でも、相手によって表現の仕方が変わる場合があります。異なる相手、異なる目的を想定して文章を書くことで、相手意識・目的意識を育てる授業ができるのではないでしょうか。

　手紙や通信文を書く学習のねらいは、「書くこと」の領域を中心に、自分の考えをもち、または、自分の考えをもてるように、目的や場面などに応じて適切に表現する能力を育成することです。手紙や通信文を書く学習では、書式や様式を模倣したり、一方的に発信したりするのではなく、相手や目的、場面に応じて、自分の思いや考え、用件などを双方向的に通じ合ったり、両者の課題を解決したりできるような伝え合う力を育成することが肝要です。

　手紙や通信文を書く学習でも、他の言語活動でも、伝え合う力を育成するためには、次のような５つの言語意識を学習者の側から具体的に取り上げる必要があります。

---

① 自分にとって、手紙や通信文を書くための相手意識
② 自分にとって、手紙や通信文を書くための目的意識
③ 自分にとって、手紙や通信文を書くための用件や条件、状況意識
④ 自分にとって意図的・計画的に手紙や通信文を書いたり、手紙や通信文から相手の意図や要点を的確に受け止めたりするための方法や技能意識
⑤ 自分にとって、手紙や通信文が意図的・計画的な表現行為や理解行為になっているか等を自己評価・相互評価する評価意識

　手紙や通信文を書く学習は、ややもすると、形式的な書式や様式の模倣になる傾向がありました。これからは、学習者の５つの言語意識を拠点に、相手や目的、場面に応じて、自分の思いや考えなどを双方向的に通じ合ったり、両者の課題を解決したり、用件や条件に応じて情報を収集・選択・活用したりするような学習を組織するべきです。

　その学習の過程で、従来の書式や様式を参考にしながら、相手や目的、場面に応じて必要な書式や様式を工夫したりすることが大切です。その際、学習者の側に立って、具体的な相手や目的、場面を用意する必要があります。

5　手紙を活用した作文指導

（1）自分の思いを伝える文章を書いたことがあるか

　今までに自分の思いを相手に伝える手紙を本気で書いたことがある生徒はどのくらいいるでしょうか。ほとんどの生徒にそのような経験はないのではないでしょうか。中には、手紙そのものを書いたことがない生徒も多いことでしょう。

　従来行われてきた国語の授業では、作文を書く学習は行っても、世の中に出て直接役立つような実践的な「手紙の書き方」の学習は、ほとんどなされてきませんでした。この学習は、不可欠なものであるにもかかわらず、今までは行われてきませんでした。その分、読解学習や生活文の指導に傾いていたと言えます。これからは、この傾きを修正する必要があります。

　手紙は，話すことと違い、いつまでも形として残るものです。中学生のうちに一度でもいいから自分の思いを本気で伝える手紙を書いてみる経験をさせたいところです。

（2）どんな思いをだれに伝えるのか

1）思いを伝えるには手紙がよい

　相手意識をもって手紙を書くことは、人と人とのかかわりを学ぶ大切な機会の一つとなります。思いを込めた手紙を書くとき、相手の立場を思いやる意識が育つでしょう。同じ内容を伝える文章でも、相手によって表現の仕方が変わる場合があります。異なる相手、異なる目的を想定して文章を書くことで、相手意識・目的意識を育てる授業ができるのではないでしょうか。

　手紙を書く学習のねらいは、「書くこと」の領域を中心に、自分の考えをもち、または、自分の考えをもてるように、目的や場面などに応じて適切に表現する能力を育成することにあります。手紙を書く学習では、書式や様式を模倣したり、一方的に発信したりするのではなく、相手や目的、場面に応じて、自分の思いや考え、用件などを双方向的に通じ合わせたり、両者の課題を解決したりできるような伝え合う力を育成することが肝要です。

2）チャンスを逃さずに

　自分の思いを伝える手紙を書いた経験がない生徒に、学習の場だけを設定し書かせようとしてもむずかしいと思われます。相手意識と目的意識を強くもたせ、自分の思いを相手に伝わりやすくするためには、学習の時期が重要になってきます。

　今回の実践では、7月上旬を学習に最適な時期としてとらえました。なぜなら、この時期は、次のようなタイミングにあたるからです。

　　○「職場体験活動」が終了した直後である。

　　○ 部活動では、3年生が抜けて新体制がスタートしている。

　　○ 2年生になり、新しい学級になって友達もできてきている。

3）何に感動したのか

　今回の学習の一番のポイントは、「何に感動したのか」ということを明らかにすることです。これができれば、あとはいかに表現するかの問題です。生徒のつまずきの要因として挙げられるのは、以下の2点です。

　　○ 自分で何に感動しているのかが自覚できていない。自分にとっての感動
　　　体験の意義、価値、豊かさ、深さを認識していない。

　　○ 感動したことをどう表現したらいいのかが分からない。

　感動（気持ち）の強さは言葉となって表れます。そこで、今回は「職場体験」「部活動」「友人関係」等を題材として学習の場を設定することにしました。

（3）仮定・想定ではなく実体験で

　強い相手意識をもって書く活動を行わせるためには、「生きた場」の設定が欠かせません。生徒に対し、「今の自分の思いを一番伝えたい人に手紙で書いてみよう」と提示することで、生徒の相手意識は格段に高くなります。

　例えば、小学校の先生に手紙を書く場合、目上の人への手紙の書き方として、改まった手紙の形式、敬語の使い方等が、生徒の意識に上ることになるでしょう。想定された学習であれば、学習の時期に左右されず指導しやすい面はありますが、生徒の強い思いは出てきません。結果的に、相手に自分の思いを伝える手紙を書くことはできません。やはり、生徒がその学習活動の必然性を実感できるリアリティのある題材と場を設定することが重要です。

（4）国語のどんな力をつけようとしているのか

　本実践において生徒に身に付けさせたい力は、概念的な言葉ではなく、自分の思いの広さ、豊かさ、深さを具体的な言葉で表現できる力です。

　こんな表現ができれば、おおむね満足できる状態として、以下のことが挙げられます。

うれしさ	・とても勇気が出ました ・思わず口ずさんでしまいました ・心がおどるようでした
感謝	・いつまでも忘れることはない ・胸に刻みがんばっています ・今もあたたかく心に響いています
楽しさ	・時の経つのを忘れるほどでした ・充実した時間を過ごすことができました

（5）各時間に手だてをちりばめて

時間	主な学習活動	手だて
1	学習のねらいを把握し、感動体験を確定する。	○　発問 「今まで手紙を書いたことがあるか」「感動した心を伝える手紙を書いたことがあるか」「どんなことを通して、どんな心をだれに伝えるのか」
2 3	ノートに下書きを書いていく。	○「この言葉では、自分の言いたいことにピタッとあてはまっていない。もっと他に違う言葉はないか。どう表現すればいいのか」 ○　類語辞典を使わせる。生徒対教師の相談タイムを設ける。 ○「自分の伝えたい感動が表現しきれているか」という観点から、書いたものを読み返し、一つのことだけに絞って推敲させる。

4	便箋に清書をする。	○ 時候のあいさつは、自分の身の回りで発見したことを自分のオリジナルで書かせる。 ○ 文字は心を込めて書かせる。 ○ 自分の思いを込めた手紙を完成させ、相手に届ける。

（6）生徒作品例

　職場体験活動を終えた生徒が、父親に対して感謝の心を伝えようとした手紙が次のものです。

　拝啓　　○○中のあじさいがあざやかを増す今日この頃、あなたの体調はお変わりないでしょうか。

　いつもお仕事お疲れ様です。そざかしお疲れのことと思います。私は先日の職場体験活動を通していろいろなことを学ぶことができました。

　まず仕事をするということの大変さが分かりました。同じような仕事を繰り返す中、面倒くさがらずにどんな作業も最後まできちんとやり通すということは簡単に見えて実はとても大変だと分かりました。

　私は今まで会社から帰ってごろごろしているお父さんを見て「だらしないなあ」とか「そんなに疲れるのかなあ」とか思って、お父さんのことを理解しようとしていませんでした。ところが、この機会を通してみて「お父さん」を少し理解できてきたような気がします。

　この五日間を終えて肉体的にも精神的にもひどく疲れました。上司に対する気疲れ、仕事の上での肉体的な疲労、このような生活をもう二十年以上も続けてきたのですね。もちろん仕事は楽しいと思いますが、本当に感謝しています。辛いこともあったと思います。

　でも私たちのために一所懸命働いてくれたおかげで私たちは旅行もできるし、買い物もできます。私は家族に囲まれて、お父さんのおかげで本当に幸せです。ありがとう。

　これからも私はお父さんにお世話になると思いますが、よろしくお願いします。お体に気をつけて。　　　　　　　　　　　　　　　敬具

七月十六日

〇〇〇〇

〇〇〇〇　様

（7）指導者としてのコメント

1）手紙という形式の弊害

　時候のあいさつや結びの部分など、あまりにも他人行儀になってしまい、思いが素直に伝わらなくなってしまった。もっと素直に思いをぶつけられるように、形式にこだわりすぎないようにするべきであった。堅苦しい文面では、思いは出にくくなる。結果的に思いが伝わらなくなってしまう。

2）より自分の思いを伝えるために

　「だらしないなあ」「そんなに疲れるのかなあ」など、よい表現も見られるが、自分の思いを伝えるには、もっとふくらませなければならない。「理解しようとしていませんでした」などと、頭で分かっていることを表現するのではなく、心からの思いを表現できるようでなければならない。「肉体的にも精神的にもひどく疲れました」などは、説明しているだけで自分の感動を表現しておらず、推敲の余地がある。

（8）手紙は相手にわたすもの

　作品例に出てきた父親は、娘から前掲のような手紙をもらい、どのような思いを抱くでしょうか。そう考えると、手紙のもつ効果というものを国語の授業に生かさない手はありません。手紙の場合、書いたものが相手に渡ることで、相手からの評価（反応）を得ることができます。これは、納得を伴う手紙がもつ教育的効果の一つとも言えます。

　今後も生徒の実体験に基づく実感を伴った実践を重ね、自分の思いを込めた文章を本気で書ける生徒を育てていきたいと考えます。

6　手紙による実践バリエーション

（1）バーチャル旅行記

　これは、中学2年生を対象にした実践です。この実践は、仮想の旅行を実際に行ってきたように想像して書き合うという本格的な双方向型の学習活動を目指したものです。手紙の形で旅行先から書くという前提に立っているために、旅行としてのリアリティが問われ、旅行中の出来事などの描写の内容や表現が問われることになります。

《学習の流れ》
① 旅行先を決める。
② 旅行先に関する資料や情報を集める。
③ 地図や資料を見ながら、友達に勧める旅行計画を立てる。
④ 旅行計画に基づいて友達に旅行を勧める手紙を書く。
⑤ 旅行を勧める手紙と旅行計画書を読み、旅行先から旅行の様子を知らせ、勧めてくれたお礼を述べる手紙を書く。

（2）部活動の後輩へ

　手紙の指導においては、相手意識を明確にもつことが重要なポイントとなります。相手を明確に意識した具体的な場面での内容や表現方法の工夫をさせていくことが大切です。したがって、授業では、手紙の指導を通じて、生徒に具体的な言語生活の場で書かせるようにしたいと考えます。

《学習の流れ》
① だれに出すのか決める。
② どんな内容にするのか考える。
③ 手紙の書き方のルールについて学習する。
④ 下書きをし、友達に読んでもらい、改善点を見つける。
⑤ 清書をする。
⑥ 表書きを書き、手紙を後輩に出す。

（3）クラスの悩み相談室

　クラス内に「悩み相談室」を開設し、友達の悩みを解決するため、悩みの問題点とその解決方法を手紙に書くという実践です。

《学習の流れ》

① クラスで悩み事を募集する。

② 悩み事の問題点とその解決方法について考える。

③ 手紙の下書きをする。

④ 添削をし、清書をする。

⑤ 表書きを書き、友達に手紙をわたす。

（4）中学時代の恩師へ

　「10年後の自分の立場で中学時代の先生に手紙を書く」という実践です。中学2・3年生の生徒が卒業して10年後といえば、25、6歳という年齢です。ほとんどの人たちが社会人となって、それぞれの職業に就いているはずです。そうした立場から、生徒に「中学時代の夢が実現した」という想定のもとで、先生宛に手紙を書かせるわけです。

《学習の流れ》

① 10年後の自分の姿をイメージし、自分の立場を決める。

② 手紙の書き方のルールについて学習する。

③ 手紙の下書きをする。

　・10年後の自分の近況を入れる。

　・自分の夢が実現したという想定で書いていく。

④ 推敲し、清書をする。

⑤ 表書きを書き、友達にわたす。

⑥ 友達と、お互いに先生と教え子になったつもりで、先生から教え子への手紙を書く。

（5）手紙による実践例

1）バーチャル旅行記

友達に旅行を勧める手紙

　　　　○○へ

　こんにちは。元気ですか？

　前にたのまれたフランスへ行きたいということについて、手紙を書きました。フランスならパリが良いと思ったのですが、どうでしょうか？成田空港からパリにあるシャルル・ド・ゴール空港へ向けて、毎日飛行機が出ています。南フランスもいい所だし、ロワール地方で古城めぐりなどもおすすめなのですが、初めてのフランスだったら、まずはパリでしょう。長い日程が組めるのなら、まあ、相談にのりますが・・・。

　さて、パリで見逃せない名所といえば、ルーヴル美術館、ヴェルサイユ宮殿、シャンゼリゼ大通りなどたくさんありますが、○○は確か美術が好きでしたよね？部屋にモネの絵が飾ってあって、「いつか本物を見てみたい」と言っていましたね。それならば、オランジュリー美術館がおすすめ！モネの大作に感動すること間違いなしです。

　モネが晩年を過ごしたというジヴェルニー村の「バラ色の家」まで足を延ばしてみるのもいいと思います。パリには、他にもたくさんの美術館がありますが、見たいものをしぼって行かないと、いくら時間があっても足りないかも・・・。

　その他、時間があればパリの街をぶらぶらしてみては？ただフランスでは英語が話せない人も多いので、簡単なあいさつくらいは覚えておいた方がいいと思います。

　もし、旅行が実現したらパリから手紙くださいね。

○○より

旅行先からの手紙

○○へ

　私は今、パリにいます。オランジュリー美術館に行ってきました。モネの１１ｍもある大作には感動しました。すばらしくて、しばらくその部屋から動くことができなかったくらいです。とにかくすごい！！

　その後は、ジヴェルニー村の「バラ色の家」を見てきました。モネの絵そのままの風景という感じで、花がとてもきれいでした。今度は違う季節に来てみたいものです。

　昨日は、パリ市内へ来て、コンコルド広場などを歩いた後、ルーヴル美術館へ行きました。ルーヴル美術館は、とにかく広いですね。広すぎてまわるのに時間がかかるので、まずは私の見たい作品をゆっくり見てきました。モナリザは意外に地味だったなあ。でも、モナリザ周辺だけものすごい人だかりで驚きでした。

　そして今日、シャンゼリゼ大通りで買い物をして、凱旋門に登り、街を一望してきました。とても良いながめで、遠くまでよく見えました。

　毎日が感動や発見の連続です。明日はヴェルサイユ宮殿に行ってみようと思っています。楽しい旅行を考えてくれてありがとうございました。

　さて、3日後に帰りますが、この手紙と私とどちらが先に到着するでしょうかね？

○○より

2）中学時代の恩師へ

拝啓

　毎日、うっとうしい天気が続きます。その後お元気でいらっしゃいますか。私は毎日元気に過ごしております。

　さて、このごろ私は充実した日々を送れています。私が何をしているのかと言いますと、とある中学校で理科の教師、ソフトボール部の顧問をしており、大会が近づくにつれて生徒共々気合いが増している次第でありま

す。

　中間テストが終わり、ほっとするひまも無く、すぐに支部中体連総合大会です。生徒たちも大変ですが、やはり先生方も大変なのですね。この仕事に就いて初めてそれが分かりました。

　「教える」ということは、私は教師の永遠の課題だと考えています。どんなに分かりやすく授業をしたつもりでも、完全に理解した生徒と、完全には理解できていない生徒、恐らくは後者の方が多いのではないかと思います。

　そして、それをいかにして生徒全員が理解できるような授業にできるか、やはりまだ私には分かりません。生徒たちにどのようにして授業を完全に理解させるかが、私たち教師の永遠にして最大の課題なのだと、このごろよく感じます。一生かかっても解決しないかもしれませんが、この仕事を選んだからには精いっぱいやってみるつもりです。

　「生徒に分かる、楽しい授業」を目標に一生をかけて「教師」という職業を極めていきたいと思います。

　先生のご健康を心よりお祈りいたします。

敬具

　平成〇〇年〇月〇日

　〇〇〇〇先生

　「１０年後の自分の立場で中学時代の先生に手紙を書く」という設定のもとで書いたものです。相手意識や目的意識を明確にし、手紙という形式にすれば、このような文章を書くことができます。この実践には相手がいるため、特に相手意識が強くなります。それが、生徒の思いを引き出し、心のこもった手紙へと結実することになります。また、文章を書きながら、相手の立場を思いやる意識を育てることもできます。いかに相手意識をもたせるかがポイントとなります。

7　地域教材による実践例

（1）地域の未来を考える

　説明・記録を書くことは、これからの社会の変化に主体的に対応するために必要とされる思考力や判断力を養うことになります。

　生徒が今、生活している地域（福島地区）の未来を考えるという言語活動を行う中で、書くという活動を設定しました。それは目的をもって活動できる場、生活に生きる場をつくることによって学習者が意欲的になると考えたからです。

　書く力は、書く活動の中でしか高めることはできません。そこで、場の設定により生徒が学習の始めから終わりまで書こうとする意欲が続き、書く活動の中で相手や目的を意識した適切な表現を工夫するのではないかと考えました。

　このようにして書く過程で、個に即した評価や支援を工夫していくことが書く力を高めていくことにつながります。

　また、地域の未来を考える中で間接的に自分の夢を書くことができます。そして、この学習が今の自分を見つめ直し、夢や希望をもって生活する一つのきっかけになればと考えます。さらに、地域に対する関心を高め、地域を愛する心情も育てていきたいと思います。

（2）「福島夢計画」を作ろう（説明）

《学習の流れ》
① 「未来の福島はこうなってほしい」という夢をもち自分のテーマを決める。
② 自分のテーマにそって取材活動をする。
 ・新聞、雑誌、広報誌等の活用
 ・インターネットからの情報収集
 ・関連機関等へのインタビュー
 ・友達との意見交換
 ・アンケート調査
③ 構成を考える。
④ 下書きをする。

⑤ 推敲をして清書をする。

（3）実用的な文章の有用性

　相手意識が強まると、文末表現を意識したり、わからない文字は自発的に国語辞典で調べるようになります。文章構成も相手を意識して書くようになります。また、絵やイラストや図を入れたり、色を付けたりと読みやすい紙面構成を考えるようになります。

　今回提案した手紙や説明などの実用的な文章の場合、目的意識の明確さから、生徒に、ただ書かされているという意識ではなく、自分の書いたものが役立つことや、達成感などを自覚させることができます。年間２０～３０時間程度の限られた時間の中で、このような学習を経験させることが大切なのではないでしょうか。

　「話すこと・聞くこと」に限らず「書くこと」においても、「双方向型」の指導法が効果的です。その際、説明・記録、手紙・感想、報告や意見発表などのための文章や資料などに、いかに実用性をもたせるか、学習の場の設定がポイントの一つとなります。

おわりに

頼まれごとは試されごと

『国語の窓』というものを出し始めました。第1号のタイトルは、「国語の先生になる」です。今まで、「頼まれごとは試されごと」の如く、オーダーが入れば断ることもなく教員生活を送ってきました。その結果、教育書の原稿や、実践発表、研究論文などが累積されていきました。

それらを、一度整理してみようと考えました。ところが、月日だけが過ぎ去っていきました。そろそろ、とりかかろうと思いましたが、一向に進みません。さて、どうするか、考えました。やめてしまうという選択肢もありました。しかし、そうはしたくありません。あるとき、思いつきました。毎日、『校長室だより～燦燦～』をホームページにアップしています。毎日、原稿をまとめることには慣れているし、習慣化しています。よし、この方法でいこう。毎日、Ａ4判の原稿を出す形なら、できるかもしれません。

というわけで、さほどの計画性もなく、『国語の窓』という形で、毎日、原稿をホームページにアップしていきました。この作業は、約1年で終了しました。原稿をつくることで、自分の国語の授業を振り返ることができました。

表現できる生徒になってほしい

いったい自分は、どんな国語の授業をしたいのか。どんな生徒になってほしいのか。通常は、この2つが先にあるはずです。ところが、私の場合は、そうではなかったように思います。そのとき、そのときで、どうにか授業を改善したい。何とか授業を活性化したいという思いから、授業のことを考えてきました。

それでも、自分の国語の授業には、幹のようなものがあることには気づいていました。それは、表現できる生徒、自分の思いや考えを表現できる人間になってほしいという願いです。自分の言葉で、書いたり話したりできる人になってほしいという思いです。書くことは考えることであり、もちろん重要です。それと同時に、話したり、話し合ったりすることができるようになってほしいと考えていました。これは、日本の子どもの、日本人の弱点でもあります。

読解力と表現力は両輪

　書くこと、話すこと、話し合うことに力を入れてきました。表現するには、考えをもたなければなりません。考えをもつためには、読み解く力も必要です。すなわち、読解力と表現力は両輪であり、どちらも大切なものです。バランスの問題であるという結論に至りました。

　この結論は、ごくごく当たり前の話です。私の場合は、ここにたどり着くまでに、ずいぶんと長い時間を要しました。その道のりは、若い国語の先生方にとって、何かしらの参考になるのではないかと考えました。灯台や羅針盤のようなものになれればという思いです。うまくいった実践ならば、世の中に書籍などの形で、よく見ることができます。しかし、うまくいかなかったことも含めて知ってもらったほうが参考になるのではないかと考えました。

授業が変わり生徒が変わる

　『国語の窓』の原稿を整理してみたところ、けっして読みやすい順番にはなっていなかったことがわかりました。そこで、もう一度、再構成してみました。その結果、自分が国語の授業で、悩み、苦しんできた姿が浮かんできました。本書は、それらをまとめたものです。

　本書では、何度か「これだ」という手応えを感じ、手だてを講じた結果、そのたびに授業が変わり、生徒が変わっていったという事実は明らかにできたと思っています。本書が、国語の授業で悩み、日々、理想とする授業を追い求めている方々にとって、少しでも役に立てれば幸いです。そして、国語の授業により、自分の思いや考えを書いたり話したりできる生徒、さらには、世の中を力強く歩んでいける表現者が増えていくことを望んでいます。

　２０２３年（令和５年）９月

　　　　　　　　　　　深みゆく秋の夕暮れに　　　高澤　正男

著者紹介

高澤　正男 （たかさわ・まさお）

福島県福島市に生まれる。

福島県公立小学校、中学校に教諭として２０年間勤務する。この間、イタリア
のローマ日本人学校に３年間勤務し、海外生活を送る。その後、中学校で教頭
を務める。福島県教育センター指導主事を経て小学校で校長となる。福島県教
育センター主任指導主事の後、県立高等学校の校長職に就く。現在は、中学校
で校長を務める。小学校、中学校、高等学校で校長を歴任する。２０年ほど前
から先生方の授業づくりのサポート、授業を参観してのアドバイスを行ってい
る。

〈役職〉
　福島県中学校教育研究会会長。福島県国際理解教育研究会会長。
〈所属学会〉
　全国大学国語教育学会。日本国語教育学会。日本言語技術教育学会。
〈主な論考〉
「パネル・ディベートから意見文へ」
　　　　　　　　　　　（『実践国語研究』明治図書　１９９８年６−７月号）
「記録のまとめ方」（『教育科学国語教育』明治図書　１９９９年３月号）
「古典指導でのジグソー学習の試み」
　　　　　　　　　　　（『月刊国語教育』東京法令出版　１９９９年４月号）
「説得力のある意見文を書くために」
　　　　　　　　　　　（『教育科学国語教育』明治図書　２００１年５月号）
「双方向型指導法の確立を目指して」
　　　　　　　　　　　（『月刊国語教育』東京法令出版　２００３年９月号）
「知的な興奮に包まれる漢字文化の授業」
　　　　　　　　　　　（『教育科学国語教育』明治図書　２００５年１０月号）
「自分の思いを伝える手紙を書く」
　　　　　　　　　　　（『月刊国語教育』東京法令出版　２００６年１月号）
「単元シラバスとルーブリックをもとに説明責任を果たす」

（『実践国語研究』明治図書　２００６年２－３月号）

「『言語についての知識・理解・技能』の評価・評定の記入」

（『教育科学国語教育』明治図書　２００６年３月号）

「読解力の高まりを実感できる指導」

（『言文』福島大学国語教育文化学会　２００６年３月）

「『一枚ポートフォリオ』で読解力と表現力の高まりを実感させる」

（『月刊国語教育』東京法令出版　２００６年８月号）

「自己評価シートで診断するポイント」

（『教育科学国語教育』明治図書　２０１３年７月号）

「研究レポートづくりのヒント」

（『教育科学国語教育』明治図書　２０１４年９月号）

「可視化・再構築から自信・成長をもたらすポートフォリオづくり」

（『教育科学国語教育』明治図書　２０１８年４月号）

〈共著〉

『中学校国語科教育実践講座』第１３巻（ニチブン　１９９７年３月）

『中学校国語　指導スキル大全』（明治図書　２０２２年５月）

〈現住所〉

〒９６０－８００３　福島県福島市森合字丹波谷地前１４－３０

〈連絡先等〉

メールアドレス　yumeciao@yahoo.co.jp　takasawa.masao@gmail.com

ホームページ　　https://www.romaciao.info/

〈ささやかなＰＲ〉

　本書の資料編とも言うべき「国語教室通信『窓』」というものがあります。製本されたものです。ご希望の方は、メールにてご連絡いただければ送付いたします。

※カバーに使用した写真に写っている方の連絡先が分からず使用許可を得ていませんが、情報をお持ちの方は、風詠社までご連絡いただければ幸いです。

表現者を育てる授業 — 中学校国語実践記録 —

2023 年 9 月 18 日　第 1 刷発行

著　者　高澤正男
発行人　大杉　剛
発行所　株式会社 風詠社
　　　　〒 553-0001　大阪市福島区海老江 5-2-2
　　　　大拓ビル 5 - 7 階
　　　　TEL 06（6136）8657　https://fueisha.com/
発売元　株式会社 星雲社
　　　　（共同出版社・流通責任出版社）
　　　　〒 112-0005　東京都文京区水道 1-3-30
　　　　TEL 03（3868）3275
印刷・製本　シナノ印刷株式会社
©Masao Takasawa 2023, Printed in Japan.
ISBN978-4-434-32710-0 C0037